독자의 **1초**를 아껴주는 정성!

—

세상이 아무리 바쁘게 돌아가더라도
책까지 아무렇게나 빨리 만들 수는 없습니다.
인스턴트 식품 같은 책보다는
오래 익힌 술이나 장맛이 밴 책을 만들고 싶습니다.
길벗이지톡은 독자여러분이 우리를 믿는다고 할 때 가장 행복합니다.
나를 아껴주는 어학도서, 길벗이지톡의 책을 만나보십시오.

독자의 1초를 아껴주는 정성을 만나보십시오.

(주)도서출판 길벗 www.gilbut.co.kr
길벗 이지톡 www.gilbut.co.kr
길벗 스쿨 www.gilbutschool.co.kr

: 책 이름 검색 :

길벗이지톡 홈페이지(www.gilbut.co.kr) 검색창에서
《독일어 필수 단어 무작정 따라하기》를 검색합니다.

: 해당 도서 클릭 :

검색 후 나오는 화면에서 해당 도서를
클릭합니다.

: 자료실 클릭 :

해당 도서 페이지에서 '자료실'을
클릭합니다.

: 다운로드 or 재생하기 :

다운로드 아이콘을 클릭해 자료를 받거나,
재생 버튼을 클릭해 바로 들을 수 있습니다.
[구매 인증이나 로그인이 필요없습니다.]

독일어 필수 단어
무작정 따라하기

최재화 지음

길벗
이지:톡

독일어 필수 단어 무작정 따라하기

The Cakewalk Series : German words

초판 발행 · 2020년 7월 20일
초판 4쇄 발행 · 2023년 2월 14일

지은이 · 최재화
발행인 · 이종원
발행처 · (주)도서출판 길벗
브랜드 · 길벗이지톡
출판사 등록일 · 1990년 12월 24일
주소 · 서울시 마포구 월드컵로 10길 56(서교동)
대표 전화 · 02)332-0931 | **팩스** · 02)323-0586
홈페이지 · www.gilbut.co.kr | **이메일** · eztok@gilbut.co.kr

기획 및 책임 편집 · 박정현(bonbon@gilbut.co.kr), 김대훈 | **표지 디자인** · 강은경 | **제작** · 이준호, 손일순, 이진혁
마케팅 · 이수미, 장봉석, 최소영 | **영업관리** · 김명자, 심선숙 | **독자지원** · 윤정아, 최희창

독일어 교정 및 감수 · 이강은 | **한국어 교정** · 이경숙 | **표지 일러스트** · 삼식이 | **본문 디자인** · 이도경
전산편집 · 예다움 | **녹음 및 편집** · 와이알미디어 | **CTP 출력 및 인쇄** · 예림인쇄 | **제본** · 예림바인딩

길벗이지톡은 길벗출판사의 성인어학서 출판 브랜드입니다.

ISBN 979-11-6521-090-8 03750
(길벗 도서번호 300925)

ⓒ 최재화, 2020

정가 16,000원

독자의 1초까지 아껴주는 정성 길벗출판사

길벗 | IT실용서, IT/일반 수험서, IT전문서, 경제경영서, 취미실용서, 건강실용서, 자녀교육서
더퀘스트 | 인문교양서, 비즈니스서
길벗이지톡 | 어학단행본, 어학수험서
길벗스쿨 | 국어학습서, 수학학습서, 유아학습서, 어학학습서, 어린이교양서, 교과서

페이스북 · www.facebook.com/gilbuteztok
네이버 포스트 · http://post.naver.com/gilbuteztok
유튜브 · https://www.youtube.com/gilbuteztok

결국 어휘력이 전부다!

무엇이든 기본이 중요합니다. 특히나 외국어는 기본을 착실하게 잘 다져 놓아야 그 위에 실력이 쌓이죠. 독일어 공부의 기본은 문법, 발음, 단어입니다. 그런데 문법과 발음은 한 번 익히면 끝나지만, 단어는 끝이 없죠. 결국 독일어 실력은 어휘량에 비례합니다. 학습에 임할 때 가능한 많은 단어를 외우겠다는 마음으로 공부하셔야 합니다.

핵심은 동사다!

단어 중에서도 기본적으로 먼저 익혀야 하는 단어들이 있습니다. 어떤 낯선 단어들보다 기본 단어 하나를 외우는 것이 훨씬 더 중요합니다. 그 핵심은 바로 동사입니다. 많은 명사와 형용사가 동사에서 나왔습니다. 사실 동사의 어미에 이미 주어가 포함되어 있어서 주어 없이 동사만 써도 의미가 전달됩니다. 문장에서 유일하게 자리가 고정되어 문장의 중심을 잡아주는 것도 동사입니다. 그렇기에 동사는 아무리 강조해도 지나침이 없습니다. 그래서 이 책은 전체 분량의 절반을 동사에 할애했습니다.

입에서 나와야 진짜 내 거!

단어가 완전히 내 것이 되려면 안 보고 말할 수 있을 정도로 입에 붙여야 합니다. 단어를 외울 때는 각 알파벳이 가지는 소리와 음절과 강세에 주의하여 정확하게 발음을 연습하세요. 이 책은 발음 집중 연습을 위해, 표제어와 한글 뜻만 녹음한 mp3 파일을 제공합니다. 그리고 발음이 익숙해졌다면 예문까지 녹음된 전체 mp3 파일을 이용해서 문장도 입에 붙여 봅시다.

이 책은 이렇게!

이 책에는 1800단어뿐만 아니라 독일어를 학습할 때 꼭 알아야 할 불규칙 동사의 변화와 특정 전치사를 목적어로 가지는 동사를 정리해 넣었습니다. 그리고 명사를 외울 때, 축약형이 아니라 반드시 원래 형태로 성과 수를 외워야 하기 때문에 그렇게 외울 수 있도록 원래 형태로 구성하였습니다. 여기에 더해 예문은 일상에서 자주 쓰는 문장을 넣었고, 특히 활용도가 높은 문장은 D-Satz로 구분해 놓았습니다. 책을 충분히 활용해 매일 반복해서 익힌다면 독일어의 기본을 탄탄하게 다질 수 있을 것입니다.

처음부터 정확하게, 차근차근 나아가시길 바라며…

2020년, 최재화

* 이 책을 집필하면서 많은 독일 친구들의 도움을 받았습니다. 특히 책의 독일어 문장을 봐준 저의 절친 Simon Schiele와 Kerstin Schiele 부부에게 감사를 전합니다. 또한 Thomas Schiele와 Lukas Balles의 도움에도 감사를 전합니다

전체 :
마당

독일어 회화에 꼭 필요한 필수 단어 1,800개를 엄선했습니다.

이 과의 핵심 동사
(*필수 동사, 기본 동사 마디만)
이 과에 등장하는 핵심 동사를
소개합니다.

별표(★)
(*필수 동사, 기본 동사 마디만)
핵심 동사에 별표를 붙여서
접두사가 붙은 동사들과
구분했습니다.

D-Satz(Deutscher Satz)
표제어와 관련된 숙어와 문장
중에서 독일에서 정말 자주
쓰는 것을 따로 소개했습니다.

팁박스(TIPP, Wort Plus+)
팁박스에는 표제어와 관련된
뉘앙스 비교, 유의어, 관련
정보를 담았습니다.

단어 번호
페이지뿐 아니라, 단어에도
번호를 붙여서 가독성을
높였습니다.

변화형 표기
동사의 불규칙 활용, 명사의
복수형, 형용사 비교급의 불규
칙 변화를 함께 적었습니다.

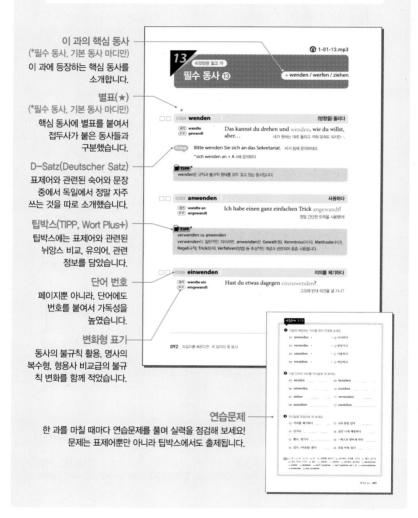

🅐 1-01-13.mp3

13 이것만은 알고 가
필수 동사 ⑬

+ wenden / werfen / ziehen

★
☐☐ 0304 **wenden** (방향을) 돌리다
(과거) **wandte**
(P.P) **gewandt**
Das kannst du drehen und wenden, wie du willst,
aber…
네가 원하는 대로 돌리고 끼워 맞춰도 되지만…

D-Satz Bitte wenden Sie sich an das Sekretariat. 비서 팀에 문의하세요.

*sich wenden an + A A에 문의하다

🔵TIPP⁺
wenden은 규칙과 불규칙 형태를 모두 갖고 있는 동사입니다.

☐☐ 0305 **anwenden** 사용하다
(과거) **wandte an**
(P.P) **angewandt**
Ich habe einen ganz einfachen Trick angewandt!
정말 간단한 트릭을 사용했어

🔵TIPP⁺
verwenden vs anwenden
verwenden이 일반적인 의미라면, anwenden은 Gewalt(힘), Kenntnis(지식), Methode(수단),
Regel(규칙), Trick(트릭), Verfahren(방법) 등 추상적인 개념과 관련되어 종종 사용됩니다.

☐☐ 0306 **einwenden** 이의를 제기하다
(과거) **wandte ein**
(P.P) **eingewandt**
Hast du etwas dagegen einzuwenden?
그것에 반대 의견을 낼 거니?

092 독일어를 배운다면, 꼭 담아야 할 동사

연습문제 1-13

❶ 다음에 해당하는 의미를 찾아 연결해 보세요.
01 anwenden ·   · ⓐ 이사하다
02 verwerfen ·   · ⓑ 잘맞기다
03 umziehen ·   · ⓒ 사용하다
04 vorziehen ·   · ⓓ 선호하다

❷ 다음 단어의 의미를 우리말로 써 보세요.
05 wenden   08 beziehen
06 entwerfen   09 erziehen
07 ziehen   10 verwenden
08 ausziehen   11 einziehen

❸ 우리말을 독일어로 써 보세요.
12 이의를 제기하다   17 A와 관련 있다
14 비교하다   18 실수 나게 개발하다
15 뽑다, 빼가다   19 ~목표로 향해 하다
16 입다, (비용을) 쓰다   20 옮을 어리고 있다

연습문제 ─────────

한 과를 마칠 때마다 연습문제를 풀며 실력을 점검해 보세요!
문제는 표제어뿐만 아니라 팁박스에서도 출제됩니다.

정답 및 해석 097

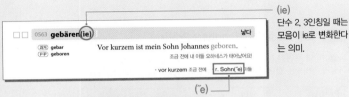

독일어를 학습할 때는 단어별 품사 및 성별, 동사변화 등을 같이 알아두어야 합니다.
본문에서는 학습할 단어의 복수형태 등을 아래와 같이 약어로 표기했습니다.

— (ie)
단수 2, 3인칭일 때는
모음이 ie로 변화한다
는 의미.

□ □ 0563 **gebären**(ie)   낳다
(과거) **gebar**
(P.P) **geboren**

Vor kurzem ist mein Sohn Johannes geboren.
조금 전에 내 아들 요하네스가 태어났어요!

· vor kurzem 조금 전에   r. Sohn(¨e) 아들

(¨e) —

Sohn은 남성명사이고, 복수형일 때는 모음에
움라우트가 붙고, 뒤에는 e가 붙는다는 뜻.

명사 앞 : 명사의 성	
r.	der (남성)
e.	die (여성)
s.	das (중성)

명사 뒤 : 명사의 복수 형태	
(e)	단수형 + e
(en)	단수형 + en
(er)	단수형 + er
(n)	단수형 + n
(s)	단수형 + s (*외래어인 경우가 많음)
(-)	단수형 = 복수형
(x)	복수형이 없음
(복수)	복수형만 있음
(¨)	복수형의 모음에 움라우트가 붙음

N-변화(N-Deklination)	
(en, en)	단수 1격을 제외하고 복수형과 모든 격에 en이 붙는 명사
(n, n)	단수 1격을 제외하고 복수형과 모든 격에 n이 붙는 명사
(ns, n)	단수 1격을 제외하고 단수 2격엔 ns, 나머지는 n이 붙는 명사

동사 뒤	
(ä)/(i)/ (ie) / (ö)	단수 2, 3인칭일 때 모음 변화
(규칙)	특정 의미일 때 규칙 변화

동사 앞, 뒤	
sich	재귀대명사 4격
sich³	재귀대명사 3격
Jn	jemanden, 사람 4격
Jm	jemandem, 사람 3격
N	Nominativ, 주격, 1격
G	Genitiv, 소유격, 2격
D	Dativ, 간접목적격, 3격
A	Akkusativ, 직접목적격, 4격
inf	Infinitiv, 부정사

표제어 뜻 앞, 뒤	
sich	재귀대명사가 붙었을 때 의미 변화
(sich)	위와 같으나, 생략이 가능한 경우

뉘앙스 비교	
(일반)	모든 영역에서 가장 일반적으로 사용
(형식)	문어체, 격식을 차려야 할 때 사용
(일상)	구어체, 일상에서 사용

Präfix
접두사

독일 사람들은 기초동사에 Präfix(접두사)를 붙여, 다양한 동사를 만들었습니다. Präfix는 전치사나 부사에서 온 경우가 많은데요. 뜻을 알고 나면 낯선 단어도 의미를 추론할 수 있고, 기억에 더 오래 남습니다. 본격적으로 단어 학습을 시작하기 전에 알고 가세요!

종류1 분리되는 접두사(trennbare Präfixe)

독일어만의 특이한 점은 'Präfix가 동사와 탈부착이 가능하다!'는 것인데요. (일부 제외) 이렇게 분리되는 접두사를 **trennbare Präfixe**(분리되는 접두사)라고 합니다.

Präfixe	의미
ab	떨어진
an	바로 옆에 / ~에게 / 옷 입은 / 켜진
auf	바로 위로 / 열린
aus	밖으로 / 꺼진
bei	곁에서
ein	안으로
her	여기로
hin	저기로
mit	함께
nach	~후에
vor	앞에서
zu	~을 향하여 / 문 닫은
zusammen	함께
zurück	뒤로
fort	가버린 / 계속해서
los	풀린
weg	가버린
weiter	계속해서

예시) trennbare Präfixe를 이용한 의미 추론

핵심 동사 ★gehen — 뜻 ➡ 가다, 작동하다	
aufgehen	해가 뜨다, 문이 열리다

auf(위로, 문을 연) + gehen(가다)이므로
해가 하늘 위로 뜨는 것과 문이 열리는 모습이 그려집니다.

ausgehen	외출하다, 기계가 꺼지다

aus(안에서 밖으로) + gehen(가다, 작동하다)이므로
사람이 집 안에서 밖으로 나가는 것과 기계 안으로 들어온 전기가
밖으로 빠지는 모습이 그려집니다.

nachgehen	뒤따르다, (시계 등이) 늦게 가다

nach(후에) + gehen(가다, 작동하다)이므로
누군가의 뒤를 따라 가는 것과 시계 등이
원래 시간보다 늦게 가는 모습이 그려집니다.

종류2 분리되지 않는 접두사(untrennbare Präfixe)

다음 8가지 Präfixe는 분리가 되지 않습니다.
또한 trennbare Präfixe와 달리 특별한 뜻이 없거나 추상적인 의미만 가지고 있습니다.

> be-, emp-, ent-, er-, ge-, miss-, ver-, zer-

종류3 분리가 되기도 하고 안 되기도 하는 접두사

이 경우 분리 여부에 따라 의미가 완전히 달라지는 동사가 있으니 주의하세요!

Präfixe	의미
durch	통과하여
hinter	뒤에
über	넘어
um	주위에
unter	아래에
voll	가득 찬
wider	반대하여
wieder	다시

예 umfahren = um(주위에) + fahren(가다, 운전하다)

> **umfahren** *분리되는 경우
> Er fährt das Schild um. 그는 (교통)표지판을 차로 치어 넘어뜨린다.
>
> **umfahren** *분리 안 되는 경우
> Er umfährt das Schild. 그는 (교통)표지판을 비켜간다.

일단 책을 펼치긴 했는데, 혼자 공부하려니 막막하시다고요? 그래서 준비했습니다.
원어민 성우가 녹음한 mp3 파일과 〈단어 암기팁〉 자료와 함께 공부하면 어렵지 않습니다.

mp3 파일 및 학습자료 활용법

이 책은 모든 표제어와 예문을 원어민 성우가 녹음한 mp3 파일과 〈단어 암기팁〉 자료를 제공합니다. 홈페이지에서 파일을 다운로드 하세요.

홈페이지에서 다운로드 받기

길벗 홈페이지(www.gilbut.co.kr)에 접속한 후 검색창에 '독일어 필수 단어 무작정 따라하기'를 검색하세요.

mp3 파일 구성

발음 집중 버전

처음에는 단어 암기와 발음 익히기에 집중해보세요.
표제어만 남자, 여자 각 1번, 우리말 뜻을 1번 들려줍니다.

예문 포함 버전

단어가 문장 속에서 어떻게 발음되는지 체크해보세요.
표제어를 먼저 남자, 여자 각 1번, 우리말 뜻을 1번 들려줍니다.
그리고 독일어 예문을 1번 들려줍니다.

독일어를 배운다면
꼭 알아야 할 동사

독일어에서 제일 중요한 동사 100개

독일어에서 가장 핵심이 되는 동사들을 소개합니다. 이 동사들에 Präfix(접두사)가 붙어서 다양한 파생어휘들을 만들어 내기 때문에, 여기에 있는 동사 100개만 끝내면 낯설게만 보이던 독일어 단어를 보는 눈이 달라질 것입니다.

필수 동사 (40개)

단어번호	동사	의미	단어번호	동사	의미
0001	brechen	깨다	0177	sagen	말하다
0008	bringen	나르다	0182	schlagen	치다
0015	fallen	떨어지다	0187	schließen	닫다
0021	fassen	붙잡다	0195	sehen	보다
0029	finden	발견하다	0204	sein	~이다
0035	geben	주다	0210	setzen	앉히다
0048	gehen	가다	0225	sitzen	앉아 있다
0068	greifen	쥐다	0227	sprechen	말하다
0074	haben	가지고 있다	0232	stehen	서 있다
0079	halten	멈추다	0241	stellen	세우다
0096	heben	올리다	0256	suchen	찾다
0101	holen	가져오다	0261	teilen	나누다
0107	hören	듣다	0268	tragen	들다
0114	kommen	오다	0279	treffen	만나다
0123	lassen	그대로 두다	0285	treiben	몰다
0132	legen	눕히다	0291	tun	하다
0144	liegen	놓여 있다	0297	weisen	가리키다
0148	machen	하다	0304	wenden	돌리다
0155	nehmen	잡다	0309	werfen	던지다
0171	richten	향하게 하다	0312	ziehen	끌다

기본 동사 (60개)

단어번호	동사	의미	단어번호	동사	의미
0325	antworten	대답하다	0412	klagen	호소하다
0328	bereiten	준비하다	0415	kündigen	취소하다
0331	beugen	구부리다	0418	laden	싣다
0332	biegen	구부리다	0422	laufen	걷다
0334	bieten	제공하다	0426	nutzen	도움이 되다
0337	bilden	만들다	0428	passen	맞다
0341	brauchen	필요하다	0434	probieren	맛보다
0345	decken	덮다	0437	raten	조언하다
0347	denken	생각하다	0440	reden	말하다
0349	deuten	해석하다	0444	reichen	넉넉하다
0353	dienen	근무하다	0446	rufen	부르다
0356	drehen	돌리다	0449	ruhen	쉬다
0358	drucken	인쇄하다	0452	schaffen	창조하다
0360	drücken	누르다	0455	scheiden	분리하다
0363	fahren	가다	0460	schreiben	쓰다
0365	fangen	잡다	0463	sorgen	돌보다
0368	fehlen	없다	0468	stecken	꽂다
0371	folgen	뒤따라가다	0472	stimmen	맞다
0375	fordern	요구하다	0476	stoßen	밀치다
0378	fügen	결합하다	0478	trauen	믿다
0381	führen	안내하다	0480	treten	밟다
0385	füllen	가득 채우다	0484	üben	연습하다
0388	gleichen	닮다	0487	weichen	물러가다
0391	handeln	행동하다	0490	werben	광고하다
0396	hängen	걸려 있다	0494	werden	되다
0400	herrschen	지배하다	0495	zählen	(숫자를) 세다
0402	hindern	못하게 하다	0497	(be)zahlen	지불하다
0405	kaufen	사다	0499	zeichnen	그리다
0408	kennen	알다	0503	zeigen	가리키다
0409	wissen	알다	0505	zeugen	증언하다

01마디

•

필수 동사

01 이것만은 알고 가

필수 동사 ❶

+ brechen / bringen / fallen / fassen

필수동사

★

☐☐ 0001 **brechen(i)** 　　　　　　　　　　　　　　　　깨다, 깨지다

과거 brach
P·P gebrochen

Das Eis ist gebrochen.

(처음 만났을 때 등, 초반의) 어색한 분위기가 풀렸다.

[직역 : 얼음이 깨졌다.]

· s. Eis(x) 얼음

☐☐ 0002 **abbrechen(i)** 　　　　　　　　　　　꺾다, 부러뜨리다, 중단하다

과거 brach ab
P·P abgebrochen

Der Taschengriff ist abgebrochen.

가방 손잡이가 떨어졌어요.

· e. Tasche(n) 가방 　· r. Griff(e) 쥠, 손잡이

☐☐ 0003 **einbrechen(i)** 　　　　　　　　　　　　　　　　침입하다

과거 brach ein
P·P eingebrochen

Bei mir wurde eingebrochen! 　　집에 도둑이 들었어요!

☐☐ 0004 **unterbrechen(i)** 　　　　　(말을) 끊다, (잠시) 중단하다, 방해하다

과거 unterbrach
P·P unterbrochen

Darf ich Sie kurz unterbrechen?

잠시 말을 끊어도 될까요?

☐☐ 0005 **verbrechen(i)** 　　　　　　　(죄를) 범하다, (잘못을) 저지르다

과거 verbrach
P·P verbrochen

Was hast du wieder verbrochen?

너는 또 무슨 잘못을 저지른 거니?

0006 zerbrechen(i)

□□

산산조각 내다, 산산조각 나다

(과거) zerbrach
(P·P) zerbrochen

Das Glas ist zerbrochen.

그 유리컵이 산산조각 났다.

• s. Glas("er) 유리(단수), 유리컵

0007 zusammenbrechen(i)

□□

주저앉다, 기절하다

(과거) brach zusammen
(P·P) zusammengebrochen

Schließlich brach er zusammen.

결국 그는 주저앉고 말았다.

• schließlich 결국

★
0008 bringen

□□

나르다, 가져다주다

(과거) brachte
(P·P) gebracht

Bitte bringen Sie mir einen Espresso!

에스프레소 좀 가져다주세요!

0009 anbringen

□□

(특히 기술 분야에서) 설치하다

(과거) brachte an
(P·P) angebracht

In allen Räumen sind Rauchmelder angebracht/
montiert.

모든 방에 화재경보기가 설치되어 있다.

• r. Rauchmelder(-) 화재경보기 • montieren 설치하다

0010 beibringen

□□

가르치다

(과거) brachte bei
(P·P) beigebracht

Ich habe es mir selbst beigebracht.

난 스스로 배웠다.

0011 einbringen

□□

**(의견을) 드러내다, (의안을) 제출하다, (이윤을) 가져오다,
(곡물을) 수확하다**

(과거) brachte ein
(P·P) eingebracht

In dieser Diskussion war es schwer, seine eigene
Meinung einzubringen.

이 토론에서는 자신의 견해를 드러내는 것이 어려웠다.

• e. Diskussion(en) 토론

필수동사

☐☐ 0012 **mitbringen** (사) 가지고 오다

(과거) brachte mit
(P·P) mitgebracht

Soll ich dir was mitbringen? 뭐 좀 (사)가지고 갈까?

☐☐ 0013 **umbringen** 죽이다

(과거) brachte um
(P·P) umgebracht

Im Holocaust wurden sechs Millionen Juden umgebracht. 홀로코스트에서 6백만 명의 유대인이 죽임을 당했다.

· e. Million(en) 백만   · r. Jude(n, n) 유대인

Wort Plus+

죽이다
1) umbringen (일상) 죽이다   2) töten (일반) 살해하다   3) (er)morden (형식) 살해하다

☐☐ 0014 **verbringen** (시간을) 보내다

(과거) verbrachte
(P·P) verbracht

Wie verbringst du deine Zeit? 어떻게 시간을 보냈니?

★

☐☐ 0015 **fallen(ä)** 떨어지다, 넘어지다

(과거) fiel
(P·P) gefallen

Lass das Geschirr nicht fallen. 그릇이 떨어지지 않게 하렴.

Pass auf, dass du nicht (hin)fällst! 넘어지지 않도록 조심해!

· s. Geschirr(e) 그릇   · aufpassen 주의하다. 조심하다   · hinfallen (사람 또는 사물이) 넘어지다

☐☐ 0016 **auffallen(ä)** 관심을 끌다, 인지되다

(과거) fiel auf
(P·P) aufgefallen

Das ist mir gar nicht aufgefallen.
나는 그것을 미처 알아차리지 못했다.

☐☐ 0017 **ausfallen(ä)** (머리카락 등이) 빠지다, (예정이) 취소되다

(과거) fiel aus
(P·P) ausgefallen

Der Zug fällt aus. 기차가 취소되었어.

· r. Zug("e) 기차

0018 einfallen(ä) 생각이 떠오르다

(과거) fiel ein
(P·P) eingefallen

Mir fällt nichts ein.

아무것도 생각나지 않는다.

0019 gefallen(ä) 마음에 들다

(과거) gefiel
(P·P) gefallen

Gefällt dir deine Wohnung?

집이 마음에 드니?

0020 überfallen(ä) 습격하다

(과거) überfiel
(P·P) überfallen

Ich wurde gerade überfallen und ausgeraubt.

조금 전에 습격당해서 다 빼앗겼어요.

· ausrauben 모두 강탈하다

★

0021 fassen (손으로) 붙잡다, 체포하다, 이해하다

Er fasste meine Hand.

그는 내 손을 잡았다.

Ich kann es noch gar nicht fassen!

믿을 수 없군!

D-Satz Fass dich kurz! 용건만 간단히!

0022 anfassen (의도적으로) 손대다, 만지다

Fass mich nicht an!

나한테 손대지 마!

0023 auffassen (표면적으로) 이해하다, 알다

Nein, das hast du jetzt falsch aufgefasst.

아니, 넌 그걸 제대로 이해하지 못했어.

0024 sich befassen mit + D D를 다루다

Ich werde mich damit befassen.

(발표 등에서) 그것을 다루려고 합니다.

☐☐ 0025 **erfassen** | (깊이) 이해하다

Du hast es erfasst! (관용어) 그걸 아주 정확히 이해했구나!

☐☐ 0026 **umfassen** | 둘러싸다, 포괄하다

Das Buch umfasst ca. 200 Seiten. 이 책은 200여 페이지이다.

= Der Umfang des Buches beträgt ca. 200 Seiten.

* 동사(umfassen)보다는 명사(Umfang)로 더 자주 사용됩니다.

· r. Umfang("e) 넓이, 책의 분량 · e. Seite(n) 면, 쪽, 옆 · betragen 금액에 달하다

🍺 **TIPP**

축약어 읽기
독일어에는 축약해서 사용하는 단어들이 몇 개 있습니다. 예문에 나오는 **ca.**는 **circa**의 약자입니다. 의미는
'약, 대략'입니다. 자주 쓰이는 또 다른 축약어로는 **z.B.**(**zum Beispiel**, 예를 들어) 등이 있습니다.

☐☐ 0027 **verfassen** | 쓰다, 작성하다

Er verfasste zahlreiche Bücher. 그는 책을 여러 권 썼다.

· zahlreich 많은

☐☐ 0028 **zusammenfassen** | 요약하다

Ich fasse meine Meinung kurz zusammen.

제 의견을 짧게 요약하겠습니다.

❶ 다음 단어에 해당하는 의미를 찾아 연결해 보세요.

01 bringen • • ❶ 빠지다, 취소되다

02 abbrechen • • ❷ 나르다

03 ausfallen • • ❸ 쓰다, 작성하다

04 verfassen • • ❹ 꺾다, 중단하다

❷ 다음 단어의 의미를 우리말로 써 보세요.

05 brechen 09 anfassen

06 mitbringen 10 zusammenfassen

07 fallen 11 einbringen

08 unterbrechen 12 einfallen

❸ 우리말을 독일어로 써 보세요.

13 가르치다 17 붙잡다, 체포하다

14 (시간을) 보내다 18 산산조각 나다

15 인지하다 19 죽이다

16 마음에 들다 20 (죄를) 범하다

정답 01 ② 02 ④ 03 ① 04 ③ 05 깨다, 깨지다 06 (사) 가지고 오다 07 떨어지다, 넘어지다 08 (말을) 끊다, (잠시) 중단하다 09 손대다, 만지다 10 요약하다 11 (의견을) 드러내다 12 생각이 떠오르다 13 beibringen 14 verbringen 15 auffallen 16 gefallen 17 fassen 18 zerbrechen 19 umbringen 20 verbrechen

02

이것만은 알고 가

필수 동사 ❷

+ finden / geben

★

☐☐ **0029 finden**　　　　　　　　　　　　　　　　　　발견하다, 생각하다

(과거) **fand**
(P·P) **gefunden**

Ich habe meinen verlorenen Geldbeutel gefunden.

잃어버렸던 지갑을 찾았다.

Wie findest du das? - Ich finde es schön.

그것을 어떻게 생각하니? – 좋다고 생각해.

· verlieren 잃다　· r. Geldbeutel(-) 지갑

☐☐ **0030 sich befinden**　　　　　　　　　　　　　　　(장소·상태에) 있다

(과거) **befand**
(P·P) **befunden**

Unser Büro befindet sich in der 2. Etage.

우리 사무실은 두 번째 층(3층)에 있습니다.

· s. Büro(s) 사무실　· e. Etage(n) 층

☐☐ **0031 empfinden**　　　　　　　　　　　　　　　　（깊은 감정을) 느끼다

(과거) **empfand**
(P·P) **empfunden**

Ich empfinde nichts für ihn.　　그에게 아무런 감정도 없어.

Sei doch nicht so empfindlich!　　너무 민감하게 굴지 마!

· empfindlich 예민한

☐☐ **0032 erfinden**　　　　　　　　　　　　　　　　　　　　발명하다

(과거) **erfand**
(P·P) **erfunden**

Steve Jobs hat das iPhone erfunden.

스티브 잡스가 아이폰을 발명했다.

☐ ☐ 0033 **herausfinden** 알아내다

(과거) **fand heraus**
(P·P) **herausgefunden**

Was hast du herausgefunden? 뭐 좀 알아냈어?

☐ ☐ 0034 **stattfinden** 개최되다

(과거) **fand statt**
(P·P) **stattgefunden**

Welche Veranstaltung findet heute statt?
오늘 어떤 행사가 개최되나요?

· e. Veranstaltung(en) 행사 · heute 오늘

★

☐ ☐ 0035 **geben(i)** 주다

(과거) **gab**
(P·P) **gegeben**

Kannst du mir bitte etwas zu trinken geben?
마실 것 좀 줄 수 있니?

☐ ☐ 0036 **Es gibt + A** A가 있다

Das gibt's doch nicht! 그런 건 없어! (말도 안돼)

D-Satz Geht nicht, gibt's nicht. 안 되는 거 없어.

☐ ☐ 0037 **abgeben(i)** (과제를) 제출하다, 반납하다

(과거) **gab ab**
(P·P) **abgegeben**

Ich habe meine Hausaufgaben schon abgegeben.
나는 이미 숙제를 제출했어.

· e. Hausaufgabe(n) 숙제

☐ ☐ 0038 **angeben(i)** 알리다, 허풍 떨다

(과거) **gab an**
(P·P) **angegeben**

Kannst du deine neue E-Mail Adresse angeben?
새 이메일 주소를 알려 줄 수 있니?

D-Satz Gib doch nicht so an! 그렇게 잘난 척 좀 하지 마!

필수동사

☐☐ **0039 aufgeben(i)**   포기하다, (처리를 위해) 맡기다, (과제를) 내주다

(과거) **gab auf**
(P·P) **aufgegeben**

Okay, du hast gewonnen! Ich gebe auf!

그래, 네가 이겼어! 내가 포기할게!

· **gewinnen** 이기다

☐☐ **0040 ausgeben(i) für + A**   A를 위하여 돈을 쓰다

(과거) **gab aus**
(P·P) **ausgegeben**

Wofür hast du das ganze Geld ausgegeben?

어디다 돈을 다 쓴 거야?

☐☐ **0041 sich begeben(i)**   (장소에) 가다, (사건이) 발생하다

(과거) **begab**
(P·P) **begeben**

Es begab sich aber zu der Zeit, dass ...

당시에 …가 발생했다. (문어, 아이들에게 예전 이야기를 해 줄 때)

· **zu der Zeit** 당시에

> **TIPP**
> begeben은 '유통시키다', '어음 등을 발행하다'라는 뜻의 경제 용어로, 일상생활에서는 잘 사용하지 않습니다.

☐☐ **0042 eingeben(i)**   (컴퓨터에서) 입력하다

(과거) **gab ein**
(P·P) **eingegeben**

Bitte geben Sie Ihre PIN ein!   당신의 PIN 번호를 입력하세요!

☐☐ **0043 sich ergeben(i) aus + D**   D로부터 (결과가) 생기다

(과거) **ergab**
(P·P) **ergeben**

Daraus ergibt sich die Frage.   이것으로부터 질문이 생겼다.

Das Ergebnis enttäuscht mich.   나는 결과에 실망했다.

· **s. Ergebnis(se)** 결과   · **enttäuschen** 실망시키다

0044 nachgeben(i)   (오랜 토의 끝에) 동의하다, 양보하다

(과거) **gab nach**
(P·P) **nachgegeben**

Weil ich die große Schwester bin, habe ich
nachgegeben.

내가 누나라서 양보했다.

0045 vergeben(i)   용서하다, (장학금 등을) 수여하다

(과거) **vergab**
(P·P) **vergeben**

Ich kann vergeben, doch nicht vergessen.

용서할 수는 있지만 잊을 수는 없어.

· **vergessen** 잊다

0046 zugeben(i)   시인하다, 추가하다

(과거) **gab zu**
(P·P) **zugegeben**

Ich muss leider zugeben, dass ich mich geirrt
habe.

유감스럽게도 내가 틀렸음을 인정해야 한다.

· **sich irren** 잘못 생각하다, 잘못하다

0047 zurückgeben(i)   돌려주다, 반환하다

(과거) **gab zurück**
(P·P) **zurückgegeben**

Kannst du mir bitte mein Buch zurückgeben?

내 책을 돌려주겠니?

Ich möchte die Schuhe zurückgeben.

이 신발을 환불하고 싶습니다.

· **r. Schuh(e)** 신발

❶ 다음에 해당하는 의미를 찾아 연결해 보세요.

01 empfinden   •   • ❶ 시인하다, 추가하다

02 zugeben   •   • ❷ (과제를) 제출하다

03 abgeben   •   • ❸ 돌려주다, 반환하다

04 zurückgeben   •   • ❹ (깊은 감정을) 느끼다

❷ 다음 단어의 의미를 우리말로 써 보세요.

05 finden ————————   09 eingeben ————————

06 aufgeben ————————   10 nachgeben ————————

07 Es gibt + A ————————   11 erfinden ————————

08 stattfinden ————————   12 geben ————————

❸ 우리말을 독일어로 써 보세요.

13 A를 위하여 돈을 쓰다   17 D로부터 (결과가) 생기다

————————————   ————————————

14 용서하다, (장학금 등을) 수여하다   18 (장소·상태에) 있다

————————————   ————————————

15 유통시키다   19 알리다, 허풍 떨다

————————————   ————————————

16 (장소에) 가다, (사건이) 발생하다   20 알아내다

————————————   ————————————

정답 01 ④ 02 ① 03 ② 04 ③ 05 발견하다, 생각하다 06 포기하다, (과제를) 내 주다 07 A가 있다 08 개최되다 09 (컴퓨터에서) 입력하다 10 (오랜 토의 끝에) 동의하다, 양보하다 11 발명하다 12 주다 13 ausgeben für + A 14 vergeben 15 begeben 16 sich begeben 17 sich ergeben aus + D 18 sich befinden 19 angeben 20 herausfinden

03 이것만은 알고 가

필수 동사 ❸

+ gehen / greifen

★

☐ ☐ 0048 **gehen** | 가다, 지내다, (기계가) 작동하다

(과거) **ging**
(P·P) **gegangen**

Ich gehe zu Fuß. 난 걸어서 갈게.

Das geht auf mich. 내가 살게.

D-Satz　Wie geht's? – Mir geht es gut und dir? 어떻게 지내? – 잘 지내지, 넌?

*일반적으로는 **und dir**라고 하지만, 일상에서는 **und selbst**라고도 합니다.

☐ ☐ 0049 **gehen + inf** | inf하러 가다

(과거) **ging**
(P·P) **gegangen**

Ich gehe schwimmen. 수영하러 가는 중이야.

☐ ☐ 0050 **Es geht um + A** | A에 관한 것이다, A가 중요하다

Worum geht es (denn)? 뭐에 관한 건데?

Darum geht es gar nicht.

그것에 관한 게 아니야. / 그게 중요한 게 아니야.

☐ ☐ 0051 **angehen** | (기계가) 켜지다, 상관있다

(과거) **ging an**
(P·P) **angegangen**

Mein PC geht an aber zeigt kein Bild.

내 PC가 켜지기는 하는데 화면이 뜨질 않아요.

Das geht dich nichts an! 너랑 상관없어!

· **zeigen** 가리키다, 보여 주다　· s. **Bild(er)** 그림

0052 **aufgehen**

(해가) 뜨다, (문이) 열리다

(과거) ging auf
(P·P) aufgegangen

Die Sonne geht im Osten auf und im Westen unter.
해는 동쪽에서 떠서 서쪽으로 진다.

· e. Sonne(n) 해 · r. Osten(x) 동쪽, 동부 · r. Westen(x) 서쪽, 서부

0053 **ausgehen**

(기계가) 꺼지다, 바닥나다, 끝나다, 외출하다

(과거) ging aus
(P·P) ausgegangen

Das Licht geht aus. 불빛이 꺼졌다.

Mir ist das Geld ausgegangen! 돈이 바닥났어!

Er ist jetzt nicht hier. Er ist (r)ausgegangen.
그는 지금 여기 없어요. 외출했어요.

· s. Licht(x) 빛

0054 **ausgehen von + D**

D에서 시작하다, 확신하다, 전제하다

(과거) ging aus
(P·P) ausgegangen

Du gehst von falschen Voraussetzungen aus.
넌 잘못된 전제에서 시작하고 있어.

Ich gehe davon aus, dass er mitkommt.
나는 그가 같이 갈 것 / 올 것이라고 간주했다.

· e. Voraussetzung(en) 전제

0055 **begehen**

(부정적인 행동을) 하다

(과거) beging
(P·P) begangen

Ich habe eine Dummheit begangen!
난 바보 같은 짓을 저질렀어.

Er beging Selbstmord. 그는 자살했다.

· e. Dummheit(en) 어리석은 말, 행동 · r. Selbstmord(e) 자살

0056 **eingehen**

(옷이) 줄어들다, (동식물이) 죽다

(과거) **ging ein**
(P·P) **eingegangen**

Das T-Shirt ist beim Waschen eingegangen.

세탁하는 동안 티셔츠가 줄어들었어.

Meine Pflanzen gehen immer ein.

내가 기르는 식물은 항상 죽어.

· waschen 세탁하다 · e. Pflanze(n) 식물

0057 **eingehen auf + A**

A에 관심을 기울이다

(과거) **ging ein**
(P·P) **eingegangen**

Ohne auf ihre Frage einzugehen, antwortete er.

그는 그녀의 질문에 관심을 기울이지 않고 대답했다.

0058 **losgehen**

출발하다, 시작하다

(과거) **ging los**
(P·P) **losgegangen**

Los geht's!

출발!

Wann geht das Fest los?

축제는 언제 시작해?

· s. Fest(e) 축제

🍺TIPP
starten

일상에서는 losgehen을 많이 사용하지만, 경기·기계·기술 분야에서는 starten이 종종 사용됩니다.
◎ Er hat das Auto gestartet. 그는 자동차 시동을 걸었다.

0059 **nachgehen**

뒤따르다, (시계 등이) 늦게 가다, 몰두하다

(과거) **ging nach**
(P·P) **nachgegangen**

Ich ging ihm in das Zimmer nach.

나는 그를 따라 방으로 들어갔다.

Ich bin den Ursachen nachgegangen.

나는 그 원인에 대해 파고들었다.

· s. Zimmer(-) 방 · e. Ursache(n) 원인, 이유

0060 **spazieren gehen** | 산책을 가다

(과거) **ging spazieren**
(P·P) **spazieren gegangen**

Wollen wir ein bisschen spazieren gehen?

잠시 산책하러 갈래?

· ein bisschen 약간

0061 **untergehen** | (해가) 지다, 가라앉았다, (나라가) 멸망하다

(과거) **ging unter**
(P·P) **untergegangen**

Davon geht die Welt nicht unter.

(관용어) 그 정도 가지고 세상이 망하진 않아.

0062 **übergehen** | (소유가) 넘어가다, (화제가) 바뀌다

(과거) **ging über**
(P·P) **übergegangen**

Lassen Sie uns zum nächsten Punkt übergehen.

다음 화제로 넘어가죠.

· nächst 바로 다음의   · r. Punkt(e) 점. 논점

0063 **umgehen** | 유포되다

(과거) **ging um**
(P·P) **umgegangen**

Die Grippe geht um.

독감이 유행이다.

· e. Grippe(n) 독감

0064 **umgehen mit + D** | D를 다루다

(과거) **ging um**
(P·P) **umgegangen**

Kannst du mit einer Bohrmaschine umgehen?

전기 드릴 사용할 줄 아니?

· e. Bohrmaschine(n) 전기 드릴

0065 **vergehen** | 경과하다

(과거) **verging**
(P·P) **vergangen**

Das Jahr ist so schnell vergangen!   올해도 빨리 지나갔네!

0066 vorgehen | 앞서가다, 중요하다, 발생하다, (시계 등이) 빨리 가다

(과거) **ging vor**
(P·P) **vorgegangen**

Bitte, gehen Sie vor! — 먼저 가세요!

Sicherheit geht vor. — 안전이 중요하지.

Was geht hier vor? — 여기서 무슨 일이 일어나고 있는 거야?

· e. Sicherheit(en) 안전

0067 zugehen auf + A | A를 향해 가다, (문이) 닫히다

(과거) **ging zu**
(P·P) **zugegangen**

Sie ging direkt auf ihn zu. — 그녀는 바로 그에게 다가갔다.

· direkt 직접적으로, 즉시

★

0068 greifen | 쥐다, 손을 대다, 손을 뻗어 잡다

(과거) **griff**
(P·P) **gegriffen**

Er griff sich an die Stirn. — 그는 이마에 손을 짚었다.

Er hat nach meiner Hand gegriffen.
— 그는 손을 뻗어 내 손을 잡았다.

· e. Stirn(e) 이마   · e. Hand(ˮe) 손

Wort Plus +

잡다
1) **fangen** 잡다, 자유를 뺏다 ⑬ Gefangene 포로, Gefängnis 감옥, Fang 포획
2) **fassen** 손을 뻗어 잡은 다음 꽉 붙들고 있다 ⑬ Fassung 틀, Fass (술)통
3) **greifen** (보통 빠르게) 수중에 넣는 것 또는 손을 대다 ⑬ Griff 쥠, 손잡이
4) **halten** (손으로) 잡은 것을 놓지 않고 있다 ⑬ Halt 정지

0069 angreifen | 공격하다

(과거) **griff an**
(P·P) **angegriffen**

Der VfB Stuttgart greift jetzt an.
— VfB 슈트트가르트가 지금 공격하고 있습니다.

☐ ☐ **0070 begreifen**　　　　　　　　　　　　　　　　　　　이해하다

(과거) begriff
(P·P) begriffen

Ich begreife dich nicht.　　네가 (너의 행동의 이유가) 이해가 안 돼.

Was ist unter dem Begriff Globalisierung zu
verstehen?　　　　　　　　　　세계화라는 개념은 무엇인가요?

· r. Begriff(e) 개념

☐ ☐ **0071 eingreifen in + A**　　　　　　　　　　　　　　A에 관여하다

(과거) griff ein
(P·P) eingegriffen

Die Polizei musste eingreifen.　　경찰이 개입(관여)해야 했다.

☐ ☐ **0072 ergreifen**　　　　　　　　　　　　　　　움켜쥐다, 체포하다

(과거) ergriff
(P·P) ergriffen

Ich will diese Möglichkeit ergreifen.

난 이 기회를 잡을 것이다.

🍺**TIPP**

ergreifen의 비유적 의미
ergreifen은 보통 '쥐다'라는 뜻으로 사용하지만, Beruf(직업), Gelegenheit(기회), Initiative(주도권), Macht(정치 권력), Maßnahmen(조치), Möglichkeit(가능성)와 같은 명사와 결합하면 '갖다', '잡다', '취하다'라는 비유적 의미가 됩니다.

☐ ☐ **0073 zugreifen**　　　　　　　　　　　　　　　　　움켜쥐다

(과거) griff zu
(P·P) zugegriffen

Bitte, greifen Sie zu!　　　　　　　　마음껏 드세요!

❶ 다음에 해당하는 의미를 찾아 연결해 보세요.

01 aufgehen •   • ❶ 공격하다

02 angreifen •   • ❷ 이해하다

03 vergehen •   • ❸ 경과하다

04 begreifen •   • ❹ (해가) 뜨다, (문이) 열리다

❷ 다음 단어의 의미를 우리말로 써 보세요.

05 untergehen ....   09 umgehen mit + D ....

06 eingreifen in + A ....   10 Es geht um + A ....

07 ausgehen von + D   11 greifen ....

    ....   12 eingehen auf + A

08 zugehen auf + A ....

                                  ....

❸ 우리말을 독일어로 써 보세요.

13 가다 ....   17 (소유가) 넘어가다, (화제가) 바뀌다

14 유포되다 ....

                               18 앞서가다, 중요하다

15 산책을 가다 ....

16 움켜쥐다 ....   19 움켜쥐다, 체포하다 ....

                               20 출발하다, 시작하다 ....

정답 01 ④ 02 ① 03 ③ 04 ② 05 (해가) 지다, 가라앉았 06 A에 관여하다 07 D에서 시작하다, 확신하다
08 A를 향해 가다 09 D를 다루다 10 A에 관한 것이다 11 쥐다, 손을 대다 12 A에 관심을 기울이다
13 gehen 14 umgehen 15 spazieren gehen 16 zugreifen 17 übergehen 18 vorgehen
19 ergreifen 20 losgehen

04 이것만은 알고 가

필수 동사 ❹

+ haben / halten

필수 동사

★

☐ ☐ 0074 **haben** 　　　　　　　　　　　　　　　　　가지고 있다

(과거) hatte
(P·P) gehabt

Hast du dieses Wochenende frei? 　이번 주말에 시간 있어?

Du hast recht. 　　　　　　　　　　　　　　네가 옳아.

· s. Wochenende(n) 주말 　· recht haben 옳다

☐ ☐ 0075 **haben + zu inf** 　　　　　　　　　　　　inf 해야만 한다

(과거) hatte
(P·P) gehabt

Ich habe viel zu tun/erledigen. 　　할 게 너무 많아.

☐ ☐ 0076 **haben mit + D zu tun** 　　　　　　　　　D와 관련 있다

(과거) hatte
(P·P) gehabt

Damit habe ich nichts zu tun.

난 그것과 아무런 관련이 없어.

☐ ☐ 0077 **dabeihaben** 　　　　　　　　　　　　　　지참하다

(과거) hatte dabei
(P·P) dabeigehabt

Oh Mann, ich habe meinen Geldbeutel nicht
dabei! 　　　　　　　　　　　　이런, 지갑을 안 가져왔어요!

☐ ☐ 0078 **vorhaben** 　　　　　　　　　　　　　　　계획하다

(과거) hatte vor
(P·P) vorgehabt

Hast du heute Abend schon etwas vor?

오늘 저녁에 무슨 계획 있어?

🍺 **TIPP**

vorhaben vs planen
planen이 vorhaben보다 조금 더 구체적인 느낌을 줍니다.

★

0079 **halten(ä)**　　　　　　　붙잡다, 멈추다, sich (자세·입장을) 고수하다

(과거) **hielt**
(P·P) **gehalten**

Kannst du bitte die Tasche halten?

이 가방을 좀 들어 주시겠어요?

Plötzlich hielt der Zug.　　　　갑자기 기차가 멈췄다.

0080 **halten(ä) A für A/adj**　　　　　　A를 A/adj로 간주하다

(과거) **hielt**
(P·P) **gehalten**

Ich halte es für wichtig, dass du das selbst getan
hast.　　　　그걸 네 스스로 했다는 게 중요하다고 생각해.

0081 **halten(ä) von + D**　　　　　　　　　D를 평가하다

(과거) **hielt**
(P·P) **gehalten**

Was hältst du davon?　　　　너 그걸 어떻게 생각해?

0082 **abhalten(ä)**　　　　　　　못 하게 하다, 가까이 못 오게 하다

(과거) **hielt ab**
(P·P) **abgehalten**

Was hält dich davon ab?　　　　뭐가 널 못 하게 막는 거야?

0083 **anhalten(ä)**　　　　　　　　멈추다, 세우다, 지속하다

(과거) **hielt an**
(P·P) **angehalten**

Der Bus hält an.　　　　버스가 멈춰 서다.
= Der Bus stoppt.

Die Polizei hält den Bus an.　　　　경찰이 버스를 세웠다.
= Die Polizei stoppt den Bus.

・e. Polizei(en) 경찰　・stoppen 멈추다, 세우다

0084 **aufhalten(ä)**　　　　(못 가도록) 막다, (문이) 닫히지 않게 막다, sich 체류하다

(과거) **hielt auf**
(P·P) **aufgehalten**

Ich will Sie nicht länger aufhalten.

(연설 등을 마치면서) 여러분을 더는 잡아 두지 않으려고 합니다.

Aufenthalt 체류
일상생활에서 많이 쓰는 단어는 아니지만, 체류증 신청을 위해 관공서에 가야 할 때 반드시 알아 두어야 하는 단어입니다.

☐ ☐ 0085 **aushalten(ä)**　　　　　　　　　　　　　　**(완전히) 참다**

(과거) hielt aus
(P·P) ausgehalten

Ich kann es nicht mehr aushalten.

난 그것을 더 이상 참을 수 없다.

☐ ☐ 0086 **behalten(ä)**　　　　　　　　　　　　　　**소유하다, 기억하다**

(과거) behielt
(P·P) behalten

Den Rest kannst du behalten.　　나머지는 가지셔도 돼요.

Das musst du für dich behalten.　　너만 알고 있어야 해.

☐ ☐ 0087 **einhalten(ä)**　　　　　　　　　　　　　**(기한 등을) 준수하다**

(과거) hielt ein
(P·P) eingehalten

Bitte, halten Sie den Termin ein!　시간 약속을 지켜 주십시오!

· r. Termin(e) (공적인) 방문 약속

☐ ☐ 0088 **enthalten(ä)**　　　　　　　　　　　　　　　　**함유하다**

(과거) enthielt
(P·P) enthalten

Cola enthält viel Zucker.　　콜라에는 설탕이 많이 들어 있다.

· r. Zucker(-) 설탕

☐ ☐ 0089 **erhalten(ä)**　　　　　　　　　　　　　　　　　　**받다**

(과거) erhielt
(P·P) erhalten

Ich habe Ihr Schreiben erhalten.

당신의 편지를 받았습니다.

· s. Schreiben(-) 공식적인 편지, 서한

0090 **festhalten(ä)**　　　꽉 붙들다, D에 딱 달라붙다 [sich (an+D)]

(과거) **hielt fest**
(P·P) **festgehalten**

Halt ihn fest!　　　　　　그를 꽉 붙들어!

Halt dich gut an mir fest!　　　나한테 딱 달라붙어 있어!

0091 **freihalten(ä)**　　　　　(장소·시간 등을) 비워 놓다

(과거) **hielt frei**
(P·P) **freigehalten**

Halte mir einen Platz frei, bitte!　　내 자리 좀 하나 비워 둬!

Ich halte mir den Tag frei.　　　그날 시간 비워 둘게.

　　　　　　　　　　　　　　　　· r. Platz(¨e) 자리, 좌석

0092 **durchhalten(ä)**　　　　　(끝까지) 참다, 견뎌 내다

(과거) **hielt durch**
(P·P) **durchgehalten**

Ich will durchhalten!　　　포기하지 않고 끝까지 견뎌 낼 거야!

0093 **sich unterhalten(ä)**　　　담소를 나누다, 즐겁게 이야기하다

(과거) **unterhielt**
(P·P) **unterhalten**

Wir haben uns viel unterhalten.

　　　　　　　　　우리는 즐겁게 이야기를 많이 나누었어.

0094 **sich verhalten(ä)**　　　　　　　태도를 취하다

(과거) **verhielt**
(P·P) **verhalten**

Sie hat sich mir gegenüber immer sehr freundlich
verhalten.　　　　　　그녀는 항상 친절하게 대해 주었다.

> 🍺 **TIPP**
>
> **gegenüber**
> 1. (장소와 함께 쓰일 때) ~의 맞은편에
>   🔵 **gegenüber dem Haus** : 집의 맞은편에
> 2. (사람 / 사물과 함께 쓰일 때) ~에 대하여
>   🔵 **mir gegenüber** : 나에 대하여
>
> *gegenüber는 명사 앞 또는 뒤에 위치할 수 있지만, 목적어가 사람인 경우에는 항상 뒤에 위치합니다.

필수동사

☐ ☐ 0095 **zurückhalten(ä)**   만류하다, 억제하다, sich 자제하다

(과거) **hielt zurück**
(P·P) **zurückgehalten**

Ich konnte ihn nicht zurückhalten.   그를 말릴 수 없었다.

Sie hatte Mühe, ihren Ärger zurückzuhalten.

그녀는 화를 참으려고 노력했다.

Ich halte mich heute (beim Essen) zurück.

오늘 먹는 것을 절제하고 있어.

· e. Mühe(n) 노력   · r. Ärger(x) 화

❶ 다음에 해당하는 의미를 찾아 연결해 보세요.

01 dabeihaben •　　　　　　• ❶ 받다

02 anhalten　•　　　　　　• ❷ 소유하다, 기억하다

03 behalten　•　　　　　　• ❸ 멈추다, 세우다

04 erhalten　•　　　　　　• ❹ 지참하다

❷ 다음 단어의 의미를 우리말로 써 보세요.

05 haben zu + inf ....　09 zurückhalten ....

06 halten ....　　　　10 durchhalten ....

07 festhalten ....　　11 aushalten ....

08 halten A für A/adj　　　　12 haben mit + D zu tun

....　　　　　　　　　................

❸ 우리말을 독일어로 써 보세요.

13 가지고 있다 ....　　17 담소를 나누다 ....

14 태도를 취하다 ....　18 함유하다 ....

15 D를 평가하다 ....　19 (장소·시간 등을) 비워 놓다

16 (기한 등을) 준수하다　　　　................

....　　　　　　　20 계획하다 ....

정답 **01** ④ **02** ③ **03** ② **04** ① **05** inf해야만 한다 **06** 붙잡다, 멈추다 **07** 꽉 붙들다 **08** A를 A/adj로 간주하다 **09** 만류하다, 억제하다 **10** (끝까지) 참다, 견뎌 내다 **11** (완전히) 참다 **12** D와 관련 있다 **13** haben **14** sich verhalten **15** halten von + D **16** einhalten **17** sich unterhalten **18** enthalten **19** freihalten **20** vorhaben

05 이것만은 알고 가

필수 동사 ❺

+ heben / holen / hören / kommen

★

☐☐ 0096 **heben** 올리다

(과거) hob
(P·P) gehoben

Ich kann meinen Arm nicht heben. 팔을 못 올리겠어요.

· r. Arm(e) 팔

☐☐ 0097 **abheben** 인출하다, 수화기를 들다, 이륙하다

(과거) hob ab
(P·P) abgehoben

Ich kann kein Geld abheben. 돈을 인출할 수가 없어요.

Niemand hebt den Hörer ab. 아무도 전화를 안 받아요.

· r. Hörer(-) 청자, 수화기

☐☐ 0098 **aufheben** (바닥에서) 집어 들다, 보관하다, 폐지하다

(과거) hob auf
(P·P) aufgehoben

Den Brief habe ich aufgehoben.

난 그 편지를 보관하고 있었다.

Die Kontosperrung ist unverzüglich aufgehoben.

계정 정지가 즉시 취소됩니다.

· e. Sperrung(en) 차단 · unverzüglich 즉시

☐☐ 0099 **erheben** 높이 올리다, (세금을) 징수하다, sich 일어나다, 봉기하다

(과거) erhob
(P·P) erhoben

Bitte erheben Sie das Glas! 잔을 올리십시오!

Bitte erheben Sie sich alle! 모두 일어나 주십시오!

0100 **hervorheben** 강조하다

(과거) **hob hervor**
(P·P) **hervorgehoben**

Ich möchte noch einmal hervorheben, dass ich nicht schuld daran bin.

제가 그것에 책임이 없다는 점을 재차 강조하고 싶습니다.

· **schuld sein an + D** D에 대한 책임이 있다

★
0101 **holen** (물건을) 가져오다, (사람을) 불러오다

Kannst du mir was zu trinken holen?

마실 것 좀 가져다줄 수 있어?

Hol schnell einen Arzt! 의사 좀 빨리 불러 왜!

· **r. Arzt("e)** 의사

0102 **abholen** 가지러 가다, 마중을 나가다

Kannst du mich vom Flughafen abholen?

공항으로 마중 나올 수 있어?

· **r. Flughafen(")** 공항

0103 **einholen** 따라잡다

Geh schon mal voraus! Ich hole dich dann ein.

먼저 가! 곧 따라갈게.

· **vorausgehen** 먼저 가다

0104 **sich erholen** 활력을 되찾다, 휴양하다

Hast du dich gut erholt? 잘 쉬었어?

Ich glaube, wir brauchen etwas Erholung.

내 생각에 우리는 좀 쉬어야 해.

· **e. Erholung(x)** 휴양

0105 **überholen** | (차를) 추월하다, (기계를) 검사하다

Hier darf man nicht überholen.

여기에서 추월하면 안 됩니다.

0106 **wiederholen** | 반복하다

Können Sie das bitte wiederholen? 다시 말해 주시겠어요?

★

0107 **hören** | 듣다, D에 대한 소식을 듣다(von+D)

Hast du gehört, was ich gesagt habe? 내 말 들었어?

Hast du (et)was von ihm gehört? 그 사람 소식 들었어?

0108 **hören auf + A** | A의 말을 따르다

Hör auf meinen Rat! 내 충고 좀 들어!

D-Satz Wer nicht hören will, muss fühlen. 말을 안 듣는 자는 느껴야지.

*예전에 학교에서 체벌을 할 때 종종 사용했던 문장이지만, 현재 체벌이 금지된 이후에는 어떤 경고
나 규칙을 무시하는 이에게 그 결과로 안 좋은 일을 겪게 될 것임을 말해 주기 위해 사용합니다.

0109 **sich³ anhören** | (이야기를) 들어 주다

Ich kann mir deine Lügen nicht mehr anhören.

네 거짓말을 더는 들어 줄 수가 없다.

· e. Lüge(n) 거짓말

D-Satz Das hört sich gut an. (소리 · 의견 등이) 괜찮은 것 같네.

*sich anhören ~처럼 들리다

0110 **aufhören** | 끝나다, 그만두다, D를 끝내다(mit + D)

Hör auf! 그만해!

Wann hörst du mit der Arbeit auf? 일 언제 끝나?

| | 0111 **gehören Jm** | | Jm의 것이다 |

| | | Wem gehört die Jacke? | 이 재킷 누구 거야? |
| | | Gehört das dir? | 이거 네 거야? |

| | 0112 **gehören zu + D** | | D에 속하다 |

Zu welcher Gruppe gehörst du?   넌 어느 그룹에 속해 있어?

| | 0113 **zuhören Jm** | | Jm에 귀를 기울이다 |

Hör mir gut zu!   내 말 좀 들어!

★

| | 0114 **kommen** | | 오다 |

(과거) kam
(P·P) gekommen

Wann kommst du wieder nach Hause?
집에 언제 다시 오니?

Ich komme gleich (zu dir).   곧 가요.

Wie kommst du darauf?   어떻게 그런 생각을 했니?

TIPP

그 외 접두사 + kommen 동사
1) ankommen 도착하다
2) entkommen 달아나다
3) mitkommen 함께 오다
4) vorbeikommen 지나가다, 통과하다, 잠깐 들르다
5) zukommen 향해 가까이 오다, 접근해 오다

| | 0115 **ankommen** | | 도착하다 |

(과거) kam an
(P·P) angekommen

Bist du gut angekommen?   잘 도착했어?

☐☐ **0116 Es kommt auf + A an**   A에 달려 있다

Es kommt auf **den Blickwinkel** an.   그건 관점에 달렸어.

☐☐ **0117 auskommen mit + D / Jm**   D로 삶을 꾸려 나가다, Jm과 사이좋게 지내다

(과거) **kam aus**   Ich komme mit **dem Geld** aus.
(P·P) **ausgekommen**
                난 그 돈으로 삶을 꾸려 나가고 있다.

Er kommt mit **allen gut** aus.   그는 모두와 사이좋게 지낸다.

☐☐ **0118 bekommen**   받다

(과거) **bekam**   Hast du meine E-Mail bekommen?   내 메일 받았어?
(P·P) **bekommen**

Wort Plus +

받다
1) **bekommen** (일반) 받다
2) **kriegen** (친한 관계, 구어) 받다
3) **erhalten** (관공서 등 형식) 받다
4) **empfangen** (형식) 받다 , 수신하다

☐☐ **0119 vorankommen**   앞으로 나아가다, 진보하다

(과거) **kam voran**   Kommst du gut voran?   (공부 등이) 잘돼 가?
(P·P) **vorangekommen**

☐☐ **0120 vorkommen**   (이야기 등에) 존재하다, (사건이) 발생하다

(과거) **kam vor**   In welchem Film kommt das Lied vor?
(P·P) **vorgekommen**
                        이 노래는 어떤 영화에서 나오죠?

So etwas ist mir noch nie vorgekommen!
                이런 일들은 아직 나한테 일어난 적이 없었어!

D-Satz   **Das kommt dir nur so vor.** 너만 그렇게 느끼는 거야. / 괜히 지금 너한테 그래 보이는 거야.

* **vorkommen Jm adj/ad** Jm에게 adj/ad라고 여겨지다

0121 **zukommen auf + A**

A에게 접근해 오다

(과거) **kam zu**
(P·P) **zugekommen**

Was kommt auf mich zu?

어떤 일이 내게 닥칠까?

0122 **zusammenkommen**

모이다

(과거) **kam zusammen**
(P·P) **zusammengekommen**

So jung kommen wir nicht mehr zusammen.

우리 더는 이렇게 젊은 채로 모이지 못해.

(관용어, 사교 모임 등에서 돌아가려는 사람에게 가지 말라고 하는 말)

❶ 다음에 해당하는 의미를 찾아 연결해 보세요.

01 erheben · · ❶ 받다

02 abholen · · ❷ 반복하다

03 wiederholen · · ❸ 가지러 가다, 마중을 나가다

04 bekommen · · ❹ 높이 올리다, 세금을 징수하다

❷ 다음 단어의 의미를 우리말로 써 보세요.

05 heben ‑‑‑‑‑‑‑	09 aufhören ‑‑‑‑‑‑‑
06 aufheben ‑‑‑‑‑‑‑	10 gehören Jm ‑‑‑‑‑‑‑
07 holen ‑‑‑‑‑‑‑	11 gehören zu + D ‑‑‑‑‑‑‑
08 überholen ‑‑‑‑‑‑‑	12 ankommen ‑‑‑‑‑‑‑

❸ 우리말을 독일어로 써 보세요.

13 인출하다, 수화기를 들다

‑‑‑‑‑‑‑‑‑‑‑

17 (이야기를) 들어 주다

‑‑‑‑‑‑‑‑‑‑‑

14 강조하다 ‑‑‑‑‑‑‑

18 오다 ‑‑‑‑‑‑‑

15 활력을 되찾다, 휴양하다

‑‑‑‑‑‑‑‑‑‑‑

19 A에 달려 있다 ‑‑‑‑‑‑‑

16 듣다 ‑‑‑‑‑‑‑

20 (이야기 등에) 존재하다, (사건이) 발생하다

‑‑‑‑‑‑‑‑‑‑‑

정답 01 ④ 02 ③ 03 ② 04 ① 05 올리다 06 (바닥에서) 집어 들다 07 (물건을) 가져오다. (사람을) 불러오다 08 (차를) 추월하다. (기계를) 검사하다 09 끝나다 10 Jm의 것이다 11 D에 속하다 12 도착하다 13 abheben 14 hervorheben 15 sich erholen 16 hören 17 sich³ anhören 18 kommen 19 Es kommt auf + A an 20 vorkommen

이것만은 알고 가

06 필수 동사 ❻

+ lassen / legen / liegen

★

☐☐ **0123 lassen(ä)** | 그대로 두다, inf.하게 하다

(과거) **ließ**
(P·P) **gelassen**

Komm, lass gut sein. (관용어) 자, (그 정도면 충분하니) 끝내자.

D-Satz **Lass mich in Ruhe!** (나한테) 시비 걸지 마라!

☐☐ **0124 entlassen(ä)** | 해고하다, 퇴원시키다

(과거) **entließ**
(P·P) **entlassen**

Viele Arbeiter wurden entlassen/gefeuert.

많은 노동자가 해고당했다.

· r. Arbeiter(-) 노동자, 근로자 · feuern 불을 지피다, 해고하다

☐☐ **0125 hinterlassen(ä)** | (소식 등을) 남기다

(과거) **hinterließ**
(P·P) **hinterlassen**

Wollen Sie eine Nachricht hinterlassen?

메시지를 남기시겠습니까?

· e. Nachricht(en) 소식

☐☐ **0126 nachlassen(ä)** | 약해지다

(과거) **ließ nach**
(P·P) **nachgelassen**

Der Schmerz lässt nach. 통증은 약해졌어요.

· r. Schmerz(en) 통증

☐☐ **0127 überlassen(ä)** | 맡기다

(과거) **überließ**
(P·P) **überlassen**

Überlassen Sie nichts dem Zufall!

아무것도 우연에 맡기지 마세요!

· r. Zufall("e) 우연

0128 **veranlassen** (규칙) 야기하다

Was veranlasst Sie, sich bei uns zu bewerben?

여기에 지원한 동기가 무엇이죠?

· sich bewerben 지원하다

0129 **verlassen(ä)** 떠나다

(과거) verließ
(P·P) verlassen

Er hat das Haus um 7 Uhr verlassen.

그는 7시에 집을 떠났어.

0130 **sich verlassen(ä) auf + A** A를 신뢰하다

(과거) verließ
(P·P) verlassen

Verlass dich auf mich! 날 믿어! / 나한테 맡겨!

Er ist zuverlässig. 그는 믿을 만하다.

· zuverlässig 믿을 만한, 믿음직스러운

0131 **zulassen(ä)** 허용하다, (문을) 닫아 두다

(과거) ließ zu
(P·P) zugelassen

Das kann ich nicht zulassen. 난 그걸 허락 못 해.

★
0132 **legen** 눕히다, 놓다, sich 눕다

Ich habe das Buch auf den Tisch gelegt.

그 책은 책상 위에 두었어.

Bitte legen Sie sich auf die Liege. 눕는 의자 위에 누우세요.

· s. Buch("er) 책 · r. Tisch(e) 책상 · e. Liege(n) 눕는 의자

0133 **ablegen** (옷을) 벗다, 이행하다

In der nächsten Woche lege ich die Prüfung ab.

다음 주에 시험을 봐.

· e. Woche(n) 주 · eine Prüfung ablegen 시험을 보다

옷을 벗다
"옷을 벗다"라는 의미로 보통은 **ausziehen**을 사용하고 **ablegen**은 격식을 갖춘 상황에서 종종 사용합니다.

☐☐ 0134 **anlegen**　　　　　　　　　　　　　　　　**갖다 대다, (주식에) 투자하다**

Anlegen, zielen, Feuer!　　　　　　　　　(사격) 준비, 조준, 발사!

Heutzutage legt man sein Geld lieber in Aktien
an, als es auf die Bank zu bringen.

요즘 사람들은 돈을 은행에 저축하는 것보다 주식에 투자하는 것을 더 선호한다.

· **zielen** 조준하다, 목표로 하다　· e. **Aktie(n)** 주식

D-Satz　Lege dich nicht mit mir an!　(나한테) 시비 걸지 마라!

＊**sich anlegen** 시비를 걸다

☐☐ 0135 **auflegen**　　　　　　　　　　　**위에 올려놓다, 수화기를 내려놓다, 출간하다**

Ich habe eine neue Tischdecke aufgelegt.

새 식탁보 깔았어.

Sie hat einfach aufgelegt.　　　　그녀는 그냥 전화를 끊었어요.

· e. **Tischdecke(n)** 식탁보

☐☐ 0136 **auslegen**　　　　　　　　　　　　　　　　　　　　　**깔다, 해석하다**

Der Boden wurde mit Holz ausgelegt.

바닥은 나무로 깔았다.

· r. **Boden(˝)** 바닥　· s. **Holz(˝er)** 목재

☐☐ 0137 **belegen**　　　　　　　　　　　　　　**덮다, (좌석을) 확보하다, 증명하다**

Der Platz ist schon belegt.　　　그 자리는 이미 찼습니다.

☐☐ **0138 darlegen** | **(상세히) 설명하다**

Ich will dir meine Gründe dafür kurz darlegen.

이유를 설명할게.

· r. Grund("e) 이유

☐☐ **0139 einlegen** | **집어넣다, 절이다**

Legen Sie das Papier in das Papierfach ein.

종이를 용지함에 넣으세요.

Kleine Gurken wurden in Essig eingelegt.

작은 오이를 식초에 절였다.

· s. Papier(e) 종이 · s. Fach("er) 칸, 분야 · e. Gurke(n) 오이 · r. Essig(x) 식초

☐☐ **0140 festlegen** | **확정하다, 결정하다**

Lege deine Ziele fest! 목표를 정해라!

☐☐ **0141 (sich³) überlegen** | **숙고하다, 고민하다**

Ich werde es mir überlegen. 생각 좀 해 보겠습니다.

Wort Plus+

숙고하다
1) überlegen (구체적인 답을) 숙고하다   2) nachdenken (오랜 시간을) 숙고하다
3) grübeln (골머리를 잃을 정도로) 숙고하다   4) erwägen 숙고하다, 검토하다

☐☐ **0142 verlegen** | **잘못 놓다, 놓고 잊다, (장판 등을) 깔다**

Ich habe den Schlüssel verlegt.

열쇠를 잘못 놓았어요. (그래서 찾지 못하고 있어요.)

Neue Kabel müssen verlegt werden.

새 케이블을 설치해야 한다.

· r. Schlüssel(-) 열쇠 · s. Kabel(-) 케이블

☐☐ 0143 **vorlegen** | 제출하다

Bitte legen Sie mir die notwendigen Dokumente vor. 필요한 문서를 제게 제출하세요.

· notwendig 필요한 · s. Dokument(e) 문서

★

☐☐ 0144 **liegen** | 누워 있다, 놓여 있다

(과거) lag
(P.P) gelegen

Wo liegt denn das? 그럼 그건 대체 어디에 있는 건데?

An welchem Fluss liegt Köln? – Am Rhein.
쾰른은 어느 강가에 있죠? – 라인강이요.

· r. Fluss(¨e) 강

☐☐ 0145 **Es liegt an(bei) + D** | D 때문이다, D에 달려 있다

Woran liegt es? 뭐 때문이니?

D-Satz Das liegt an dir. 그것은 너한테 달렸어. / 네가 결정해야만 해.

☐☐ 0146 **Es liegt mir an + D** | 내겐 D가 중요하다

Mir liegt viel daran! 내겐 중요해!

☐☐ 0147 **anliegen** | (옷이) 몸에 끼다, 처리를 기다리다

(과거) lag an
(P·P) angelegen

Die Hose liegt eng an. 바지가 꽉 낀다.

Liegt etwas Besonderes an? 처리해야 할 특별한 것이 있나요?

❶ 다음에 해당하는 의미를 찾아 연결해 보세요.

01 entlassen •　　　　　　• ① 해고하다

02 verlassen •　　　　　　• ② 제출하다

03 anliegen •　　　　　　• ③ 떠나다

04 vorlegen •　　　　　　• ④ (옷이) 몸에 끼다, 처리를 기다리다

❷ 다음 단어의 의미를 우리말로 써 보세요.

05 lassen　_____　　09 einlegen　_____

06 veranlassen　_____　　10 (sich³) überlegen　_____

07 zulassen　_____　　11 liegen　_____

08 belegen　_____　　12 verlegen　_____

❸ 우리말을 독일어로 써 보세요.

13 inf 하게 하다　_____　　17 D 때문이다, D에 달려 있다

14 A를 신뢰하다　_____　　_____

15 눕히다, 놓다　_____　　18 위에 올려놓다, 수화기를 내려놓다

16 확정하다, 결정하다　_____　　_____

　　　　　　　　　　　　　　19 맡기다　_____

　　　　　　　　　　　　　　20 눕다　_____

정답 **01** ① **02** ③ **03** ④ **04** ② **05** 그대로 두다 **06** 야기하다 **07** 허용하다 **08** 덮다, (좌석을) 확보하다 **09** 집어넣다, 절이다 **10** 숙고하다 **11** 누워 있다, 놓여 있다 **12** 잘못 놓다, 놓고 잊다 **13** lassen inf **14** sich verlassen auf + A **15** legen **16** festlegen **17** Es liegt an(bei) + D **18** auflegen **19** überlassen **20** sich legen

07

이것만은 알고 가

필수 동사 ❼

+ machen / nehmen

★

☐☐ **0148 machen** | 하다, 만들다

Was machst du gerade? 지금 뭐 하고 있어?

Mach's gut! – Du auch! 잘 있어! – 너도!

· **gerade** 직선의, 바로, 막

☐☐ **0149 abmachen** | 떼어 내다, 합의하다

Gestern habe ich den Rollladen abgemacht.

Er war kaputt. 어제 블라인드를 떼어 냈어. 고장 났거든.

Abgemacht! 동의합니다!

· **r. Rollladen(¨)** 블라인드 · **kaputt** 고장 난

> **Wort Plus+**
>
> 약속하다
> 1) **abmachen, ausmachen** (일반, 친한 사이) 약속하다
> 2) **sich verabreden** (친한 사이) 약속하다
> 3) **vereinbaren** (형식) 약속하다
> *하지만 '공적인 방문 약속'을 뜻하는 **Termin**과 결합하면 모두 형식적인 문장이 됩니다.

☐☐ **0150 anmachen** | (스위치를) 켜다, 자극하다

Mach das Licht an! 불 켜!

Mach mich nicht an! 날 자극하지 마!

□□ **0151 aufmachen**　　　　　　　　　　　　　　　　　　　**열다, 개시하다**

Mach die Tür auf! = Öffne die Tür!　　　　　문 열어!

Der Laden hat erst vor ein paar Wochen
aufgemacht/eröffnet.　　　　　　그 상점은 몇 주 전에 문을 열었다.

· öffnen 열다　· eröffnen (상점을) 개시하다, 개시되다, (계좌 등을) 개설하다

□□ **0152 ausmachen**　　　　　　　　　**(스위치를) 끄다, 방해하다, 약속을 정하다**

Mach das Licht aus!　　　　　　　　　　　불 꺼!

Macht es Ihnen etwas aus, wenn ich rauche?
　　　　　　　　　제가 담배를 피우는 것이 방해가 되나요?

· rauchen 담배를 피우다

□□ **0153 mitmachen**　　　　　　　　　　　　　　　　　　　　**참여하다**

Darf ich (bei euch) mitmachen?　　　　내가 참여해도 될까?

□□ **0154 zumachen**　　　　　　　　　　　　　　　　　　　**닫다, 폐점하다**

Könnten Sie bitte das Fenster zumachen/schließen?
　　　　　　　　　　　　　　　창문 좀 닫아 주시겠어요?

Weißt du, wann die Bank zumacht/schließt?
　　　　　　　　　　　　　　　은행은 몇 시에 문을 닫죠?

· s. Fenster(-) 창문　· schließen 닫다　· e. Bank(en) 은행

★
□□ **0155 nehmen(i)**　　　　　　　　　　　　　　　　　　　**잡다, 취하다**

(과거) nahm
(P·P) genommen

Nimm doch ein Stück!　　　　　　　　한 조각 먹어!

Nimm dazu Stellung!　　　　　　그것에 대한 네 입장을 밝혀!

· s. Stück(e) 조각　· e. Stellung(en) 자세, 입장

0156 **abnehmen(i)** (살을) 빼다, 받아 들다

(과거) nahm ab
(P·P) abgenommen

Ich habe in einem Monat 4 Kilo abgenommen.

한 달 동안 4킬로그램을 뺐다.

Kann ich dir den Koffer abnehmen? 가방 들어 줄까?

· r. **Monat(e)** 개월 · r. **Koffer(-)** 여행용 가방

0157 **annehmen(i)** 받아들이다, (강한 확신을 갖고) 추측하다

(과거) nahm an
(P·P) angenommen

Der Vorschlag wurde angenommen.

그 제안이 받아들여졌다.

(Nur) Mal angenommen. 가정해 봐.

· r. **Vorschlag(¨e)** 제안

0158 **aufnehmen(i)** 받아들이다, 촬영/녹음하다

(과거) nahm auf
(P·P) aufgenommen

Er wurde in den Verein aufgenommen.

그는 그 협회에 가입했다.

· r. **Verein(e)** 협회

0159 **sich benehmen(i)** 행동하다

(과거) benahm
(P·P) benommen

Benimm dich nicht so dumm! 그렇게 어리석게 행동하지 마!

Benimm dich! 정신 차려!

0160 **einnehmen(i)** (돈을) 벌다, 복용하다

(과거) nahm ein
(P·P) eingenommen

Nehmen Sie vor den Mahlzeiten eine Kapsel ein!

식사 전에 한 알을 복용하세요!

· e. **Mahlzeit(en)** 식사 · e. **Kapsel(n)** 캡슐

0161 **entnehmen(i)** 　　　　　　　　　　　　　 끄집어내다, 빼다, 제거하다

(과거) entnahm
(P·P) entnommen

Bitte die Karte entnehmen! 　　　　　　　카드를 빼세요!

0162 **entnehmen(i) aus + D** 　　　　　　　　　　　 D로부터 추론하다

(과거) entnahm
(P·P) entnommen

Daraus entnehme ich folgendes.

그것으로부터 다음을 추론한다.

0163 **festnehmen(i)** 　　　　　　　　　　　　　　　　　 체포하다

(과거) nahm fest
(P·P) festgenommen

Die Polizei hat einen Verdächtigen festgenommen.

경찰은 용의자를 체포했다.

· e. Polizei(en) 경찰 　· r. Verdächtige(n, n) 용의자

0164 **mitnehmen(i)** 　　　　　　　　　　　　　 가져가다, 동참하게 하다

(과거) nahm mit
(P·P) mitgenommen

Zum Mitnehmen oder hier essen?

가져가시나요, 여기서 드시나요?

Kannst du mich mitnehmen? 　　　너랑 같이 가도 될까?

0165 **teilnehmen(i) an + D** 　　　　　　　　　　　　 D에 참여하다

(과거) nahm teil
(P·P) teilgenommen

Ich nehme am Unterricht teil. 　　나는 그 수업에 참여해.

· r. Unterricht(e) 수업

0166 **übernehmen(i)** 　　　　　　　　　　　　　　　　 넘겨받다

(과거) übernahm
(P·P) übernommen

Ich habe eine neue Aufgabe übernommen.

나는 새로운 임무를 넘겨받았다.

D-Satz　　Übernimm dich nicht! 무리하지 마라!

＊sich übernehmen 무리하다

0167 **unternehmen(i)**　　　　　　　　　　착수하다, (재미있는 일을) 벌이다

(과거) unternahm
(P·P) unternommen

Wollen wir etwas zusammen unternehmen?

우리 같이 뭐 하면서 놀래?

TIPP

이 문장은 같이(**zusammen**) 노는 것을 강조하는 표현입니다.

0168 **sich³ vornehmen(i)**　　　　　　　　　　결심하다

(과거) nahm vor
(P·P) vorgenommen

Das habe ich mir ganz fest vorgenommen.

나는 매우 굳게 마음을 먹었어.

0169 **wahrnehmen(i)**　　　　　　　　　　인지하다, 사용하다

(과거) nahm wahr
(P·P) wahrgenommen

Durch die Nase kann man Gerüche wahrnehmen.

코로 냄새를 감지할 수 있다.

· e. Nase(n) 코　· r. Geruch(¨e) 냄새

0170 **zunehmen(i)**　　　　　　　　　　(살이) 찌다

(과거) nahm zu
(P·P) zugenommen

Ich habe 10 Kilo zugenommen. Mir passt die
Hose nicht mehr.　살이 10킬로그램이 쪘어. 바지가 더 이상 안 맞아.

· **passen + D** (시간, 옷, 상황 등이) D에 맞다

❶ 다음에 해당하는 의미를 찾아 연결해 보세요.

01 anmachen ·   · ❶ 닫다, 폐점하다

02 zumachen ·   · ❷ (스위치를) 켜다, 자극하다

03 aufnehmen ·   · ❸ (돈을) 벌다, 복용하다

04 einnehmen ·   · ❹ 받아들이다, 촬영/녹음하다

❷ 다음 단어의 의미를 우리말로 써 보세요.

05 abmachen ....   09 annehmen ....

06 ausmachen ....   10 entnehmen aus + D

07 zunehmen ....

08 nehmen ....   11 mitnehmen ....

     12 übernehmen ....

❸ 우리말을 독일어로 써 보세요.

13 하다, 만들다 ....   17 행동하다 ....

14 열다, 개시하다 ....   18 D에 참여하다 ....

15 참여하다 ....   19 결심하다 ....

16 (살을) 빼다, 받아 들다   20 인지하다 ....

....

정답   01 ②   02 ①   03 ④   04 ③   05 떼어 내다. 합의하다   06 (스위치를) 끄다. 방해하다   07 (살이) 찌다   08 잡다. 취하다   09 받아들이다. (강한 확신을 갖고) 추측하다   10 D로부터 추론하다   11 가져가다. 동참하게 하다   12 넘겨받다   13 machen   14 aufmachen   15 mitmachen   16 abnehmen   17 sich benehmen   18 teilnehmen an + D   19 sich³ vornehmen   20 wahrnehmen

08 이것만은 알고 가

필수 동사 ⑧ + richten / sagen / schlagen / schließen / sehen

★

☐☐ **0171 richten** | 향하게 하다, 판단하다, sich 향하다

Die Frage war nicht an dich gerichtet.

너한테 물은 거 아니야. / 네가 간섭할 게 아니야.

Alle Blicke richteten sich auf mich.

모든 시선이 나를 향했다.

· r. Blick(e) 흘긋 봄, 시선

> **D-Satz** Ich richte mich nach dir. 네 결정에 따를게.
>
> *sich richten nach Jm Jm(의 결정)을 따르다

☐☐ **0172 ausrichten** | 전하다, 겨냥하다

Er ist nicht da. Soll ich ihm etwas ausrichten?

그는 없는데요. 그에게 뭔가 전해 드릴까요?

☐☐ **0173 berichten A** | A를 보고하다

Er hat mir von den Ereignissen berichtet.

그가 그 사건에 대해 말해 주었다.

· s. Ereignis(se) 사건

> 🍺 **TIPP**
>
> **berichten의 목적어**
> 보통 전치사 **von** 이나 **über**와 함께 옵니다.
> 1) von + D : (기사) 사건/사실 그 자체, (주제) 개인적인 주제
> 2) über + A : (기사) 사건의 내막이나 의견, (주제) 학문적인 주제
> 직접 목적어(A)가 명사인 경우, 학문 영역에서 연구 결과 등을 보고할 때 쓰입니다.
> 일상에서는 직접 목적어로 명사보다는 부정대명사(**alles, nichts** 등)가 자주 옵니다.

필수동사

□□ 0174 **einrichten** | 설치하다, 꾸미다

Die Wohnung ist schön eingerichtet.

(집 임대 광고) 이 집은 아름답게 꾸며져 있습니다.

(D-Satz) **Darauf bin ich nicht eingerichtet.** 전혀 예상 못 했네.

* sich einrichten auf + A A를 대비하다

□□ 0175 **errichten** | 세우다, 건립하다

Am 13. August 1961 wurde die Berliner Mauer errichtet. 1961년 8월 13일 베를린 장벽이 세워졌다.

> **Wort Plus+**
> 세우다
> 1) errichten (형식) 세우다   2) bauen (일상, 일반) 세우다, 만들다

□□ 0176 **unterrichten** | 강의하다

Ich unterrichte **Deutsch für Ausländer.**

나는 외국인에게 독일어를 가르치고 있어.

· r. Ausländer(-) 외국인

★
□□ 0177 **sagen** | 말하다

Was du nicht sagst! (놀람) 정말? 말도 안 돼! / (반어) 이미 알고 있어.

Ich will ja nichts sagen, **aber…** 내가 말을 안 하려고 했는데….

□□ 0178 **absagen** | 취소하다

Leider muss ich den Termin absagen.

유감스럽게도 이번 약속을 취소해야겠습니다.

☐☐ **0179 ansagen**   **알리다, 선언하다**

Für Heute ist Regen angesagt.   오늘 비가 온다던데.

☐☐ **0180 versagen**   **실패하다, 거절하다, 포기하다**

Ich habe keine Angst, zu versagen.

실패하는 건 두렵지 않아.

· e. Angst("e) 두려움

☐☐ **0181 zusagen**   **승낙하다, 상응하다**

Sie hat ihre Teilnahme zugesagt.

그녀는 합석하기로 했다. [직역 : 그녀는 그녀 자신이 참석하는 것을 허락했다.]

· e. Teilnahme(n) 참여, 개입

★
☐☐ **0182 schlagen(ä)**   **치다**

(과거) schlug
(P·P) geschlagen

Ich schlage einen Nagel in die Wand.

벽에 못을 박고 있어.

· r. Nagel(˝) 못   · e. Wand("e) 벽

Wort Plus+

치다
1) **schlagen** (일반) 치다
2) **hauen** (일상) 치다
3) **prügeln** 매질하다
4) **sich prügeln** 서로 치고받고 싸우다

☐☐ **0183 nachschlagen(ä)**   (책에서) 찾아보다

(과거) schlug nach
(P·P) nachgeschlagen

Schlag das Wort im Wörterbuch nach! 사전에서 찾아봐!

· s. Wort(¨er) 단어   · s. Wörterbuch(¨er) 사전

☐☐ **0184 niederschlagen(ä)**   (쳐서) 쓰러뜨리다

(과거) schlug nieder
(P·P) niedergeschlagen

Der Aufstand wurde niedergeschlagen.

반란은 진압되었다.

· r. Aufstand(¨e) 봉기, 반란

☐☐ **0185 vorschlagen(ä)**   제안하다

(과거) schlug vor
(P·P) vorgeschlagen

Ich schlage vor, dass wir das auf morgen
verschieben.   나는 그것을 내일로 연기하자고 제안했다.

· verschieben 밀어서 옮기다, (일정을) 미루다

☐☐ **0186 zuschlagen(ä)**   (문을) 쾅 닫다, 닫히다, 잽싸게 사다

(과거) schlug zu
(P·P) zugeschlagen

Das ist ein super Angebot. Da müssen wir
zuschlagen.   이거 끝내주는 상품이야. 이거 빨리 사야 해.

· s. Angebot(-) 상품

★

☐☐ **0187 schließen**   닫다, 닫히다, 추론하다

(과거) schloss
(P·P) geschlossen

Wir schließen das Geschäft in wenigen Minuten.

몇 분 후에 가게 문을 닫습니다.

Das lässt darauf schließen, dass ...

그것은 …을 추론하게 한다.

· s. Geschäft(e) 영업, 회사, 가게

그 외 접두사 + schließen 동사

1) schließen 닫다
2) abschließen (보통 열쇠를) 닫은 후 잠그다
3) verschließen (열쇠, 마개, 빗장 등을) 닫은 후 폐쇄하다
4) zuschließen (문의 자물쇠를) 잠그다
5) aufschließen (문의 자물쇠를) 열다

0188 **abschließen**　　　　　　　　잠그다, (계약을) 체결하다, 끝내다

(과거) schloss ab
(P·P) abgeschlossen

Schließ die Tür richtig ab!　　　　　　　文 잘 잠개!

Ich möchte einen Handyvertrag abschließen.

휴대 전화를 계약하고 싶습니다.

· richtig 올바른　· r. Vertrag(¨e) 계약

0189 **anschließen**　　　　　　　　　　　연결하다, 덧붙이다

(과거) schloss an
(P·P) angeschlossen

Ich schließe den Schlauch an den Wasserhahn an.

호스를 수도꼭지에 꽂고 있어.

· r. Schlauch(¨e) 호스

0190 **sich anschließen**　　　　　　　　　동의하다, 가입하다

(과거) schloss an
(P·P) angeschlossen

Ich schließe mich dir an.　　　　　　네 의견에 동의해.

0191 **ausschließen**　　　　제외하다, 불가능하게 하다, 배제하다

(과거) schloss aus
(P·P) ausgeschlossen

Das kann man nicht (ganz) ausschließen.

그것을 (완전히) 배제할 수는 없지.

0192 **beschließen**　　　　　　　　　　　결정하다, 결심하다

(과거) beschloss
(P·P) beschlossen

Ich habe beschlossen, nicht mehr zu rauchen.

더는 담배를 피우지 않기로 결심했다.

Wort Plus +

결정하다 / 결심하다
1) beschließen (일반적으로) 결정하다
2) entschließen (마침내) 결심하다
3) entscheiden (둘 중 하나를 선택) 결정하다

☐☐ 0193 **einschließen** | 가두다, 포함하다

(과거) schloss ein
(P·P) eingeschlossen

Im Preis ist alles eingeschlossen.

이 가격에 모두 포함되어 있습니다.

☐☐ 0194 **sich entschließen zu + D** | D를 결심하다

(과거) entschloss
(P·P) entschlossen

Ich entschließe mich (dazu), einen
Gebrauchtwagen zu kaufen.   중고차를 사기로 결심했다.

· r. Gebrauchtwagen(-) 중고차

★

☐☐ 0195 **sehen(ie)** | 보다

(과거) sah
(P·P) gesehen

Lange nicht gesehen!   오랜만이야!

Treffen wir uns heute Abend? - Mal sehen.

오늘 저녁에 만날래? - 지켜보자.

· sich treffen 만나다

Wort Plus +

보다
1) sehen = schauen (일반) 보다   2) gucken (일상) 보다
3) blicken 힐끗 보다   4) starren 빤히 보다
5) glotzen (일상) 놀란 눈으로 쳐다보다

0196 (sich³) ansehen(ie)　　　　　주의 깊게 바라보다

(과거) sah an
(P·P) angesehen

Das musst du dir unbedingt ansehen.　그거 무조건 봐!

· unbedingt 무조건

Wort Plus+

주의 깊게 보다
1) betrachten (발견을 기대하며) 주의 깊게 보다
2) beobachten (관찰 대상의 변화 또는 새로운 발견을 기대하며) 주의 깊게 보다

0197 ansehen(ie) A als A/adj　　　　A를 A/adj로 간주하다

(과거) sah an
(P·P) angesehen

Ich sehe es als wichtig an.　나는 그것이 중요하다고 생각한다.

0198 aussehen(ie)　　　　　　　　　~처럼 보이다

(과거) sah aus
(P·P) ausgesehen

Du siehst heute wunderschön aus!　너 오늘 되게 예쁘다!

0199 einsehen(ie)　　　　　　　　안을 보다, 깨닫다

(과거) sah ein
(P·P) eingesehen

Kann ich die Unterlagen einsehen?

이 서류들을 열람해도 될까요?

Ich habe meine Fehler eingesehen.　내 잘못을 깨달았다.

· e. Unterlage(n) 서류　· r. Fehler(-) 잘못

0200 nachsehen(ie)　　　　　　　　확인해 보다

(과거) sah nach
(P·P) nachgesehen

Da habe ich schon nachgesehen.　이미 확인해 봤어요.

0201 sich umsehen(ie)　　　　　　　둘러보다

(과거) sah um
(P·P) umgesehen

Ich schaue mich erstmal um.　먼저 좀 둘러볼게요.

· erstmal 다른 것을 하기 전에 먼저

필수 동사

sehen vs schauen
독일어에서 sehen과 schauen은 완전 같은 단어라고 봐도 됩니다. 지역마다 선호하는 단어가 있지만, 둘을 바꾸어 써도 무방합니다. 다만 예문인 '먼저 좀 둘러볼게요'는 sehen보다 schauen을 좀 더 많이 씁니다. 그래서 sich umsehen이 표제어이지만, 예문은 sich umschauen으로 했습니다.

0202 **übersehen(ie)**　　　　　조망하다, 간과하다, 무시하다

(과거) übersah
(P·P) übersehen

Von hier kann man die ganze Stadt übersehen.

여기서 도시 전체를 바라볼 수 있어요

Vielleicht habe ich etwas übersehen.

아마 제가 어떤 점을 간과한 것 같습니다.

übersehen vs ignorieren
둘 다 '무시하다'라는 의미이지만 ignorieren이 übersehen보다 좀 더 직접적이고 의도적인 느낌을 줍니다.

0203 **zusehen(ie)**　　　(과정을 보기 위해) 시선을 두다, 신경 쓰다

(과거) sah zu
(P·P) zugesehen

Darf ich dir beim Kochen zusehen?

네가 요리하는 거 봐도 돼?

Sieh zu, dass du rechtzeitig zum Abendessen zu Hause bist!　　　　저녁 시간에 집에 있도록 신경 써!

❶ 다음에 해당하는 의미를 찾아 연결해 보세요.

01 absagen •

02 ansagen •

03 zusagen •

04 versagen •

• ❶ 승낙하다, 상응하다

• ❷ 알리다, 선언하다

• ❸ 취소하다

• ❹ 실패하다, 거절하다

❷ 다음 단어의 의미를 우리말로 써 보세요.

05 richten

06 sagen

07 vorschlagen

08 schließen

09 sehen

10 aussehen

11 übersehen

12 anschließen

❸ 우리말을 독일어로 써 보세요.

13 강의하다

14 치다

15 잠그다, (계약을) 체결하다

16 D를 결심하다

17 주의 깊게 바라보다

18 둘러보다

19 A를 A/adj로 간주하다

20 제외하다

정답 01 ③ 02 ② 03 ① 04 ④ 05 향하게 하다, 판단하다 06 말하다 07 제안하다 08 닫다, 닫히다 09 보다 10 ~처럼 보이다 11 조망하다, 간과하다 12 연결하다, 덧붙이다 13 unterrichten 14 schlagen 15 abschließen 16 sich entschließen zu + D 17 (sich³) ansehen 18 sich umsehen 19 ansehen A als A/ajd 20 ausschließen

09 이것만은 알고 가

필수 동사 ⑨

+ sein / setzen

★

☐☐ 0204 **sein** ～이다, 있다

(과거) war
(P·P) gewesen

Wer sind Sie? 누구세요?

☐☐ 0205 **sein zu + inf** inf되어질 수 있다

(과거) war
(P·P) gewesen

Das ist doch nicht zu fassen! 믿을 수 없군!

· fassen 붙잡다, 이해하다

☐☐ 0206 **da sein** 존재하다, 출석하다

(과거) da war
(P·P) da gewesen

Schön, dass du da bist. 와 줘서 고마워.

☐☐ 0207 **dabei sein** 함께하다, 참여하다

(과거) dabei war
(P·P) dabei gewesen

Warst du gestern dabei? 너 어제 참석했었어?

☐☐ 0208 **her sein** 전의 일이다

(과거) her war
(P·P) her gewesen

Das ist schon lange her. 그건 이미 오래된 일이야.

☐☐ 0209 **los sein** 일이 생기다

(과거) los war
(P·P) los gewesen

Was ist los? 무슨 일이야?

★

0210 setzen | 앉히다, sich 앉다

Sie setzt das Kind auf den Stuhl.

그녀는 아이를 의자에 앉히고 있다.

Setz dich doch (neben/zu mir)! (내 옆에) 앉아!

Setz dich hin! 자리에 앉아!

· r. Stuhl(¨e) 의자 · sich hinsetzen 자리에 앉다

0211 ansetzen | 갖다 대다, 덧붙이다, 시작하다, 견적을 내다, (날짜를) 정하다, (반죽을) 이기다

Er setzte den Kugelschreiber an und schrieb.

그는 볼펜을 갖다 대고, 글을 썼다.

· r. Kugelschreiber(-) 볼펜

0212 aufsetzen | (모자·안경 등을) 착용하다, (레인지에) 올려놓다

Setzen Sie diese Brille auf! 이 안경을 써 보세요!

Ich habe Wasser aufgesetzt. Lust auf eine Tasse Tee?

물 올려놨어. 차 마실래?

· e. Brille(n) 안경 · s. Wasser(-) 물

0213 sich auseinandersetzen mit + D | D에 몰두하다, D를 다루다

Ich habe mich lange mit diesem Thema
auseinandergesetzt. 나는 오랫동안 그 주제를 다루었다.

0214 aussetzen | 내버리다, 갑자기 중단하다, 쉬다

Der Hund wurde ausgesetzt. 그 개는 버려졌다.

Mein Herzschlag setzt kurz aus. 내 심장 박동이 잠깐 멈췄다.

Ich setze eine Runde aus. (게임) 한 판 쉴게.

> **D-Satz** Es gibt nichts an ihm auszusetzen. 그를 비난할 것이 없다.
>
> *etwas an Jm aussetzen Jm을 비난하다

☐☐ **0215 besetzen** | 점령하다, (좌석을) 차지하다, 통화 중이다

Ist der Platz besetzt/frei? 이 자리 비어 있나요?

☐☐ **0216 durchsetzen** | 관철시키다, sich 성취하다, 확고한 위치를 차지하다

Er will immer seinen Willen durchsetzen.

그는 늘 자신의 의지를 관철시키려 든다.

· r. Wille(ns, n) 의지

☐☐ **0217 einsetzen** | 끼우다, 투입하다

Die Feuerwehr wurde eingesetzt und löschte das
Feuer. 소방대가 투입되었고 불을 껐다.

· e. Feuerwehr(en) 소방대

☐☐ **0218 sich einsetzen für + A** | A에 전력을 다하다

Wofür setzt du dich ein?

넌 어디에 전력을 다하고 있니?

(어떤 특정 주제나 상황에 관심을 가지고 노력하고 있음)

☐☐ **0219 ersetzen** | 대체하다, 대신하다, 배상하다

Dich kann niemand ersetzen. 아무도 널 대신할 수 없다.

Ich werde Ihnen den Schaden ersetzen.

제가 당신께 손해 배상을 하겠습니다.

· r. Schaden(") 손해

0220 **übersetzen** 번역하다

Das Buch wurde in viele Sprachen übersetzt.

그 책은 많은 언어로 번역되었다.

0221 **umsetzen** 변화시키다

Der Plan wird in die Tat umgesetzt.

그 계획이 실행되었다.

· r. Plan("e) 계획 · e. Tat(en) 행동. 실행

0222 **versetzen** (회사, 학교 등 자리를) 옮기게 하다, 헛되이 기다리게 하다, sich 옮기다

Ich wurde in eine andere Abteilung versetzt.

다른 부서로 옮겼어.

Sie hat mich gestern versetzt. 어제 그녀는 날 바람맞혔다.

· e. Abteilung(en) 분할. 부서

0223 **voraussetzen** 가정하다, 전제하다

Das wird als bekannt vorausgesetzt.

그것은 알려진 것으로 전제된다.

· bekannt 알려진. 유명한

0224 **zusammensetzen** 조립하다, D로 구성되다 [sich (aus + D)]

Ich habe meinen PC auseinander genommen,
aber konnte ihn nicht wieder zusammensetzen.

PC를 분해했는데 다시 조립하지 못했어.

· auseinandernehmen 분해하다

D-Satz Können wir uns später zusammensetzen?

나중에 같이 앉아서 얘기 좀 나눌 수 있을까?

*sich zusammensetzen 함께 앉다. 만나다

❶ 다음에 해당하는 의미를 찾아 연결해 보세요.

01 da sein   ·   · **❶** 대체하다, 대신하다

02 besetzen   ·   · **❷** 끼우다, 투입하다

03 einsetzen   ·   · **❸** 점령하다, (좌석을) 차지하다

04 ersetzen   ·   · **❹** 존재하다, 출석하다

❷ 다음 단어의 의미를 우리말로 써 보세요.

05 sein	09 übersetzen	
06 her sein	10 versetzen	
07 setzen	11 voraussetzen	
08 durchsetzen	12 ansetzen	

❸ 우리말을 독일어로 써 보세요.

13 inf되어질 수 있다	17 D에 몰두하다	
14 함께하다, 참여하다	18 A에 전력을 다하다	
15 일이 생기다	19 변화시키다	
16 앉다	20 D로 구성되다	

정답 **01** ④ **02** ③ **03** ② **04** ① **05** ~이다, 있다 **06** 전의 일이다 **07** 앉히다 **08** 관철시키다 **09** 번역하다 **10** 옮기게 하다 **11** 가정하다, 전제하다 **12** 갖다 대다, 덧붙이다, 시작하다 **13** sein zu + inf **14** dabei sein **15** los sein **16** sich setzen **17** sich auseinandersetzen mit + D **18** sich einsetzen für + A **19** umsetzen **20** sich zusammensetzen aus + D

10

이것만은 알고 가

필수 동사 ⑩

+ sitzen / sprechen / stehen / stellen

★

□ □ **0225 sitzen** 앉아 있다

(과거) **saß**
(P·P) **gesessen**

Sitzt du gut? (자전거 뒷자리 등) 자리는 편해? [직역 : 잘 앉아 있어?]

□ □ **0226 besitzen** 소유하다

(과거) **besaß**
(P·P) **besessen**

Er besitzt ein Haus. 그는 집을 한 채 소유하고 있다.

★

□ □ **0227 sprechen(i)** 말하다

(과거) **sprach**
(P·P) **gesprochen**

Gut, dass wir darüber gesprochen haben.
그것에 대해 이야기 나눌 수 있어서 좋았습니다.

Ich bin sprachlos. 어이없네.

🍺 **TIPP**

그 외 접두사 + sprechen 동사
1) ansprechen 말을 걸다
2) widersprechen 반대하는 말을 하다, 모순된 말을 하다, 말대꾸를 하다
3) zusprechen (위로 등의) 말을 하다

□ □ **0228 aussprechen(i)** 발음하다, 진술하다, sich 의견을 말하다

(과거) **sprach aus**
(P·P) **ausgesprochen**

Wie spricht man das Wort aus? 이 단어 어떻게 발음하지?

Wort Plus+

aussprechen vs äußern
둘 다 같은 의미이지만, äußern은 Kritik(비판), die Hoffnung(희망), den Wunsch(소원),
die Vermutung(추측), die Erwartung(기대) 등의 명사와 종종 같이 쓰입니다.

필수동사

☐☐ 0229 **besprechen(i)** 논의하다

(과거) besprach
(P·P) besprochen

Hast du einen Moment Zeit? Ich möchte etwas mit dir besprechen.
지금 시간 있니? 너랑 상의할 게 있어.

☐☐ 0230 **entsprechen(i) + D** D와 일치하다

(과거) entsprach
(P·P) entsprochen

Das entspricht nicht meinen Erwartungen.
그것은 내 기대와 어긋난다.

· e. Erwartung(en) 기대, 예상(보통 복수로 쓰임)

☐☐ 0231 **versprechen(i)** 약속하다, sich 실언하다, (발음을) 잘못 말하다

(과거) versprach
(P·P) versprochen

Du hast es mir versprochen!
나한테 약속했잖아!

Ich habe mich versprochen.
내가 실언했네. / 발음을 잘못했네.

★

☐☐ 0232 **stehen** 서 있다, 쓰여 있다

(과거) stand
(P·P) gestanden

Warum stehst du hier? Setz dich doch!
왜 여기 서 있어? 앉아!

Hier steht, dass....
여기에 …라고 쓰여 있다.

D-Satz Ich stehe auf dich! (청소년어) 널 좋아해!

*stehen auf + A A를 좋아하다 / A에게 호감을 느끼다

☐☐ 0233 **aufstehen** 일어나다, 기상하다

(과거) stand auf
(P·P) aufgestanden

Warum liegst du schon im Bett? - Ich muss morgen früh aufstehen.
왜 벌써 누웠어? – 내일 일찍 일어나야 해서.

· s. Bett(en) 침대

0234 **bestehen**

있다, 합격하다

(과거) bestand
(P·P) bestanden

Es besteht kein Zweifel (daran).

확실히 맞아!

· r. Zweifel(-) 의심

TIPP

bestehen + 전치사
1) bestehen in + D D에 있다
2) bestehen auf + D D를 주장하다
3) bestehen aus + D D로 구성되어 있다

0235 **entstehen**

생기다, 발생하다

(과거) entstand
(P·P) entstanden

Ein weiterer Schaden ist nicht entstanden.

추가 손실은 발생하지 않았다.

· r. Schaden(¨) 손해

0236 **feststehen**

확정되어 있다

(과거) stand fest
(P·P) festgestanden

Der Termin steht schon fest. (방문 등의) 날짜가 이미 정해졌다.

0237 **verstehen**

이해하다

(과거) verstand
(P·P) verstanden

Du verstehst mich falsch.

내 말을 잘못 이해했어.

Wort Plus +

이해하다
1) verstehen (가장 일반) 이해하다
2) kapieren (일상, 친한 사이) 이해하다
3) begreifen (심층적) 이해하다
4) erfassen (심층적) 이해하다
5) auffassen (표면적) 이해하다

Unter D(개념) versteht man A D(개념)를 A라고 이해하다.

📗 Unter dem Begriff „Demokratie" versteht man, dass die Macht vom Volk ausgeht.
'민주주의'라는 개념은 힘이 국민으로부터 나온다는 것을 의미한다.

☐☐ **0238 sich verstehen mit Jm** | Jm과 사이좋게 지내다

(과거) verstand
(P·P) verstanden

Sie versteht sich nicht mit ihrem Stiefvater.

그녀는 의붓아버지와 사이가 좋지 않다.

☐☐ **0239 einverstanden sein** | 동의하다, 합의하다

Bist du mit diesem Vorschlag einverstanden?

이 제안에 동의하니?

☐☐ **0240 zustehen Jm** | Jm에게 권한이 있다

(과거) stand zu
(P·P) zugestanden

Mir steht das nicht zu. 내겐 그것에 대한 권한이 없다.

★

☐☐ **0241 stellen** | 세우다, sich 서다

Ich habe die Milch in den Kühlschrank gestellt.

냉장고에 우유를 넣어 뒀어.

Wohin stellst du dich? 어디에 설 거야?

· e. Milch(x) 우유 · r. Kühlschrank(˝e) 냉장고

☐☐ **0242 abstellen** | 세워 두다, 시동을 끄다

Wo hast du dein Auto abgestellt/geparkt?

차 어디에 세워 뒀어?

Stellen Sie den Motor ab! 시동을 끄세요! (경찰이 자동차를 세울 때)

· parken 주차하다 · r. Motor(en) 모터

☐☐ **0243 anstellen**   **(줄을) 서다, 고용하다, sich 행동하다**

Bitte nicht mehr anstellen!   더는 줄을 서지 마세요.

Stell dich nicht so an!   우는소리 좀 그만해!

☐☐ **0244 aufstellen**   **(기념물을) 설립하다, (법·원칙·학설 등을) 세우다**

Am 8.03.2017 wurde im Nepal-Himalaya-Pavillon
in Wiesent das Standbild einer Comfort Woman
aufgestellt.   2017년 3월 8일 비젠트에 있는 네팔-히말라야-팔빌론에
평화의 소녀상이 세워졌다.

Stellen Sie klare Regeln auf!   명확한 규칙을 세우세요!

· s. Standbild(er) 입상   · e. Regel(n) 규칙

☐☐ **0245 ausstellen**   **전시하다, 교부하다, 발급되다**

Der Aufenthaltstitel wird durch die Ausländerbehörde
ausgestellt.   체류증은 외국청에서 교부된다.

· r. Aufenthaltstitel(-) 체류증   · r. Ausländer(-) 외국인   · e. Behörde(n) 관청

☐☐ **0246 bestellen**   **주문하다**

Möchten Sie etwas bestellen?   주문하시겠습니까?

☐☐ **0247 darstellen**   **표현하다, 묘사하다**

Was stellt dieses Bild dar?
이 그림이 표현하는 것은 무엇일까요?

☐☐ 0248 **einstellen** | 고용하다, 조정하다, 작동시키다

Viele Unternehmen stellen Menschen mit
Behinderung ein.   많은 기업에서 장애인을 고용한다.

Das Gerät ist nicht richtig eingestellt.
                              이 도구가 제대로 작동되지 않아요.

· s. Unternehmen(-) 계획, 기업 · e. Behinderung(en) 장애 · s. Gerät(e) 도구, 기기

☐☐ 0249 **sich einstellen auf + A** | A를 (심리적으로) 대비하다

Ich musste mich auf die neue Situation einstellen.
                              새로운 상황에 대비해야만 했다.

☐☐ 0250 **erstellen** | (형식) 작성하다

Erstellen Sie eine Liste!   리스트를 작성하세요!

☐☐ 0251 **feststellen** | 알아내다, 알아차리다

Ich stelle fest, dass er direkt hinter mir steht.
                              나는 그가 바로 내 뒤에 서 있는 것을 알아차렸다.

☐☐ 0252 **herstellen** | 생산하다

Hergestellt in Deutschland   독일제

Wort Plus+

생산하다
1) **herstellen** = **produzieren** (공장에서) 생산하다
2) **anfertigen** (수공업으로) 생산하다

0253 **(sich) vorstellen** | 소개하다

Darf ich mich kurz vorstellen? 잠시 제 소개를 해도 될까요?

Ich möchte Ihnen meinen Kollegen vorstellen.

제 동료를 소개하고 싶습니다.

• r. Kollege(n, n) 직장 동료

0254 **sich³ vorstellen** | 상상하다

Stell dir vor! 상상해 봐!

0255 **umstellen** | (위치를) 바꾸다, (방식을) 전환하다, sich 전환되다

Sie hat alle Möbel in ihrer Wohnung umgestellt.

그녀는 방 안에 있는 모든 가구의 위치를 바꾸었다.

• s. Möbel(-) 가구 (보통 복수로 쓰임)

❶ 다음에 해당하는 의미를 찾아 연결해 보세요.

01 besitzen · · ❶ 일어나다, 기상하다

02 aufstehen · · ❷ 이해하다

03 verstehen · · ❸ 표현하다, 묘사하다

04 darstellen · · ❹ 소유하다

❷ 다음 단어의 의미를 우리말로 써 보세요.

05 sitzen	....	09 bestehen	....
06 besprechen	....	10 stellen	....
07 versprechen	....	11 anstellen	....
08 stehen	....	12 ausstellen	....

❸ 우리말을 독일어로 써 보세요.

13 말하다 ....

14 D와 일치하다 ....

15 생기다, 발생하다 ....

16 Jm과 사이좋게 지내다

....

17 세워 두다, 시동을 끄다

....

18 주문하다 ....

19 알아내다, 알아차리다 ....

20 소개하다 ....

정답 01 ④ 02 ① 03 ② 04 ③ 05 앉아 있다 06 논의하다 07 약속하다 08 서 있다, 쓰여 있다 09 있다, 합격하다 10 세우다 11 (줄을) 서다, 고용하다 12 전시하다, 교부하다 13 sprechen 14 entsprechen + D 15 entstehen 16 sich verstehen mit Jm 17 abstellen 18 bestellen 19 feststellen 20 (sich) vorstellen

11 이것만은 알고 가

필수 동사 ⑪

+ suchen / teilen / tragen

★
☐☐ 0256 **suchen** | 찾다, 구하다

Wer sucht, der findet. 구하는 자가 찾는 법이지.

☐☐ 0257 **(sich³) aussuchen** | 고르다, 찾아내다

Such dir (et)was Schönes aus! 예쁜 거 골라 봐.

☐☐ 0258 **besuchen** | 방문하다, 참여하다

Ein Freund besucht mich. 친구가 방문했다.

Du bekommst Besuch. 누가 너 찾아왔어.

☐☐ 0259 **untersuchen** | 조사하다, 진찰하다

Du solltest dich mal untersuchen lassen.
진료를 받아 봐.

☐☐ 0260 **versuchen** | 시도하다

Versuchen Sie es noch einmal! 한 번 더 시도해 보세요.

★
☐☐ 0261 **teilen** | 나누다, 나누어 주다, 공유하다, sich 나누어지다, 분담하다

Korea ist seit dem Ende des Koreakrieges in
Südkorea und Nordkorea geteilt.
한국은 한국 전쟁(6.25) 이후로 남한과 북한으로 나뉘어졌다.

Wir teilen uns die Arbeit. 우리는 일을 분담한다.

필수동사

☐☐ 0262 **aufteilen** | 여러 부분으로 나누다

Die Wohnung ist in zwei Zimmer aufgeteilt.

이 집은 방 두 개로 나뉘어져 있다.

Wort Plus +

구분하다

1) **abteilen** 개별 부분으로 나누다 **⊕ Abteil** 객실, **Abteilung** 부서
2) **aufteilen** (공간, 케이크 등을) 여러 부분으로 나누다
3) **einteilen** (국가, 도시 등을) 여러 구역으로 나누다, 임무를 배정하다

☐☐ 0263 **sich beteiligen an + D** | D에 참여하다

Er beteiligte sich lebhaft an der Diskussion.

그는 토의에 적극적으로 참여했다.

· **lebhaft** 생기 있는 · **e. Diskussion(en)** 토의

☐☐ 0264 **erteilen** | 베풀어 주다, 승낙하다

Hiermit erteile ich Ihnen den Auftrag/die
Erlaubnis. 이것으로 당신께 위임합니다.

· **hiermit** 이것으로 · **r. Auftrag(¨e)** 지시, 명령, 위임 · **e. Erlaubnis(se)** 허락

Wort Plus +

주다

1) **geben** (일반) 주다
2) **erteilen** (공적 서류) 주다
3) **gewähren** (형식) 주다

☐☐ 0265 **mitteilen** | 보고하다, 알리다

Was willst du mir mitteilen? 나한테 무엇을 알려 주려고 했어?

0266 **urteilen über + A**   A를 판단하다(부정)

Urteile nicht über Menschen, die in einer
Situation sind, in der du noch nicht warst.

네가 아직 겪어 보지 못한 상황에 있는 사람들을 판단하지 마라.

> **Wort Plus+**
>
> 판단하다
> 1) **urteilen** (부정) 판단하다
> 2) **beurteilen** (중립, 타동사) 판단하다, 평가하다
> 3) **verurteilen** (부정) 유죄 판결하다, 비난하다

0267 **verteilen**   (같은 것을 많은 사람에게) 배분하다

Er verteilt Werbeprospekte.

그가 그 광고지를 나눠 주고 있어요.

· r. Prospekt(e) 팸플릿

★

0268 **tragen(ä)**   들다, 들고 가다, 입고 있다

(과거) **trug**
(P·P) **getragen**

Soll ich deinen Koffer tragen?   트렁크 들어 줄까?

Du trägst einen schicken Anzug!   멋진 양복을 입었네!

· r. Koffer(-) 여행용 가방 · schick 멋진 · r. Anzug("e) 양복

0269 **auftragen(ä)**   위임하다, 바르다

(과거) **trug auf**
(P·P) **aufgetragen**

Er hat mir aufgetragen, dich zu grüßen.

그가 네게 안부 전해 달래.

Tragen Sie immer Sonnencreme auf!

항상 선크림을 바르세요!

· e. Sonne(n) 해

☐☐ 0270 **beantragen** (규칙)　　　　　　　　　　　　　신청하다

Ich muss einen neuen Pass beantragen.

새 여권을 신청해야 해.

🐑 **TIPP**

보통 tragen이 들어가면 불규칙 변화(tragen-trug-getragen)하는데,
beantragen은 규칙 변화합니다.

☐☐ 0271 **beitragen(ä) zu + D**　　　　　　　　　　　D에 기여하다

(과거) trug bei
(P·P) beigetragen

Ich möchte meinen Teil dazu beitragen.

그것에 도움이 되고 싶습니다.

· einen Teil zu + D beitragen D하는 데 한몫 거들다

☐☐ 0272 **betragen(ä)**　　　　　　　　　　　　어떤 금액에 달하다

(과거) betrug
(P·P) betragen

Der Preis beträgt 200 Euro.　　가격이 200유로이다.

☐☐ 0273 **eintragen(ä)**　　　　　　　　　　　　기입하다, 등록하다

(과거) trug ein
(P·P) eingetragen

Bitte tragen Sie Ihren Namen, Ihre Adresse und
Ihre Frage in das Formular ein!

이 서식에 이름, 주소, 질문을 써 주세요!

· r. Name(ns. n) 이름　· e. Adresse(n) 주소　· s. Formular(e) 서식용지

☐☐ 0274 **ertragen(ä)**　　　　　　　　　　　　　　　　참다

(과거) ertrug
(P·P) ertragen

Ich kann deinen Anblick nicht mehr ertragen!

꼴도 보기 싫어!

· r. Anblick(e) 모습

☐ ☐ 0275 **übertragen(ä)** 중계하다, 전염시키다

(과거) **übertrug**
(P·P) **übertragen**

Welcher Sender überträgt das Fußballspiel live?

어느 방송에서 축구 경기를 생중계하나요?

· r. Sender(-) 방송국 · live 생방송으로

☐ ☐ 0276 **vertragen(ä)** (음식·기후 등이) 몸에 잘 받다

(과거) **vertrug**
(P·P) **vertragen**

Ich vertrage keinen Alkohol. 술이 몸에 안 받는다.

☐ ☐ 0277 **sich vertragen(ä) mit Jm** Jm과 사이좋게 지내다

(과거) **vertrug**
(P·P) **vertragen**

Vertragt euch wieder! 너희 다시 화해해라!

Wort Plus +

sich verstehen mit Jm Jm과 사이좋게 지내다
sich versöhnen mit Jm Jm과 화해하다

☐ ☐ 0278 **vortragen(ä)** 낭독하다, (선임에게) 진술하다

(과거) **trug vor**
(P·P) **vorgetragen**

Er hat mir ein schönes Gedicht vorgetragen.

그는 아름다운 시 한 편을 낭송해 주었다.

❶ 다음에 해당하는 의미를 찾아 연결해 보세요.

01 besuchen   •   • ❶ 조사하다, 진찰하다

02 untersuchen •   • ❷ 방문하다

03 auftragen   •   • ❸ 신청하다

04 beantragen •   • ❹ 위임하다, 바르다

❷ 다음 단어의 의미를 우리말로 써 보세요.

05 suchen   09 tragen

06 teilen   10 betragen

07 mitteilen   11 ertragen

08 erteilen   12 übertragen

❸ 우리말을 독일어로 써 보세요.

13 고르다, 찾아내다   17 D에 기여하다

14 시도하다   18 기입하다, 등록하다

15 여러 부분으로 나누다   19 (음식·기후 등이) 몸에 잘 받다

16 D에 참여하다   20 A를 판단하다

정답 01 ② 02 ① 03 ④ 04 ③ 05 찾다, 구하다 06 나누다, 나누어 주다 07 보고하다, 알리다 08 베풀어 주다, 승낙하다 09 들다, 입고 있다 10 어떤 금액에 달하다 11 참다 12 중계하다, 전염시키다 13 (sich³) aussuchen 14 versuchen 15 aufteilen 16 sich beteiligen an + D 17 beitragen zu + D 18 eintragen 19 vertragen 20 urteilen über + A

12

이것만은 알고 가

필수 동사 ⑫

+ treffen / treiben / tun / weisen

★

☐☐ **0279 treffen(i)** | 맞히다(명중시키다), 만나다

(과거) **traf**
(P·P) **getroffen**

Der Baum wurde vom Blitz getroffen.

그 나무는 번개를 맞았다.

Treffen sich zwei Jäger. - Beide tot.

사냥꾼 두 명이 만난다. – 둘 다 죽는다.

• r. Baum("e) 나무 • r. Blitz(e) 번개 • r. Jäger(-) 사냥꾼 • tot 죽은

D-Satz Das trifft sich gut! 마침 잘됐네!

TIPP
(독일 유머) 사냥꾼 두 명이 만나면?
위 예문은 treffen이 '명중시키다'라는 의미도 있는 것을 이용한 유머입니다.
"사냥꾼 두 명이 명중시킨다."라는 뜻이 되기도 하기 때문입니다.

☐☐ **0280 sich treffen(i) mit Jm** | Jm을 만나다

(과거) **traf**
(P·P) **getroffen**

Wann treffen wir uns? - Um 20 Uhr.

우리 언제 만나? – 오후 8시에.

☐☐ **0281 betreffen(i)** | 관련되다, (불행 등이) 닥치다

(과거) **betraf**
(P·P) **betroffen**

Was mich betrifft, ~ 나로 말하자면 / 내가 생각하기에는~

☐☐ **0282 eintreffen(i)** | 도착하다, 실현되다

(과거) **traf ein**
(P·P) **eingetroffen**

Die Lieferung ist noch nicht eingetroffen.

상품이 아직 도착하지 않았습니다.

• e. Lieferung(en) 배달, 배달품

☐☐ **0283 übertreffen(i)** 능가하다

(과거) übertraf
(P·P) übertroffen

Du hast dich selbst übertroffen! 넌 자기 자신을 넘어섰구나!

☐☐ **0284 zutreffen(i)** 맞다, 해당되다

(과거) traf zu
(P·P) zugetroffen

Diese Behauptung trifft nicht zu. 그 주장은 맞지 않다.

Wort Plus +

맞다
1) **zutreffen** (공식) 맞다
2) **stimmen** (일상, 일반) 맞다

★

☐☐ **0285 treiben** 몰다, 열중하다

(과거) trieb
(P·P) getrieben

Die Hirten treiben die Schafe auf die Weide.
목동들이 양들을 목장으로 몰고 있다.

Was treibst du denn da? (관용어) 너 거기서 뭐 하고 있니?

· r. Hirte(n, n) 목동 · s. Schaf(e) 양 · e. Weide(n) 목초지, 목장

☐☐ **0286 abtreiben** 낙태하다

(과거) trieb ab
(P·P) abgetrieben

Ich werde nicht abtreiben, selbst wenn mein Kind
eine Behinderung hat.
(병원에서) 아이가 장애가 있다고 해서 지우진 않을 거야.

· s. Kind(er) 아이, 자녀 · e. Behinderung(en) 장애

☐☐ **0287 antreiben** ~하도록 자극하다

(과거) trieb an
(P·P) angetrieben

Was hat dich dazu angetrieben/bewegt/motiviert?
무엇이 너의 원동력이 되었니?

· bewegen 움직이게 하다 · motivieren 자극하다

0288 **betreiben**

추진하다, 영업하다

(과거) betrieb
(P·P) betrieben

Er betreibt ein kleines Geschäft.

그는 작은 가게를 운영하고 있다.

0289 **übertreiben**

과장하다, 지나치게 하다

(과거) übertrieb
(P·P) übertrieben

Übertreib doch nicht so!

그렇게 오버하지 매!

0290 **vertreiben**

추방하다, (벌레 등을) 내쫓다

(과거) vertrieb
(P·P) vertrieben

Er wurde aus seinem Heimatland vertrieben.

그는 고국에서 추방당했다.

· s. Heimatland("er) 고국

★

0291 **tun**

하다, sich 발생하다, 변화하다

(과거) tat
(P·P) getan

Was sollen wir dann/jetzt tun?

그러면/이제 우린 무엇을 해야 하지?

Da tut sich unheimlich viel.   그곳은 엄청 많이 변화하고 있어.

Da tut sich viel.   그곳은 많은 것이 변화하고 있어.

· unheimlich 엄청난, 굉장한

0292 **leid tun**

유감이다, 동정하다

(과거) tat
(P·P) getan

Es tut mir leid, dass das passiert ist.   그 일은 유감입니다.

0293 **weh tun**

아프게 하다

(과거) tat
(P·P) getan

Mein Kopf tut (mir) weh.   머리가 아파요

· r. Kopf("e) 머리

☐☐ 0294 **antun** | (나쁜 행동을) 하다

(과거) tat an
(P·P) angetan

Warum tust du mir das an? 나한테 왜 그랬어?

☐☐ 0295 **tätig sein** | 근무하다

Ich bin tätig als Verkäufer. 저는 판매원입니다.

· r. Verkäufer(-) 판매원

TIPP
tätig은 tun에서 나온 형용사입니다.

☐☐ 0296 **betätigen** | (기계를) 조작하다, sich 활동하다

Notschalter bei Gefahr betätigen.
위험 상황 발생 시 비상 스위치를 작동시키세요.

· e. Not(¨e) 곤경 · r. Schalter(-) 스위치 · e. Gefahr(en) 위험

★
☐☐ 0297 **weisen** | 가리키다

(과거) wies
(P·P) gewiesen

Sie wies mir mit der Hand den Weg.
그녀는 손으로 내게 길을 가리켜 줬다.

TIPP
일상생활에서는 weisen보다 zeigen과 deuten이 '가리키다'라는 의미로 더 자주 사용됩니다.

☐☐ 0298 **anweisen** | 지시하다

(과거) wies an
(P·P) angewiesen

Er hat mich angewiesen, mich um euch zu
kümmern. 그는 제게 당신들을 돌봐 달라고 했습니다.

· sich kümmern um + A A를 신경 쓰다

☐☐ **0299 beweisen** | 증명하다, sich 입증되다

(과거) **bewies**
(P·P) **bewiesen**

Beweis mir das Gegenteil! | 반증해 봐!

· s. Gegenteil(e) 반대

☐☐ **0300 hinweisen auf + A** | A를 가리키다, 지적하다

(과거) **wies hin**
(P·P) **hingewiesen**

Alles weist auf den Nachbarn als Täter hin.

모든 것이 이웃이 범인이라고 가리킨다.

· r. Nachbar(n, n) 이웃 · r. Täter(-) 범인

☐☐ **0301 nachweisen** | 증명하다, 입증하다

(과거) **wies nach**
(P·P) **nachgewiesen**

Ihm konnte seine Schuld nicht nachgewiesen
werden. (증거 부족으로) 그의 죄가 증명될 수 없었다.

Wort Plus +

증명하다
1) beweisen (일반) 증명하다
2) nachweisen (서류 등 증거 제시) 증명하다
3) sich ausweisen (신분 등) 입증하다 ⑳ ausweisen 추방하다

☐☐ **0302 überweisen** | 송금하다, (다른 의사에게) 환자를 인계하다

(과거) **überwies**
(P·P) **überwiesen**

Ich habe 100 Euro auf dein Konto überwiesen.

네 통장으로 100유로를 송금했어.

☐☐ **0303 verweisen Jn an/auf + A** | Jn에게 A로 가도록 하다

(과거) **verwies**
(P·P) **verwiesen**

Er verwies mich an den Kollegen.

그는 나를 그 직장 동료에게 보냈다.

· e. Kollege(n, n) 직장 동료

❶ 다음에 해당하는 의미를 찾아 연결해 보세요.

01 betreffen •　　　　　　　　• ❶ 능가하다

02 betreiben •　　　　　　　　• ❷ 과장하다, 지나치게 하다

03 übertreffen •　　　　　　　• ❸ 관련되다

04 übertreiben •　　　　　　　• ❹ 추진하다, 영업하다

❷ 다음 단어의 의미를 우리말로 써 보세요.

05 treffen ....　　09 weisen ....

06 zutreffen ....　　10 überweisen ....

07 treiben ....　　11 vertreiben ....

08 betätigen ....　　12 abtreiben ....

❸ 우리말을 독일어로 써 보세요.

13 Jm을 만나다 ....　　17 지시하다 ....

14 하다 ....　　18 A를 가리키다 ....

15 유감이다, 동정하다 ....　　19 증명하다 ....

16 아프게 하다 ....　　20 입증하다 ....

정답 **01** ③ **02** ④ **03** ① **04** ② **05** 맞히다, 만나다 **06** 맞다 **07** 몰다, 열중하다 **08** (기계를) 조작하다 **09** 가리키다 **10** 송금하다, 환자를 인계하다 **11** 추방하다, (벌레 등을) 내쫓다 **12** 낙태하다 **13** sich treffen mit Jm **14** tun **15** leid tun **16** weh tun **17** anweisen **18** hinweisen auf + A **19** beweisen **20** nachweisen

13 이것만은 알고 가

필수 동사 ⑬

+ wenden / werfen / ziehen

★

☐ ☐ 0304 **wenden**　　　　　　　　　　　　　　　　　　(방향을) 돌리다

과거 wandte
P·P gewandt

Das kannst du drehen und wenden, wie du willst, aber…　　네가 원하는 대로 돌리고 끼워 맞춰도 되지만….

D-Satz Bitte wenden Sie sich an das Sekretariat.　비서 팀에 문의하세요.

＊sich wenden an + A A에 문의하다

🍺 **TIPP**

wenden은 규칙과 불규칙 형태를 모두 갖고 있는 동사입니다.

☐ ☐ 0305 **anwenden**　　　　　　　　　　　　　　　　　　　　사용하다

과거 wandte an
P·P angewandt

Ich habe einen ganz einfachen Trick angewandt!
　　　　　　　　　　　정말 간단한 트릭을 사용했어!

🍺 **TIPP**

verwenden vs anwenden
verwenden이 일반적인 의미라면, anwenden은 Gewalt(힘), Kenntnis(지식), Methode(수단), Regel(규칙), Trick(트릭), Verfahren(방법) 등 추상적인 개념과 관련되어 종종 사용됩니다.

☐ ☐ 0306 **einwenden**　　　　　　　　　　　　　　　　　　이의를 제기하다

과거 wandte ein
P·P eingewandt

Hast du etwas dagegen einzuwenden?
　　　　　　　　　그것에 반대 의견을 낼 거니?

☐☐ 0307 **verwenden** 사용하다

(과거) verwandte
(P·P) verwandt

Das Wort wird sehr häufig verwendet.

이 단어는 아주 자주 사용됩니다.

☐☐ 0308 **zuwenden** ~쪽으로 향하게 하다, sich 몰두하다

(과거) wandte zu
(P·P) zugewandt

Sie wendet ihm den Rücken zu. 그녀는 그에게 등을 돌렸다.

★

☐☐ 0309 **werfen(i)** 던지다

(과거) warf
(P·P) geworfen

Wenn du dich nicht entscheiden kannst, dann wirf eine Münze. 결정할 수 없다면, 동전을 던져라.

· entscheiden 결정하다   · e. Münze(n) 동전

> **Wort Plus+**
>
> 그 외 접두사 + werfen 동사
> 1) einwerfen (동전 등을) 투입하다
> 2) wegwerfen (던져) 버리다

☐☐ 0310 **entwerfen(i)** 설계하다, 윤곽을 그리다

(과거) entwarf
(P·P) entworfen

Er hat den Plan entworfen. 그가 그 계획의 초안을 잡았다.

☐☐ 0311 **vorwerfen(i)** 비난하다

(과거) warf vor
(P·P) vorgeworfen

Er hat mir vorgeworfen, dass ich ihn angelogen habe. 그는 내가 자신에게 거짓말을 했다고 비난했다.

· anlügen Jn Jn에게 거짓말하다

★

0312 **ziehen** | 끌다, 당기다, 뽑다, 이사하다

(과거) **zog**
(P·P) **gezogen**

Du schiebst und ich ziehe! 네가 밀어, 나는 끌게!

Nicht drücken, sondern ziehen! 누르지 말고 당겨!

Ziehe den Stecker aus der Steckdose und stecke ihn
dann wieder rein. 콘센트에서 플러그를 뽑은 다음 다시 꽂아 봐.

· schieben 밀다 · drücken 누르다 · stecken 꽂다

Wort Plus +

이사하다
1) **ziehen** + (장소) (장소로) 이사하다 (장소가 강조)
2) **umziehen** 이사하다 (이사하는 것 자체가 강조)
3) **ausziehen** 이사 나가다
4) **einziehen** 이사 들어오다

0313 **abziehen** | 뽑다, 벗기다, 빼다, 철수하다

(과거) **zog ab**
(P·P) **abgezogen**

Zieh die Bettwäsche ab! 이불 시트를 벗겨!

· e. Bettwäsche(n) 이불 시트

0314 **(sich/sich³) anziehen** | 입다, (마음을) 끌다

(과거) **zog an**
(P·P) **angezogen**

Zieh dich warm an! 따뜻하게 입어라!

= Zieh dir was Warmes an! 따뜻한 것을 입어라!

Sie zieht mich an. 그녀에게 마음이 끌린다.

= Sie hat etwas Anziehendes. 그녀는 매력적이다.

0315 **ausziehen** | 벗다, (이사) 나가다

(과거) **zog aus**
(P·P) **ausgezogen**

Er zieht den Mantel aus. 그는 외투를 벗었다.

· r. Mantel(¨) 외투

필수 동사

☐☐ 0316 **beziehen** | 깔다

(과거) bezog
(P·P) bezogen

Das Bett wurde frisch bezogen.

이 침대는 새롭게 깔려졌다.(이 침대의 시트를 새로 깔았다.)

☐☐ 0317 **sich beziehen auf + A** | A와 관련이 있다

(과거) bezog
(P·P) bezogen

Dieser Film bezieht sich auf eine wahre Begebenheit.

이 영화는 실제 사건과 관련이 있다.

· e. Begebenheit(en) 사건

☐☐ 0318 **einziehen** | 입주하다, 징수하다

(과거) zog ein
(P·P) eingezogen

Die Steuer wird automatisch eingezogen.

세금은 자동으로 징수된다.

· automatisch 자동적인

☐☐ 0319 **erziehen** | 교육하다

(과거) erzog
(P·P) erzogen

Meine Eltern haben mich streng erzogen.

부모님은 나를 엄격히 교육했다.

· streng 엄격한

☐☐ 0320 **nachvollziehen** | 실감 나게 체험하다

(과거) vollzog nach
(P·P) nachvollzogen

Ich kann das Problem nicht nachvollziehen.

난 그 문제를 이해할 수 없다.

☐☐ 0321 **vorziehen** | 앞으로 끌다, 앞당기다, 선호하다

(과거) zog vor
(P·P) vorgezogen

Ich will ein Modul vorziehen, damit ich mehr Zeit für meine Bachelorarbeit habe.

학사 논문을 위한 시간을 더 벌기 위해 모듈을 앞당기려고 한다.

🐑 TIPP

모듈(Modul)

한 모듈 안에 같은 목적을 가진 여러 수업이 있고, 모듈당 학점이 부여됩니다. 예를 들어 한 모듈이 네 학기가 걸린다고 하면, 세 학기 만에 끝내는 것을 **ein Modul vorziehen**이라고 합니다.

☐☐ 0322 **umziehen** | 이사하다, sich 옷을 바꿔 입다

(과거) **zog um**
(P·P) **umgezogen**

Ich ziehe nächste Woche um. 나 다음 주에 이사해.

Ich muss mich kurz umziehen, dann können wir gehen. 잠깐 나 옷 좀 갈아입고 나서 가자.

☐☐ 0323 **zuziehen** | (문, 커튼 등을) 끌어당겨서 닫다, sich³ 발생하게 하다

(과거) **zog zu**
(P·P) **zugezogen**

Ich habe mir eine Erkältung zugezogen. 감기에 걸렸어.

☐☐ 0324 **sich zurückziehen** | 되돌아가다, 관계를 끊다

(과거) **zog zurück**
(P·P) **zurückgezogen**

Die Tiere ziehen sich in den Wald zurück.
동물들은 숲으로 되돌아간다.

Sie hat sich von mir zurückgezogen.
그녀는 나와의 관계를 끊었다.

❶ 다음에 해당하는 의미를 찾아 연결해 보세요.

01 anwenden ·

· ❶ 이사하다

02 vorwerfen ·

· ❷ 앞당기다

03 umziehen ·

· ❸ 사용하다

04 vorziehen ·

· ❹ 비난하다

❷ 다음 단어의 의미를 우리말로 써 보세요.

05 wenden ....

09 beziehen ....

06 entwerfen ....

10 erziehen ....

07 ziehen ....

11 verwenden ....

08 ausziehen ....

12 einziehen ....

❸ 우리말을 독일어로 써 보세요.

13 이의를 제기하다 ....

17 A와 관련 있다 ....

14 던지다 ....

18 실감 나게 체험하다 ....

15 뽑다, 벗다 ....

19 ~쪽으로 향하게 하다 ....

16 입다, (마음을) 끌다 ....

20 옷을 바꿔 입다 ....

정답 01 ③ 02 ④ 03 ① 04 ② 05 (방향을) 돌리다 06 설계하다, 윤곽을 그리다 07 끌다, 당기다
08 벗다, (이사) 나가다 09 깔다 10 교육하다 11 사용하다 12 입주하다, 징수하다 13 einwenden
14 werfen 15 abziehen 16 (sich³) anziehen 17 sich beziehen auf + A 18 nachvollziehen
19 zuwenden 20 sich umziehen

01

기본템의 중요성

기본 동사 ❶ + antworten / bereiten / beugen(biegen) / bieten
bilden / brauchen / decken / denken / deuten

★
☐☐ 0325 **antworten auf + A**   A에 대답하다

Ich antworte auf die Frage.   내가 그 질문에 대답할게.

Bitte beantworten Sie mir folgende Fragen.

다음 질문에 답변해 주세요.

· beantworten 대답하다   · folgend 다음의

🍺 TIPP

접두사 be가 붙어 타동사가 되는 동사(4격 목적어를 가지는 동사)
beurteilen 판단하다 | **beachten** 주의하다 | **beenden** 끝내다 | **beschämen** 부끄럽게 하다 |
befürchten 두려워하다

☐☐ 0326 **verantworten**   책임지다

Das kann ich nicht mehr verantworten.

나는 더는 그것을 책임질 수 없다.

☐☐ 0327 **verantwortlich sein für + A**   A에 책임이 있다

Ich bin nur dafür verantwortlich, was ich sage,
nicht dafür was du verstehst!

난 내가 말한 것에만 책임이 있지, 네가 이해한 것에는 책임이 없어!

★
☐☐ 0328 **bereiten**   준비하다, 야기하다

Es bereitet mir keine Mühe.   그건 수고스럽지 않아.

· e. Mühe(n) 노력, 수고

0329 sich vorbereiten auf + A   A를 준비하다

Ich bereite mich auf eine mündliche Prüfung vor.

난 구술 시험을 준비하고 있어.

Es ist schon alles vorbereitet.   이미 모든 게 준비되었다.

· mündlich 구술의   · e. Prüfung(en) 시험

Wort Plus+

bereiten vs vorbereiten
bereiten이 나중에 사용하려고 정리하거나 만드는 것이라면, vorbereiten은 나중에 발생할 일에
좋은 결과를 바라며 대비하는 것입니다.

0330 zubereiten   요리하다

Hast du das zubereitet?   이걸 네가 요리했니?

★
0331 (sich) beugen   (몸을) 구부리다, 왜곡하다

Beugen Sie sich nach vorne!   앞으로 구부려 보세요!

Das Recht wird gebeugt!   법이 왜곡되었어!

· s. Recht 법(x), 옳음(x), 권리(e)

Wort Plus+

beugen vs biegen
beugen은 보통 구부렸다 펴지는 것에 쓰이고, biegen은 보통 구부러져 형태가 변형된 것에 쓰입니다.
beugen보다 biegen이 좀 더 일반적으로 쓰이긴 하지만, 정확한 구분은 어렵습니다.

0332 biegen   구부리다, sich 구부러지다

(과거) bog
(P·P) gebogen

Kann man die Schreibtischlampe biegen?

이 책상 스탠드는 구부러지나요?

· r. Schreibtisch(e) 책상   · e. Lampe(n) 램프, 스탠드

TIPP
그 외 접두사 + biegen 동사
1) abbiegen (방향) 꺾다 **예** Biegen Sie links ab! 왼쪽으로 꺾으세요!
2) sich verbeugen 절하다

☐☐ 0333 **vorbeugen + D** D를 예방하다

Durch das Händewaschen kann man Krankheiten vorbeugen.
손을 씻으면 병을 예방할 수 있다.

★

☐☐ 0334 **bieten** (대가·기회 등을) 제공하다, sich 제공되다

(과거) bot
(P·P) geboten

Das Hotel bietet ein bequemes und ruhiges Zimmer.
그 호텔은 쾌적하고 조용한 방을 제공한다.

Eine gute Gelegenheit bietet sich. 좋은 기회가 왔다.

· bequem 쾌적한 · ruhig 조용한 · s. Zimmer(-) 방 · e. Gelegenheit(en) 기회

☐☐ 0335 **anbieten** 제안하다, 제공하다

(과거) bot an
(P·P) angeboten

Die Firma hat mir eine gute Stelle angeboten.
그 회사는 내게 좋은 자리를 제안했다.

· e. Firma(Firmen) 회사 · e. Stelle(n) 장소, 부위, (일)자리

TIPP
bieten vs anbieten
bieten과 anbieten은 동의어로, 서로 바꿔 쓸 수 있습니다. 다만, 경매(Auktion)에서 구매자가 얼마를 내겠다고 제안할 때는 bieten만 쓰고, 판매자가 상품을 제공할 때는 anbieten을 씁니다. 참고로 상품을 Angebot이라고 합니다.

☐☐ 0336 **verbieten** 금지하다

(과거) verbot
(P·P) verboten

Das Rauchen ist im Gebäude verboten.
이 건물에서는 금연입니다.

★

□□ 0337 **bilden** | 만들다, 조형하다

Bilden Sie die Sätze im Passiv! 수동태 문장을 만들어 보세요!

· r. Satz("e) 문장　· s. Passiv(e) 수동태

□□ 0338 **ausbilden** | 직업 교육을 하다

ALDI bildet für folgende Berufe aus.

ALDI는 다음 직무에 관해 직업 교육을 합니다.

· ALDI 알디(슈퍼마켓 체인)　· r. Beruf(e) 직업

□□ 0339 **sich³ einbilden** | 착각하다

Das bildest du dir nur ein.　　그것은 단지 너의 착각이야.

□□ 0340 **sich³ einbilden auf + A** | 자만하다

Darauf brauchst du dir nichts einzubilden.

잘난 체할 필요 없다.

Er ist eingebildet.　　그는 잘난 체한다.

★

□□ 0341 **brauchen** | 필요하다, inf 할 필요가 있다(zu + inf)

Brauchst du Hilfe?　　도움이 필요해?

Ich brauche heute nicht zu arbeiten.

나는 오늘 일할 필요가 없어.

Wort Plus +

필요하다
1) **brauchen** (일반) 필요하다
2) **angewiesen auf + A sein** (일반) 꼭 필요하다
3) **benötigen** (형식) 필요하다

0342 **gebrauchen** | 사용하다

Das kann ich gut gebrauchen. 그것은 내게 쓸모 있다.

TIPP

사실 '사용하다'라는 뜻으로 gebrauchen 보다는 benutzen과 verwenden이 더 자주 쓰입니다. gebrauchen은 형용사 형태로 자주 쓰이는데, 예를 들어 한국에서 독일로 택배를 보낼 때 이미 사용한 물건이라면 박스에 gebraucht라고 쓰면 됩니다.

기본동사

0343 **missbrauchen** | 오용하다, 악용하다

Du hast mein Vertrauen missbraucht.

넌 내 신뢰를 악용했어.

· s. Vertrauen(x) 신뢰

0344 **verbrauchen** | 소비하다

Wie viel Strom habe ich verbraucht?

제가 전기를 얼마나 많이 썼나요?

· r. Strom("e) 강. 전류

★

0345 **decken** | 덮다

Soll ich den Tisch decken? 식탁 세팅할까? (수저 등을 놓음)

TIPP

그 외 접두사 + decken 동사
1) bedecken 덮다 *일상에서는 decken보다 bedecken이 더 자주 사용됩니다.
2) abdecken (숨기려고) 덮다
3) verdecken (보호하려고) 덮다

0346 **entdecken** 발견하다

Ich habe einen Fehler entdeckt. 오류를 하나 발견했어요.

· r. Fehler(-) 잘못, 오류, 실수

★

□ □ 0347 **denken an + A** A에 대해 생각하다

(과거) **dachte**
(P·P) **gedacht**

Woran denkst du? 뭐 생각하니?

Was denkst du darüber? 그것에 대해 어떻게 생각하니?

Was denkst du? 뭐 생각하니? / 그것에 대해 어떻게 생각하니?

TIPP *

그 외 접두사 + denken 동사
1) gedenken + G G를 추모하다
2) hindenken 엉뚱한 생각을 하다
3) umdenken 사고를 전환하다
4) verdächtigen Jn Jn을 의심하다

□ □ 0348 **nachdenken über + A** A를 숙고하다

(과거) **dachte nach**
(P·P) **nachgedacht**

Ich muss erstmal darüber nachdenken!

그것에 대해 먼저 곰곰이 생각해 봐야 해!

· erstmal 먼저

Wort Plus +

숙고하다
1) nachdenken (일반) 숙고하다
2) bedenken (토의) 숙고하다
3) überdenken (결정) 숙고하다

★

| | | 0349 **deuten** | | 해석하다 |

Das ist schwer zu deuten.　　　그것은 해석하기 어렵다.

기본동사

| | | 0350 **deuten auf + A** | | (손가락으로) A를 가리키다 |

Er deutet auf die Tür.　　　그는 (손가락으로) 그 문을 가리키고 있다.

| | | 0351 **andeuten** | | 암시하다 |

Wie schon angedeutet　　　이미 암시된 것처럼

| | | 0352 **bedeuten** | | 의미하다 |

Was bedeutet dieses Wort?　　　이 단어는 무슨 뜻인가요?

· s. Wort("er) 단어

❶ 다음에 해당하는 의미를 찾아 연결해 보세요.

01 deuten   •   • ❶ 암시하다

02 andeuten   •   • ❷ 해석하다

03 bedeuten   •   • ❸ 소비하다

04 verbrauchen •   • ❹ 의미하다

❷ 다음 단어의 의미를 우리말로 써 보세요.

05 verantworten	09 anbieten	
06 zubereiten	10 verbieten	
07 bilden	11 decken	
08 brauchen	12 entdecken	

❸ 우리말을 독일어로 써 보세요.

13 A에 대답하다	17 A를 숙고하다	
14 A를 준비하다	18 소비하다	
15 착각하다	19 D를 예방하다	
16 A에 대해 생각하다	20 직업 교육을 하다	

정답 01 ② 02 ① 03 ④ 04 ③ 05 책임지다 06 요리하다 07 만들다, 조형하다 08 필요하다 09 제안하다, 제공하다 10 금지하다 11 덮다 12 발견하다 13 antworten auf + A 14 sich vorbereiten auf + A 15 sich³ einbilden 16 denken an + A 17 nachdenken über + A 18 verbrauchen 19 vorbeugen + D 20 ausbilden

02 기본템의 중요성

기본 동사 ❷

+ dienen / drehen / drucken(drücken) / fahren
fangen / fehlen / folgen / fordern / fügen

★

☐☐ **0353 dienen** | (병역 등에) 복무하다, 근무하다

Simon hat beim Militär gedient.   시몬은 군에 복무했다.

· s. Militär(x) 군대

☐☐ **0354 bedienen** | 시중들다, (기계를) 취급하다

Der Kellner bedient die Gäste.

웨이터가 손님들을 접대하고 있다.

Die Maschine ist leicht zu bedienen.

이 기계는 다루기 쉽습니다.

· r. Kellner(-) 웨이터   · e. Maschine(n) 기계

☐☐ **0355 verdienen** | 돈을 벌다, 받을 만하다

Ich muss Geld verdienen.   난 돈을 벌어야 한다.

Du hast es dir verdient!

넌 그럴 자격이 돼(긍정) / 그건 네 탓이야!(부정)

★

☐☐ **0356 drehen** | 돌리다, sich 돌다

Drehen Sie den Kopf nach rechts!

오른쪽으로 머리를 돌려 보세요!

Die Erde dreht sich um die Sonne.

지구는 태양 주위를 돈다.

· r. Kopf("e) 머리   · e. Erde(n) 땅, 지구   · e. Sonne(x) 해

☐☐ 0357 **umdrehen** | 뒤집다, 반대로 돌리다, sich 뒤돌아보다

Dreh die Würste **um**!   (그릴의) 소시지를 뒤집어라!

Dreh dich **mal um**!   뒤돌아봐!

★

☐☐ 0358 **drucken** | 인쇄하다

Das Buch wird nicht mehr gedruckt.

              그 책은 더는 인쇄되지 않는다.

☐☐ 0359 **ausdrucken** | 프린트하다

Bitte drucken Sie das Formular aus!

              이 신고서를 프린트하십시오!

· s. Formular(e) 서식

☐☐ 0360 **drücken** | 누르다, 들어 올리다

Hast du den roten Knopf gedrückt?

              네가 빨간 버튼을 눌렀어?

· r. Knopf(¨e) 단추, 버튼

D-Satz **Ich drücke dir die Daumen.**
너의 성공을 빈다. [직역 : 너를 향해 엄지손가락을 누른다.]

☐☐ 0361 **ausdrücken** | 짜내다, 표현하다, sich 말하다

Ich weiß nicht, wie ich es ausdrücken soll.

              그걸 어떻게 표현해야 할지 모르겠어.

☐☐ **0362 unterdrücken** | **통제하다, 억압하다**

Ich kann ein Gähnen nicht unterdrücken.

나는 하품을 참을 수 없었다.

· **gähnen** 하품하다

★

☐☐ **0363 fahren(ä)** | **가다, 운전하다**

과거 **fuhr**
P·P **gefahren**

Ich fahre mit dem Fahrrad zur Arbeit.

나는 자전거를 타고 직장에 간다.

Kannst du Auto fahren? 자동차 운전할 줄 알아?

· **s. Fahrrad(¨er)** 자전거

TIPP
장소나 길이 아닌 자전거를 타는 것 자체를 강조할 때는 **Rad fahren**이라고 합니다. 예를 들면 'Ich fahre gerne Rad. (나는 자전거를 즐겨 탄다.)'처럼 표현하면 됩니다.

TIPP
그 외 접두사 + fahren 동사
1) **abfahren** (차가) 출발하다
2) **mitfahren** 동승하다
3) **überfahren** (차에) 치이다, (운전자가 무시하고) 지나치다
4) **sich verfahren** (차가) 잘못된 방향으로 가다

☐☐ **0364 erfahren(ä)** | **(들어서) 알다, 알게 되다, 경험하다**

과거 **erfuhr**
P·P **erfahren**

Das darf niemand erfahren! 아무도 알아서는 안 돼!

Ich habe es am eigenen Leib erfahren.

난 몸소 그것을 체험했다.

· **eigen** 자신의 · **r. Leib(er)** 몸

★

☐ ☐ **0365 fangen(ä)**   잡다, 포획하다

(과거) **fing**
(P·P) **gefangen**

Fang mich doch!   나 잡아 봐!

Ich habe einen schönen Schmetterling gefangen.

예쁜 나비를 잡았어.

· schön 아름다운, 멋진 · r. Schmetterling(e) 나비

☐ ☐ **0366 anfangen(ä) mit + D**   D를 시작하다

(과거) **fing an**
(P·P) **angefangen**

Ich habe kürzlich mit dem Deutschkurs
angefangen/begonnen.   최근에 독일어 수업을 시작했어요.

· kürzlich 최근에 · beginnen mit + D D를 시작하다

D-Satz Ich fange dann schon mal an. 그럼 내가 먼저 시작할게.

☐ ☐ **0367 empfangen(ä)**   수신하다, 맞이하다

(과거) **empfing**
(P·P) **empfangen**

Ich kann keine SMS empfangen.

문자 메시지(SMS)가 안 와요.

★

☐ ☐ **0368 fehlen** (규칙)   없다, 빠지다

Du fehlst mir so sehr!   네가 너무 보고 싶어!

Was fehlt Ihnen?   어디가 아프세요?

Hast du unentschuldigt gefehlt?   무단결석(결근)했어?

· unentschuldigt 무단으로

☐ ☐ **0369 befehlen(ie)**   명령하다

(과거) **befahl**
(P·P) **befohlen**

Du hast mir nichts zu befehlen!   명령하지 매!

D-Satz Dein Wunsch ist mir Befehl. 네가 원하는 걸 할게. [직역 : 네 소원이 내겐 법이다.]

기본동사

0370 empfehlen(ie)   추천하다

(과거) empfahl
(P·P) empfohlen

Den Film hat mir meine Kollegin empfohlen.

내 직장 동료가 그 영화를 추천해 주었어.

· r. Film(e) 영화 · r. Kollege(n. n) 직장 동료

★

0371 folgen   뒤따라가다, 따르다, 팔로우하다

Folgen Sie dem Wagen!   저 차를 따라가 주세요!

· r. Wagen(¨) 수레. 차

0372 befolgen   (명령을) 따르다

Bitte befolgen Sie die Anweisung!   지시에 따르세요!

· e. Anweisung(en) 지정. 지시. 사용법

0373 erfolgen   (결과로서) 발생하다

Die Zahlung erfolgt sofort nach der Bestellung.

주문 직후 지불이 됩니다.

Viel Erfolg!   성공하길 바래!

· e. Zahlung(en) 지불 · e. Bestellung(en) 주문 · r. Erfolg(e) 성공

0374 verfolgen   추적하다, 박해하다

Jemand verfolgt mich!   누군가가 절 뒤쫓아 오고 있어요!

Einige Menschen werden verfolgt, weil sie ihre
Meinung gesagt haben.

어떤 사람들은 자신의 의견을 말해서 박해받고 있다.

· e. Meinung(en) 의견

★

☐☐ 0375 **(auf)fordern** | 요구하다

Ich fordere, dass du dich entschuldigst! 사과해!

Sie fordert ihn (dazu) auf, ihre Wohnung zu
verlassen. 그녀는 그에게 자신의 집에서 떠나라고 요구했다.

· sich entschuldigen 사과하다

Wort Plus +

요구하다
1) **fordern** (일반) 요구하다
2) **auffordern Jn zu + D** (일반) Jn에게 D하라고 요구하다
3) **verlangen** (일상) 요구하다
4) **ersuchen** (형식) 요구하다

☐☐ 0376 **erfordern** | 필요하다

Mit dem Rauchen aufzuhören erfordert Disziplin.
금연은 끈기가 필요하다.

· **aufhören mit + D** D를 그만하다, 끝내다 · **e. Disziplin(x)** 규율, 끈기

☐☐ 0377 **herausfordern** | 도전하다, 유발하다

Forderst du mich heraus? 날 도발하는 거니?

★

☐☐ 0378 **fügen** | 결합하다, sich 결합되다, 복종하다

Füge dich deinem Schicksal! 네 운명에 따라라!

· **s. Schicksal(e)** 운명

🍺TIPP

'결합하다'라는 뜻으로 **fügen**보다는 **zusammenfügen**이 더 많이 사용됩니다.

기본동사

> **TIPP**
> 그 외 접두사 + fügen 동사
> 1) **beifügen** 동봉하다, 첨부하다
> 2) **einfügen** 끼워 넣다, 첨가하다
> 3) **zusammenfügen** 결합하다, 조립하다

☐☐ 0379 **hinzufügen** | 첨가하다, 추가하다

Ich möchte noch etwas hinzufügen.

추가하고 싶은 게 있어.

☐☐ 0380 **verfügen** | 가지고 있다, 처리하다

Der Computer verfügt über zu wenig
Arbeitsspeicher. 컴퓨터에 메모리가 부족합니다.

· r. Speicher(-) 저장소

D-Satz Wir stehen Ihnen zur Verfügung. 도움이 필요하시면 저희를 찾으세요. (형식)

❶ 다음에 해당하는 의미를 찾아 연결해 보세요.

01 drehen   •   • ❶ 뒤돌아보다

02 sich drehen   •   • ❷ 돌리다

03 umdrehen   •   • ❸ 돌다

04 sich umdrehen •   • ❹ 뒤집다

❷ 다음 단어의 의미를 우리말로 써 보세요.

05 dienen _____	09 drücken _____
06 bedienen _____	10 hinzufügen _____
07 verdienen _____	11 fehlen _____
08 fahren _____	12 erfahren _____

❸ 우리말을 독일어로 써 보세요.

13 D를 시작하다 _____	17 명령하다 _____
14 인쇄하다 _____	18 추천하다 _____
15 잡다, 포획하다 _____	19 뒤따라가다 _____
16 수신하다, 맞이하다 _____	20 요구하다 _____

정답 01 ② 02 ③ 03 ④ 04 ① 05 복무하다, 근무하다 06 시중 들다, (기계를) 취급하다 07 돈을 벌다, 받을 만하다 08 가다, 운전하다 09 누르다, 들어 올리다 10 첨가하다, 추가하다 11 없다, 빠지다 12 (들어서) 알다 13 anfangen mit + D 14 drucken 15 fangen 16 empfangen 17 befehlen 18 empfehlen 19 folgen 20 fordern

🎧 1-02-03.mp3

03 기본템의 중요성

기본 동사 ❸

+ führen / füllen / gleichen / handeln
hängen / herrschen / hindern / kaufen

기본 동사

★

☐☐ 0381 **führen** | (길 등을) 안내하다, 이끌다, (장소에) 이르다

Was führt dich zu mir? 무슨 일로 왔니?

Alle Wege führen nach Rom. 모든 길은 로마로 통한다.

> **TIPP**
> 그 외 접두사 + führen 동사
> 1) **aufführen** 공연하다　2) **entführen** 유괴하다　3) **verführen** 유혹하다

☐☐ 0382 **ausführen** | 데리고 나가다, (수동적으로) 실행하다, 상세히 설명하다

Ich habe nur Befehle ausgeführt.

단지 명령을 수행했을 뿐입니다.

Kannst du das genauer ausführen?

그것을 좀 더 정확하고 상세하게 설명해 줄 수 있니?

☐☐ 0383 **durchführen** | (능동적으로) 실행하다, 진행하다

Das Projekt wurde erfolgreich durchgeführt.

이 프로젝트는 성공적으로 수행되었다.

☐☐ 0384 **einführen** | 집어넣다, 도입하다, 수입하다

Durch die Nase wurde mir ein Schlauch eingeführt.

관이 내 콧속으로 삽입되었다.

Neue Regeln werden eingeführt.

새로운 규칙이 도입되었다.

· e. Nase(n) 코　· r. Schlauch("e) 호스　· e. Regel(n) 규칙

02 기본 동사 _ **115**

★

☐☐ 0385 **füllen** 　　　　　　　　　　　　　　　　　　가득 채우다

Der Saal war bis auf den letzten Platz gefüllt.

홀은 마지막 자리까지 가득 찼다.

☐☐ 0386 **ausfüllen** 　　　　　　　　　　　　(빈곳을) 채우다, 기입하다

Bitte, füllen Sie das Antragsformular aus!

신청서를 기입해 주세요!

· r. Antrag(¨e) 신청(서)

☐☐ 0387 **erfüllen** 　　　　　(의무·기대에) 충족하다, sich³ (꿈이) 실현되다

Mein Traum ist erfüllt! 　　　　　　　　　꿈이 이루어졌다!

· r. Traum(¨e) 꿈

★

☐☐ 0388 **gleichen** 　　　　　　　　　　　　　　　　　　　　닮다

(과거) glich
(P·P) geglichen

Wir gleichen uns. = Wir sind ähnlich. 　우리는 닮았다.

· ähnlich 닮은

☐☐ 0389 **ausgleichen** 　　차이를 없애다, 완화시키다, sich (차이가) 없어지다, 완화되다

(과거) glich aus
(P·P) ausgeglichen

Die Unterschiede gleichen sich aus. 　차이가 사라진다.

· r. Unterschied(e) 차이

☐☐ 0390 **vergleichen A mit + D** 　　　　　　　　A를 D와 비교하다

(과거) verglich
(P·P) verglichen

Hör auf, dich mit anderen zu vergleichen!

너를 다른 사람과 비교하지 마!

★

□□ 0391 **handeln**　　　　　　　　　　　　　　　　　　　행동하다, 거래하다

Du hast richtig gehandelt.　　　　　　　넌 바르게 행동했다.

□□ 0392 **Es handelt sich um + A**　　　　　　　　　　　　　　A이다

Es handelt sich lediglich um ein Beispiel.

그것은 예시일 뿐이다.

Es handelt sich hierbei um eine freiwillige
Teilnahme.　　　　　　　　　여기서 자발적으로 참여할 수 있습니다.

· **lediglich** 오직, 다만　· **hierbei** 이것과 관련하여, 이것과 함께

□□ 0393 **handeln von + D**　　　　　　　　　　　　　　　　D를 다루다

Der Film handelt von dem Untergang des Dritten
Reiches.　　　　　　　　　　이 영화는 3제국의 몰락을 다루고 있다.

· r. **Untergang(¨e)** 침몰, 몰락　· s. **Reich(e)** 나라, 제국

□□ 0394 **behandeln**　　　　　　　　　　　　　　　　　　　다루다, 진료하다

Nächste Woche behandeln wir das Thema.

그 주제는 다음 주에 다루도록 합시다.

Dr. med. Eva Neunhöffer behandelt mich.

저를 진료해 주는 의사 선생님은 에바 노인회퍼입니다.

□□ 0395 **verhandeln**　　　　　　　　　　　　　　　　　　토의하다, 협의하다

Es wurde über die wirtschaftliche
Zusammenarbeit verhandelt.　　경제 협력에 관해 논의하였다.

· **wirtschaftlich** 경제적인　· e. **Zusammenarbeit(en)** 협력

★

☐☐ 0396 **hängen an + D/A**   (불규칙)D에 걸려 있다, (규칙)A에 걸다

(과거) hing
(P·P) gehangen

Das Bild hängt an der Wand.   그림이 벽에 걸려 있다.

Sie hängt das Bild an die Wand.

그녀는 벽에 그림을 걸고 있다.

· s. Bild(er) 그림 · e. Wand(ˉe) 벽

☐☐ 0397 **abhängen von + D**   D에 달려 있다

(과거) hing ab
(P·P) abgehangen

Mein Verhalten hängt von dir ab.

내가 어떻게 하느냐는 너한테 달려 있다.

· s. Verhalten(x) 행동. 태도

☐☐ 0398 **abhängig sein von + D**   D에 의존하다

Er ist emotional abhängig von seiner Frau.

그는 아내에게 감정적으로 의존하고 있다.

· emotional 감정적인

☐☐ 0399 **zusammenhängen mit + D**   D와 관련되다

(과거) hing zusammen
(P·P) zusammengehangen

Ich bin mir sicher, dass das alles zusammenhängt.

나는 그 모든 게 관련이 있다고 확신한다.

· sich³ sicher sein 확신하다

★

☐☐ 0400 **herrschen**   지배하다(자), 창궐하다

Die Joseon-Dynastie herrschte mehr als 500 Jahre
lang über die koreanische Halbinsel.

조선 왕조는 500년 이상 한반도를 통치했다.

Im ganzen Land herrschte Panik.

나라 전체가 패닉에 빠졌다.

· e. Dynastie(n) 왕조 · e. Insel(n) 섬

☐☐ 0401 **beherrschen** | 지배하다[타], 통달하다, sich 자제하다

Spanien hat einmal die halbe Welt beherrscht.

스페인은 한때 세계 절반을 지배했다.

Ina beherrscht 3 Fremdsprachen.

이나는 3개 국어에 능통하다.

기본동사

★
☐☐ 0402 **hindern** | 못하게 하다

Die Polizisten hinderten einen betrunkenen
Autofahrer an der Weiterfahrt.

경찰들은 음주 운전자가 계속 운전하지 못하도록 했다.

• r. Polizist(en, en) 경찰 • betrunken 술에 취한 • e. Weiterfahrt(x) 계속 운전함

☐☐ 0403 **behindern** | 방해하다

Das Unfallfahrzeug behindert den Verkehr.

사고 차량이 교통을 방해하고 있다.

• r. Unfall(˝e) 사고 • r. Fahrzeug(e) 차량 • r. Verkehr(e) 교통

☐☐ 0404 **verhindern** | (사건 발생을) 저지하다

Ich bin über rot gefahren, um einen Unfall zu
verhindern. 사고를 피하려고 빨간불일 때 지나갔어요

★
☐☐ 0405 **kaufen** | 사다

Möchten Sie ein gebrauchtes Auto kaufen?

중고차를 구입하고 싶으세요?

• gebraucht 중고의

D-Satz Dafür(Davon) kann ich mir nichts kaufen!
사과해도 소용없어! [직역 : 그것에 대해 난 아무것도 살 수 없어!]

*sich³ kaufen (자신이 사용하려고) 사다

☐ ☐ **0406 einkaufen** | 장을 보다

Ich muss noch ein paar Sachen einkaufen.

물건을 아직 몇 개 더 사야 해.

· ein paar 많지 않은 · e. Sache(n) 사물, 사건

Wort Plus+

kaufen vs einkaufen

kaufen이 특정 물건을 사는 것을 의미한다면, einkaufen은 특정 물건이 아니라 장을 보는 것 자체가 강조됩니다.

☐ ☐ **0407 verkaufen** | 팔다

Das ist leider schon verkauft.

유감스럽지만 그건 이미 팔렸습니다.

연습문제 2-03

❶ 다음에 해당하는 의미를 찾아 연결해 보세요.

01 führen •　　　　　• ❶ 데리고 나가다, (수동적으로) 실행하다

02 ausführen •　　　　　• ❷ (능동적으로) 실행하다

03 durchführen •　　　　• ❸ 집어넣다

04 einführen •　　　　　• ❹ (길 등을) 안내하다

❷ 다음 단어의 의미를 우리말로 써 보세요.

05 füllen ....　　09 verhandeln ....

06 gleichen ....　　10 herrschen ....

07 handeln ....　　11 hindern ....

08 behandeln ....　　12 kaufen ....

❸ 우리말을 독일어로 써 보세요.

13 A를 D와 비교하다 ....　　17 D에 달려 있다 ....

14 A이다, 있다, (주제)이다

....　　18 (의무·기대에) 충족하다

....

15 D를 다루다 ....　　19 장을 보다 ....

16 D에 걸려 있다 ....　　20 팔다 ....

정답 01 ④　02 ①　03 ②　04 ③　05 가득 채우다　06 닮다　07 행동하다, 거래하다　08 다루다, 진료하다
09 토의하다, 협의하다　10 지배하다　11 못하게 하다　12 사다　13 vergleichen A mit + D　14 Es
handelt sich um + A　15 handeln von + D　16 hängen an + D　17 abhängen von + D
18 erfüllen　19 einkaufen　20 verkaufen

04 기본 동사 ❹

기본템의 중요성

+ kennen(wissen) / klagen / kündigen
laden / laufen / nutzen / passen

★

0408 kennen 알다

(과거) kannte
(P·P) gekannt

Ich glaube, das kenne ich schon. 나 그거 이미 아는 것 같아.

💡TIPP
kennen vs wissen
1) kennen (경험, 대상 그 자체) 알다 ❷ Kenntnis 앎
2) wissen (논리, 대상에 대한 정보) 알다 ❷ Wissenschaft 학문
* 보통 kennen은 명사를, wissen은 부문장(dass절 등)을 목적어로 가집니다.

0409 wissen(ei) 알다

(과거) wusste
(P·P) gewusst

Kennst du seinen Namen? - Nein, ich weiß nicht,
wie er heißt. 그의 이름을 아니? - 아니, 그가 뭐라고 불리는지 몰라.

💡TIPP
완전 불규칙 동사 wissen
wissen 동사는 단수 1~3격일 때 모음이 ei로 변화 합니다.

ich	weiß	wir	wissen
du	weißt	ihr	wisst
er	weiß	sie	wissen

0410 sich auskennen 정통하다

(과거) kannte aus
(P·P) ausgekannt

Entschuldigung, kennen Sie sich hier aus?
실례합니다. 이곳을 잘 아시나요?

122 _ 독일어를 배운다면 꼭 알아야 할 동사

0411 erkennen **(상태를) 알다, 인지하다**

(과거) erkannte
(P·P) erkannt

Erkenne dich selbst! 너 자신을 알래!

Kannst du mich auf dem Foto erkennen?

이 사진에서 나를 알아보겠어?

· selbst 스스로 · s. Foto(s) 사진

★
0412 klagen **(고통이나 불만을) 호소하다**

Wie geht es? - Ich kann nicht klagen.

어떻게 지내? – (관용어) 잘 지내고 있어. [직역 : 불평할 수 없어.]

TIPP
불평하다
보통 klagen이 변화를 위해 불평을 제기하는 것이라면, jammern은 그냥 불평만 하는 것입니다.

0413 anklagen **고소하다**

Er wurde wegen Diebstahls angeklagt.

그는 도둑질로 고소당했다.

· r. Diebstahl(¨e) 도둑질

0414 sich beklagen bei Jm über + A **Jm에게 A에 대해 불평하다**

Ich beklage mich nicht. 난 불평하지 않아.

★
0415 kündigen **(계약을) 취소하다, (해약을) 통고하다**

Diesen Vertrag kann man erst nach 24 Monaten
kündigen. 이 계약은 24개월 후에 취소될 수 있습니다.

Mir wurde gekündigt. 해고되었어.

· r. Vertrag(¨e) 계약 · r. Monat(e) 개월

0416 **ankündigen** | 예고하다, 통지하다

Für den Samstag ist Regen angekündigt.

토요일에 비가 온다고 예고했어.

0417 **sich erkundigen nach + D** | D에 대해 문의하다

Ich erkundige mich nach der Kündigungsfrist.

해약 고지 기간을 문의합니다.

· e. Kündigungsfrist(en) 해약 고지 기간

🍺**TIPP** *

erkundigen은 움라우트(˝)가 없는 것에 주의하세요!

★

0418 **laden(ä)** | 싣다, (컴퓨터를) 로딩하다

(과거) lud
(P·P) geladen

Er hat meinen Koffer in sein Auto geladen.

그는 내 여행 가방을 그의 차에 다 실었다.

· r. Koffer(-) 여행용 가방

0419 **aufladen(ä)** | 충전하다

(과거) lud auf
(P·P) aufgeladen

Ich muss meinen Handy-Akku aufladen.

핸드폰 배터리를 충전해야겠다.

· r. Akkumulator(e) 배터리(약어 : Akku)

0420 **einladen(ä) Jn zu + D** | Jn을 D에 초청하다

(과거) lud ein
(P·P) eingeladen

Ich möchte dich zu meinem Geburtstag einladen.

널 내 생일 파티에 초대하고 싶어.

Ich lade dich ein.

내가 밥 살게.

· r. Geburtstag(e) 생일

0421 **herunterladen(ä)** (인터넷에서) 다운로드하다

(과거) **lud herunter**
(P·P) **heruntergeladen**

Das Formular kann man aus dem Internet
herunterladen. 이 서식을 인터넷에서 다운로드할 수 있다.

★

0422 **laufen(ä)** 걷다, 달리다, 진행/작동 중이다, 상영되다, 흐르다

(과거) **lief**
(P·P) **gelaufen**

Lauf, sonst verpasst du den Bus!
뛰어, 안 그러면 버스를 놓칠 거야!

Alles ist gut gelaufen. 모든 것이 잘 진행되었어.

· sonst 그렇지 않으면 · verpassen 놓치다

D-Satz (Es) Läuft bei dir (gut)! 대박, 쩔어!

*2014년 **Jugendwort**(청소년 용어)로 선정된 문장으로, 친구가 뭔가 대단한 일을 했을 때
축하, 인정, 자랑스러움을 표현합니다. 비슷한 말로 "Cool!", "Krass!", "Du hast es drauf!" 등이
있습니다.

0423 **ablaufen(ä)** 흘러나오다, 만료되다, (사건이) 진행되다

(과거) **lief ab**
(P·P) **abgelaufen**

Der Pass ist abgelaufen. 여권이 만료되었습니다.

Das ganze läuft dann so ab: Wir treffen uns
um 10:30 Uhr am Bahnhof und fahren dann
gemeinsam nach München.
모든 것은 다음과 같이 진행될 거야. 우리는 10시 30분에 기차역에서 만나서
함께 뮌헨에 갈 거야.

· r. Bahnhof("e) 기차역 · gemeinsam 공동의, 함께

TIPP
(기름이) 새다/빼다
Öl läuft aus dem Motor (aus)! 모터에서 기름이 새고 있어요!
Öl läuft aus dem Motor ab. 모터에서 기름을 빼고 있어요.

0424 **verlaufen(ä)** (길이) 뻗어 있다

(과거) verlief
(P·P) verlaufen

Die Straße verläuft sehr kurvig. 이 도로는 굴곡이 심하다.

· e. Straße(n) 도로 · kurvig 굴곡 있는

0425 **sich verlaufen(ä)** 길을 잃다

(과거) verlief
(P·P) verlaufen

Entschuldigen Sie, können Sie mir helfen? Ich habe mich verlaufen.

최송하지만, 좀 도와주시겠어요? 길을 잃었어요.

★
0426 **(be)nutzen** 도움이 되다, 사용하다

Ich will die Gelegenheit nutzen. 난 그 기회를 이용할 거야.

Darf ich dein Handy benutzen? 너 핸드폰 사용해도 되니?

🍺 **TIPP**

접두사 be가 붙어서 의미가 보다 구체적이고 실제적인 의미가 되는 동사가 있습니다.
1) benutzen 사용하다
2) beraten 조언하다
3) bedrohen 협박하다
4) begraben 매장하다

*(예외) bekämpfen의 경우, 반대로 kämpfen이 더 구체적입니다.

0427 **ausnutzen** 착취하다, 이용하다

Sie liebt dich nicht, sie nutzt dich nur aus.

그녀는 널 사랑하지 않아. 그녀는 단지 널 이용한 거야.

★
0428 **passen + D** (시간, 옷, 상황 등이) D에 맞다

Wann passt es dir am besten? 언제가 가장 좋아?

Die Hose passt (mir) wie angegossen.

이 바지는 딱 맞는다.

기본동사

0429 passen zu + D　　　　　　　　　　　D에 어울리다

Das Hemd passt zur Hose.　　　이 셔츠는 이 바지랑 어울린다.

· s. Hemd(en) 셔츠

0430 anpassen　　　　　　　　　　　　맞추다, 어울리게 하다

Er ließ sich den Anzug anpassen.

그는 그 양복을 맞추게 했다.

· r. Anzug(ˮe) 양복

0431 sich anpassen D/an + A　　　　　　D/A에 적응하다

Ich passe mich den Umständen an.

나는 새로운 상황에 적응하고 있다.

· r. Umstand(ˮe) 사정, 번거로움

0432 aufpassen auf + A　　　A를 주의하다, (아이, 물건 등을) 돌보다

Pass auf! = Vorsicht! = Achtung!　　　조심해!

Kannst du kurz auf mein Kind aufpassen?

잠시 내 아이 좀 돌봐 줄 수 있어?

0433 verpassen　　　　　　　　　　　　　놓치다

Ich habe den Bus verpasst.　　　버스를 놓쳤어.

· r. Bus(se) 버스

❶ 다음에 해당하는 의미를 찾아 연결해 보세요.

01 laden   •   • ❶ 싣다, (컴퓨터를) 로딩하다

02 aufladen   •   • ❷ 초청하다

03 einladen   •   • ❸ 충전하다

04 herunterladen   •   • ❹ 다운로드하다

❷ 다음 단어의 의미를 우리말로 써 보세요.

05 (be)nutzen   09 klagen

06 laufen   10 erkennen

07 kündigen   11 kennen

08 ankündigen   12 wissen

❸ 우리말을 독일어로 써 보세요.

13 A를 주의하다   17 길을 잃다

14 D에 어울리다   18 흘러나오다, 만료되다

15 (시간, 옷, 상황등) D에 맞다   19 D에 대해 문의하다

16 놓치다   20 정통하다

정답 01 ① 02 ③ 03 ② 04 ④ 05 도움이 되다, 사용하다 06 걷다, 달리다 07 (계약을) 취소하다, (해약을) 통고하다 08 예고하다, 통지하다 09 (고통이나 불만을) 호소하다 10 (상태를) 알다, 인지하다 11 알다 12 알다 13 aufpassen auf + A 14 passen zu + D 15 passen + D 16 verpassen 17 sich verlaufen 18 ablaufen 19 sich erkundigen nach + D 20 sich auskennen

05
기본템의 중요성
기본 동사 ❺

+ probieren / raten / reden/ reichen / rufen
ruhen / schaffen / scheiden / schreiben

가본동사

★

☐☐ **0434 probieren** | 맛보다, (가능성을 확인하기 위해) 시도해 보다

Möchtest du ein Stück Kuchen probieren?

케이크 한 조각 맛볼래?

Probieren geht über Studieren.

(속담) 백문이 불여일견. [직역 : 시도해 보는 것이 연구하는 것보다 낫다.]

· s. Stück(e) 조각 · r. Kuchen(-) 케이크

☐☐ **0435 anprobieren** | 입어 보다

Darf ich diese Hose anprobieren?

이 바지 한번 입어 봐도 될까요?

☐☐ **0436 ausprobieren** | (기계, 방법 등을 체계적으로) 시도해 보다

Hast du schon ausprobiert, ob das Gerät
funktioniert? 이 기계가 작동하는지 시도해 봤어?

· s. Gerät(e) 도구, 기계 · funktionieren 작동하다

★

☐☐ **0437 raten(ä)** | 조언하다, 추측하다

(과거) **riet**
(P·P) **geraten**

Er riet mir, mehr Sport zu treiben.

그는 내게 더 많이 운동하라고 조언했다.

Rate mal, wie alt ich bin! 내가 몇 살인지 알아맞혀 봐!

Lass dich von unseren Experten beraten.

우리 전문가에게 조언을 구해 봐.

· Sport treiben 운동을 하다 · r. Experte(n, n) 전문가

Wort Plus +

조언하다

1) raten Jm (인간으로서 결정에 도움) 조언하다

2) beraten Jn (전문가로서 결정에 도움을 주기 위해 정보를 제공) 조언하다

☐ ☐ **0438 geraten(ä) in + A**　　　　(우연히) A에 들어가다, (부정적인 상황에) 도달하다

(과거) **geriet**
(P·P) **geraten**

Ich bin in Schwierigkeiten geraten.　　난 어려움에 빠졌다.

☐ ☐ **0439 verraten(ä)**　　　　　　　　　　　　　　　　누설하다, 배신하다

(과거) **verriet**
(P·P) **verraten**

Du darfst es nicht verraten.　　　　넌 그것을 말하면 안 돼.

Ich verrate dich nicht.　　　　　　난 널 배신하지 않아.

★

☐ ☐ **0440 reden**　　　　　　　　　　　　　　　　　　　　말하다

Wovon redest du überhaupt?　도대체 무엇을 말하려는 거야?

· **überhaupt** 전반적으로, 전혀, 도대체

D-Satz　Er redet ohne Punkt und Komma.

그는 끊임없이 말을 한다. [직역 : 그는 마침표와 쉼표 없이 말을 한다.]

☐ ☐ **0441 anreden**　　　　　　　　　　　　　　　　　　부르다, 말을 걸다

Du kannst mich mit „Du" anreden.　　말 놓아도 돼.

= Du kannst mich duzen.

· **duzen** 너라고 부르다, 말을 놓다

☐ ☐ **0442 überreden Jn zu + D**　　　　　　　　Jn을 D하도록 설득하다

Er hat mich (dazu) überredet mitzukommen.

그가 함께 오자고 나를 설득했어.

기본동사

□□ 0443 **verabreden** | 약속하다, sich (만날) 약속을 하다

Das war nicht verabredet! 그것은 약속된 것이 아니었어!

Ich habe mich mit ihm verabredet.

나는 그와 만날 약속을 했다.

Wort Plus+

약속하다

1) **verabreden** (사적) 약속하다

2) **vereinbaren** (공적) 약속하다

3) **versprechen** (다른 사람에게 무엇인가 확언) 약속하다

★

□□ 0444 **reichen** | 넉넉하다, 내주다

Es reicht! 그만해! [직역 : 그걸로 충분해.]

Kannst du mir mal das Salz reichen? 소금 좀 건네줄래?

· s. Salz(e) 소금

TIPP

reichen이 '넉넉하다'라는 의미를 지닐 때는, ausreichen이라고도 합니다. 참고로 ausreichend는 독일에서 학교 성적을 표시하는 6등급 중 4등급을 의미하고, 합격 마지노선입니다.

□□ 0445 **erreichen** | 도달하다, 성취하다, (연락이) 닿다

Ich habe mein Ziel erreicht. 목적을 이뤘다.

Wann und wie kann ich dich erreichen?

언제, 어떻게 너한테 연락하면 돼?

★

□□ 0446 **rufen** | 부르다

(과거) rief

(P·P) gerufen

Johannes, deine Mama hat dich gerufen.

요하네스, 너희 엄마가 널 부르던데.

· e. Mama(s) 엄마

☐ ☐ **0447 anrufen** | 전화하다

(과거) **rief an**
(P·P) **angerufen**

Ich rufe dich später an. 나중에 전화할게.

Wort Plus +

전화하다

1) anrufen Jn 전화를 걸다 *아직 통화를 못 했을 수도 있음

2) telefonieren mit Jm 통화하다

☐ ☐ **0448 aufrufen** | 호소하다

(과거) **rief auf**
(P·P) **aufgerufen**

Angela Merkel hat die Menschen in Deutschland
zur Solidarität in der Corona-Krise aufgerufen.

앙겔라 메르켈은 코로나 위기에서 독일에 있는 모든 이들에게 연대를 호소했다.

★

☐ ☐ **0449 ruhen** | 쉬다, 영면하다

Ruhe dich gut aus! 푹 쉬어!

* '쉬다'라는 뜻으로는 ruhen보다 ausruhen이 더 자주 사용됩니다.

☐☐ **0450 beruhen auf + D** | D에 기인하다

Der Streit beruht auf einem Missverständnis.

이 다툼은 오해에서 기인한 것이다.

· r. Streit(e) 다툼 · s. Missverständnis(se) 오해

☐☐ **0451 beruhigen** | 안심시키다, sich 안심하다

Ich muss mich beruhigen! 난 진정해야 해!

★

☐☐ **0452 schaffen** | 창조/창작하다(불규칙), 완수하다(규칙)

(과거) schuf
(P·P) geschaffen

Du schaffst das schon. 넌 잘할 수 있을 거야.

> **Wort Plus+**
>
> schaffen vs gelingen
> 1) schaffen (일상, 친한 사이) 완수하다
> 2) gelingen (형식) 완수하다

☐☐ **0453 abschaffen** | 폐지하다

An Schulen wurde die Prügelstrafe abgeschafft.

학교에서 체벌이 폐지되었다.

· e. Schule(n) 학교 · r. Prügel(-) 매 · e. Strafe(n) 벌

☐☐ **0454 verschaffen** | 마련해 주다

Er hat mir einen Arbeitsplatz verschafft.

그는 내게 일자리를 마련해 주었다.

☐☐ **0455 sich scheiden lassen** | 이혼하다

(과거) schied　　　Ich werde mich scheiden lassen.　나 이혼할 거야.
(P·P) geschieden

🍺TIPP

scheiden의 기본 뜻은 '분리하다(trennen)'이지만, 일상에서는 sich scheiden lassen 형태로 훨씬 많이 사용됩니다. 수동 형태에서는 lassen을 사용하지 않습니다.

☐☐ **0456 entscheiden** | 결정하다

(과거) entschied　　Was essen wir heute? - Das musst du entscheiden.
(P·P) entschieden　　　　　　　　　　　오늘 뭐 먹지? - 네가 결정해.

☐☐ **0457 sich entscheiden für + A / gegen + A** | A에 찬성/반대를 결정하다

(과거) entschied　　Ich entscheide mich für den kurzen Weg.
(P·P) entschieden　　　　　　　　　　　난 지름길로 가기로 결정했어.

☐☐ **0458 unterscheiden** | A와 D를 구분하다(A von D), sich 구분되다

(과거) unterschied　　Er unterscheidet sich nicht von anderen.
(P·P) unterschieden　　　　　　　　　　그는 다른 사람들과 구분되지 않는다.

Was ist der Unterschied zwischen Vor- und
Nachname?　　　　　　　　　이름과 성의 차이가 뭐예요?

· r. Unterschied(e) 차이

☐☐ **0459 sich verabschieden von Jm** (규칙) | Jm과 작별 인사하다

Ich muss mich leider heute von euch
verabschieden.　　　　　아쉽지만 오늘 너희와 작별 인사를 해야 해.

🍺TIPP

scheiden 동사는 불규칙 변화를 합니다. 그런데 verabschieden은 scheiden에서 파생되었지만, 모음이 ei에서 ie로 변했고, 규칙 변화를 합니다.

★

□□ 0460 **schreiben** 쓰다

(과거) schrieb
(P·P) geschrieben

Ich habe dir eine E-Mail geschrieben.

너한테 이메일을 한 통 썼어.

기본동사

TIPP

그 외 접두사 + schreiben 동사
1) abschreiben 커닝하다
2) aufschreiben 기록하다, 적다
3) unterschreiben 서명하다
4) verschreiben (의사) 처방하다
5) vorschreiben 지시하다

□□ 0461 **beschreiben** 묘사하다

(과거) beschrieb
(P·P) beschrieben

Kannst du mir den Weg beschreiben?

길 좀 설명해 줄 수 있어?

Wort Plus+

묘사하다
1) beschreiben 묘사하다
2) schildern (사건 경과, 마음 상태, 사정 등을) 묘사하다

*사실 둘을 구분하기 어렵습니다.

□□ 0462 **unterschreiben** 서명하다

(과거) unterschrieb
(P·P) unterschrieben

Lies es sorgfältig durch, bevor du unterschreibst!

서명하기 전에 그것을 꼼꼼히 다 읽어라!

· sorgfältig 꼼꼼히   · durchlesen (끝까지) 다 읽다

❶ 다음에 해당하는 의미를 찾아 연결해 보세요.

01 anprobieren ·   · ❶ 전화하다

02 anreden ·   · ❷ 부르다

03 verabreden ·   · ❸ 약속하다

04 anrufen ·   · ❹ 입어 보다

❷ 다음 단어의 의미를 우리말로 써 보세요.

05 probieren   09 erreichen

06 raten   10 rufen

07 reden   11 ruhen

08 reichen   12 schaffen

❸ 우리말을 독일어로 써 보세요.

13 Jn을 D하도록 설득하다

17 안심하다

14 A에 기인하다

18 결정하다

15 이혼하다

19 쓰다

16 Jm과 작별 인사하다

20 서명하다

정답 01 ④   02 ②   03 ③   04 ①   05 맛보다, 시도해 보다   06 조언하다, 추측하다   07 말하다   08 넉넉하다, 내주다   09 도달하다, 성취하다   10 부르다   11 쉬다   12 창조/창작하다, 완수하다   13 überreden Jn zu + D   14 beruhen auf + A   15 sich scheiden lassen   16 sich verabschieden von Jm   17 sich beruhigen   18 entscheiden   19 schreiben   20 unterschreiben

06

기본템의 중요성

기본 동사 ⑥

+ sorgen / stecken / stimmen / stoßen
trauen / treten / üben / weichen

기본동사

★

☐☐ 0463 **sorgen für + A**　　　　　　A를 돌보다, 신경 쓰다

Ich sorge für mein Kind.　　　　난 아이를 돌보고 있다.

☐☐ 0464 **sich sorgen um + A**　　　　　　A를 걱정하다

Ich sorge mich um mein krankes Kind.

난 나의 아픈 아이를 걱정하고 있다.

(Mach dir) Keine Sorgen.　　　　걱정하지 마.

· e. Sorge(n) 걱정

☐☐ 0465 **besorgen**　　　　　　마련하다, 구입하다, 처리하다

Ich muss ein paar Sachen besorgen.

물건 몇 개를 구입해야 해.

☐☐ 0466 **entsorgen**　　　　　　(쓰레기 등을) 처리하다

Wo kann man alte Batterien entsorgen?

오래된 배터리는 어디에 버려야 하나요?

· alt 늙은, 오래된　· e. Batterie(n) 배터리

☐☐ 0467 **versorgen**　　　　　　공급하다, 부양하다

Ich muss meine Familie versorgen.

난 가족을 부양해야 한다.

0468 **stecken** | 꽂다, 꽂혀 있다

Ich steckte die Hände in die Manteltaschen.

난 손을 외투 주머니에 넣었다.

Wo steckst du?

(살짝 짜증) 너 도대체 어디 있니? (문맥상 '언제 오냐'라는 의미도 가능)

· r. Mantel(ˮ) 외투   · e. Tasche(n) 가방, 주머니

0469 **anstecken Jn mit + D** | Jn에게 D를 감염시키다, sich 감염되다

Fast 2000 Menschen haben sich mit dem
Coronavirus angesteckt.

약 2000명이 코로나 바이러스에 감염되었다.

0470 **einstecken** | (가방, 호주머니 등에) 집어넣다

Was hast du eingesteckt?   (호주머니 등에) 뭘 집어넣었니?

0471 **verstecken** | 숨기다, sich 숨다

Ich habe die Geschenke versteckt.   난 선물을 숨겨 놓았어.

Wo versteckst du dich?   어디 숨었니?

· s. Geschenk(e) 선물

★

0472 **stimmen** | 맞다

Stimmt so!   (관용어) 팁으로 가지세요!

Stimmt's oder hab ich recht?   어때, 내 말이 맞지?

0473 **bestimmen** | 결정하다

Du hast hier nichts zu bestimmen!

넌 여기서 결정권이 없어!

☐☐ **0474 übereinstimmen** 　　　　　　　　　　　일치하다

Die Aussagen der Zeugen stimmten überein.

증인들의 진술은 일치했다.

・r. Zeuge(n. n) 증인

기본동사

☐☐ **0475 zustimmen + D** 　　　　　　　　　　D에 찬성하다

Ich stimme dir völlig zu!　　　난 너에게 전적으로 찬성한다!

・völlig 완전한

★

☐☐ **0476 stoßen(ö)** 　　　　　　　　　　밀치다, 찌르다, 부딪히다

（과거）stieß
（P·P）gestoßen

Er hat mich gestoßen!　　　　　　그가 날 밀쳤어요!

Er hat mir ein Messer in den Rücken gestoßen.

그가 칼로 내 등을 찔렀어요

Ich bin an den Schrank gestoßen.　　장에 부딪혔어요

🍺 **TIPP**
Schrank는 기본적으로 '찬장'을 말합니다. 그러나 문맥에 따라 옷장(Kleiderschrank), 냉장고(Kühlschrak)
등으로 쓰일 수 있습니다.

☐☐ **0477 sich³′⁴stoßen(ö)** 　　　　　　　　　부딪혀 아프다

（과거）stieß
（P·P）gestoßen

Ich habe mir den Kopf gestoßen.　　머리를 부딪혀 아파요

Ich habe mich am Schrank gestoßen.

장에 부딪혀 아파요

🍺 **TIPP**
sich³′⁴
'3격 + 부딪힌 부분' 또는 '4격' 으로 표현합니다.

★

□□ 0478 **(ver)trauen** 믿다, sich ~할 용기가 있다

Ich konnte meinen Augen nicht trauen

난 내 눈을 믿을 수가 없었다.

Ich vertraue dir. 널 믿어.

Wort Plus +

trauen vs vertrauen
1) **trauen** (표면적으로) 믿다
2) **vertrauen** (전적으로) 믿다

□□ 0479 **anvertrauen** 맡기다, 위임하다, 비밀을 털어놓다

Er hat mir seine Geheimnisse anvertraut.

그는 자신의 비밀을 내게 털어놓았다.

★

□□ 0480 **treten(i)** (sein) 내딛다, 밟다, (haben) 차다

과거 **trat**
P·P **getreten**

Bitte mal zur Seite treten! 옆으로 비켜 줄래!

Vorsicht, treten Sie nicht in die Scherben!

깨진 유리를 밟지 않도록 조심하세요!

Er hat meinen Hund getreten! 그가 내 개를 발로 찼어요!

· e. Seite(n) 면, 쪽, 옆 · r. Scherbe(n) (유리) 깨진 조각

TIPP

그 외 접두사 + treten 동사
1) **austreten** 탈퇴하다
2) **beitreten** 가입하다
3) **eintreten** 입장하다, (발로) 차서 부수다

TIPP

이동과 상태를 나타내는 동사의 현재 완료형은 **sein** + p.p이고, 그 외 동사는 **haben** + p.p입니다.
그런데 **treten**은 두 가지 모두 가능한 경우입니다. **treten**이 '내딛다(이동)'는 의미로 쓰일 때에는
sein과 결합하고, '차다'는 의미로 쓰일 때는 **haben**과 결합합니다.

0481 **auftreten(i)**   (갑자기) 발생하다, 행동(처신)하다, (무대에) 등장하다

(과거) trat auf
(P·P) aufgetreten

Ein Fehler ist aufgetreten.   오류가 발생했습니다.

· r. Fehler(-) 잘못, 오류

기본동사

0482 **betreten(i)**   (발을) 들여놓다

(과거) betrat
(P·P) betreten

Bitte den Rasen nicht betreten!   잔디밭에 들어가지 마세요!

· r. Rasen(-) 잔디, 잔디밭

0483 **vertreten(i)**   대리하다, 지지하다, 변호하다

(과거) vertrat
(P·P) vertreten

Mein Kollege ist heute krank und ich vertrete ihn.
동료가 오늘 아파서 제가 그를 대신합니다.

★

0484 **üben**   연습하다, 훈련하다

Ich übe jeden Tag Deutsch.   난 매일 독일어를 연습하고 있다.

Übung macht den Meister.   연습이 장인을 만드는 법이지.

> **Wort Plus+**
>
> trainieren vs üben
> 같은 뜻이지만 보통 운동과 관련해서는 trainieren을 많이 사용합니다.
> ⓐ Ich trainiere schon seit Wochen für einen Marathon. 이미 몇 주 동안 마라톤을 훈련하고 있다.

0485 **ausüben**   수행하다

Zurzeit übe ich eine andere Tätigkeit aus.
요즘 다른 업무를 수행하고 있어.

· zurzeit 요즘   · e. Tätigkeit(en) 일, 업무

0486 **verüben** | (나쁜 일을) 저지르다

Viele Anschläge wurden in Europa verübt.

많은 테러가 유럽에서 발생했다.

• r. Anschlag("e) 벽보, 음모, 테러, 습격

★
0487 **weichen** | 물러가다, 부드럽게 하다

(과거) wich
(P·P) gewichen

Sie wich den ganzen Abend nicht von seiner Seite.

그녀는 저녁 내내 그의 곁을 떠나지 않았다.

0488 **abweichen von + D** | D에서 빗나가다, D와 다르다

(과거) wich ab
(P·P) abgewichen

Wir sind von der Straße abgewichen.

우리는 도로에서 벗어났었다.

0489 **ausweichen + D** | D를 피하다

(과거) wich aus
(P·P) ausgewichen

Du weichst mir aus.

넌 날 피하고 있어.

❶ 다음에 해당하는 의미를 찾아 연결해 보세요.

01 besorgen   •   • ❶ (쓰레기 등을) 처리하다

02 entsorgen   •   • ❷ 마련하다

03 bestimmen   •   • ❸ 일치하다

04 übereinstimmen •   • ❹ 결정하다

❷ 다음 단어의 의미를 우리말로 써 보세요.

05 stecken   09 treten

06 stimmen   10 üben

07 stoßen   11 weichen

08 trauen   12 verstecken

❸ 우리말을 독일어로 써 보세요.

13 A를 돌보다, 신경 쓰다   17 D에서 빗나가다

14 A를 걱정하다   18 Jn에게 D를 감염시키다

15 D에 찬성하다   19 부딪혀 아프다

16 ~할 용기가 있다   20 맡기다, 위임하다

정답 01 ② 02 ① 03 ④ 04 ③ 05 꽂다, 꽂혀 있다 06 맞다 07 밀치다, 찌르다 08 믿다 09 내딛다, 밟다
10 연습하다, 훈련하다 11 물러가다 12 숨기다 13 sorgen für + A 14 sich sorgen um + A
15 zustimmen + D 16 sich trauen 17 abweichen von + D 18 anstecken Jn mit + D
19 sich³/⁴ stoßen 20 anvertrauen

07 기본템의 중요성
기본 동사 ❼

+ werben / werden / zählen(zahlen)
zeichnen / zeigen / zeugen

★

☐☐ 0490 **werben(i)**   광고하다

(과거) warb
(P·P) geworben

Im Fernsehen wird für das Buch geworben.

그 책은 TV에서 광고 중이다.

☐☐ 0491 **werben(i) um + Jn/A**   Jn/A를 얻으려고 애쓰다

(과거) warb
(P·P) geworben

Er hat um sie geworben.   그는 그녀를 얻기 위해 애썼다.

☐☐ 0492 **sich bewerben(i) um + A**   A에 지원하다

(과거) bewarb
(P·P) beworben

Ich möchte mich um ein Zimmer im
Studentenwohnheim bewerben.   기숙사에 지원하려고요.

· s. Studentenwohnheim(e) 기숙사

☐☐ 0493 **erwerben(i)**   (일하여) 얻다, 취득하다

(과거) erwarb
(P·P) erworben

Wann haben Sie Ihren Führerschein erworben?

언제 운전면허증을 취득하셨나요?

· r. Führerschein(e) 운전면허증

★

☐☐ 0494 **werden(i)**   되다

(과거) wurde
(P·P) geworden

Ich werde bald 18 (Jahre alt).   전 곧 열여덟 살이 돼요.

Was soll bloß aus dir werden!   도대체 뭐가 되려고 그러니!

· bald 곧   · bloß 단지, 도대체

★

☐☐ 0495 **zählen**   **(숫자를) 세다**

Ich zähle bis zehn.   10까지 세다.

☐☐ 0496 **erzählen**   **이야기하다**

Das habe ich dir schon hundertmal erzählt!

이미 백 번은 이야기했어!

☐☐ 0497 **(be)zahlen**   **지불하다**

Wir möchten (die Rechnung) (be)zahlen.
– Zusammen oder getrennt?

계산하려고요. – 같이 계산하시나요, 따로 계산하시나요?

Ich (be)zahle dir das Essen.   이 밥은 내가 살게.

· e. Rechnung(en) 계산서   · getrennt 분리된

> **Wort Plus+**
>
> **zahlen** vs **bezahlen**
> 둘 다 같은 뜻입니다. 다만 아래의 몇 가지 상황에서는 주의하여 사용해야 합니다.
>
> 1) '지불하다'의 의미로 쓰일 경우 **zahlen**을 많이 씁니다.
> 2) '(일한) 보수를 주다'의 의미로 쓰일 경우 **bezahen**만 씁니다.
> 3) '보상하다'의 의미로 쓰일 경우에는 **bezahlen**만 씁니다.

> **TIPP**
>
> 그 외 접두사 + zahlen 동사
> 1) **auszahlen** (봉급) 지불하다, (ATM에서) 출금하다
> 2) **einzahlen** 입금하다 ←→ **abheben** 출금하다

☐☐ 0498 **sich auszahlen**   **이익이 되다**

Das Training zahlt sich aus.

훈련이 이익이 된다. (훈련한 보람이 있다.)

★

☐☐ 0499 **zeichnen** 그리다

Ich zeichne ihr Porträt. 나는 그녀의 초상화를 그리고 있다.

· s. Porträt(s) 초상화

☐☐ 0500 **auszeichnen** 가격표를 붙이다, 특징짓다

Die Ware wurde falsch ausgezeichnet.

이 상품에 가격표를 잘못 붙였네요.

· e. Ware(n) 상품　· falsch 잘못된

☐☐ 0501 **bezeichnen** 표시하다, ～이라고 부르다, ～을 지칭하다

Brexit bezeichnet den Austritt des Vereinigten
Königreichs aus der Europäischen Union.

브렉시트는 영국의 EU 탈퇴를 지칭한다.

☐☐ 0502 **kennzeichnen** 기호를 붙이다, 특징짓다, 두드러지게 하다

Pflichtfelder sind mit einem Stern(*)
gekennzeichnet. 의무 항목은 별(*)로 표시됩니다.

· e. Pflicht(en) 의무　· s. Feld(er) 들판, 칸

★

☐☐ 0503 **zeigen** 가리키다, 보여 주다

Kannst du mir den Weg zeigen? 길을 가리켜 줄 수 있어?

Zeig mal her! 보여 줘!

☐☐ 0504 **anzeigen** 고발하다, 알리다

Ich zeige Sie an! 난 당신을 고발하겠소!

★

0505 zeugen | (생물학적으로) 생명을 탄생시키다, 증언하다

Ein Esel und ein Pferd könnten gemeinsam ein
Maultier zeugen.　　　나귀와 말은 함께 노새를 낳을 수 있다.

0506 zeugen von + D | D임을 증명하다

Das zeugt von Stärke.　　　그것은 강함을 증명한다.

0507 erzeugen | 생기게 하다, 생산하다

Gewalt erzeugt nur Gewalt.　　　폭력은 폭력을 낳을 뿐이다.

· e. Gewalt(en) 힘, 폭력

0508 überzeugen | 설득하다

Das alleine überzeugt mich nicht.

그것으로는 날 설득하지 못해.

0509 sich überzeugen von + D | D를 확인하다

Bitte überzeuge dich selbst (davon)!　　직접 확인해 봐!

0510 überzeugt sein von + D | D를 확신하다

Ich bin fest davon überzeugt.　　난 그것을 100프로로 확신합니다.

❶ 다음에 해당하는 의미를 찾아 연결해 보세요.

01 werben •   • ❶ (숫자를) 세다

02 werden •   • ❷ 광고하다

03 zahlen •   • ❸ 되다

04 zählen •   • ❹ 지불하다

❷ 다음 단어의 의미를 우리말로 써 보세요.

05 erzählen _____	09 überzeugen _____
06 zeichnen _____	10 bezeichnen _____
07 zeigen _____	11 kennzeichnen _____
08 zeugen _____	12 anzeigen _____

❸ 우리말을 독일어로 써 보세요.

13 A에 지원하다 _____

14 D임을 증명하다

_____

15 D를 확인하다

_____

16 Jn/A를 얻으려고 애쓰다

_____

17 이익이 되다 _____

18 가격표를 붙이다, 특징짓다

_____

19 생기게 하다, 생산하다

_____

20 (일하여) 얻다, 취득하다

_____

정답 01 ② 02 ③ 03 ④ 04 ① 05 이야기하다 06 그리다 07 가리키다, 보여 주다 08 생명을 탄생시키다, 증언하다 09 설득하다 10 표시하다, ~이라고 부르다 11 기호를 붙이다, 특징짓다 12 고발하다, 알리다 13 sich bewerben um + A 14 zeugen von + D 15 sich überzeugen von + D 16 werben um + Jn/A 17 sich auszahlen 18 auszeichnen 19 erzeugen 20 erwerben

03마디
•
일상생활 동사

01

네이티브가 매일 쓰는

일상생활 동사 ❶

☐☐ 0511 **achten auf + A**　A에 주의(유의)하다

Achte auf deine Gesundheit!　건강에 유의해라!

☐☐ 0512 **ahnen**　예감하다, 예견하다

Das konnte keiner ahnen!　누구도 그걸 예견할 수는 없었어!

(Ich habe) Keine Ahnung.　몰라요

☐☐ 0513 **arbeiten**　일하다

Subin arbeitet beim Fernsehen.

수빈이는 방송국에서 일하고 있다.

· s. Fernsehen(x) 텔레비전, 방송국

D-Satz　Ich kann so nicht arbeiten!　이렇게는 일 못 하겠다.

☐☐ 0514 **bearbeiten**　처리하다, 가공하다

Ihr Antrag wird gerade bearbeitet.

현재 당신의 신청서가 처리 중입니다.

· r. Antrag(¨e) 신청, 신청서

☐☐ 0515 **backen**　(빵을) 굽다

(과거) backte / buk　Diese Kekse habe ich selbst gebacken, greif zu!
(P·P) gebacken

이 과자 내가 직접 만든거야. 먹어 봐!

· r./s. Keks(e) 과자, 비스킷　· zugreifen 움켜쥐다

□□ **0516 basteln** | 공작하다, 손으로 만들다

Kinder basteln gerne. 아이들은 공작하는 것을 좋아한다.

□□ **0517 bauen** | (건물을) 짓다

Wir bauen nächstes Jahr ein Haus.

우리는 내년에 집을 지을 거야.

> **🍺 TIPP**
>
> 그 외 접두사 + bauen 동사
> 1) **abbauen** 철거하다, 채굴하다   2) **anbauen** 증축하다, 경작하다
> 3) **aufbauen** 조립하다, 세우다   4) **umbauen** 개축하다

□□ **0518 begegnen Jm** | Jm과 (우연히) 만나다, 마주치다

Ich bin ihr im Park begegnet.

나는 그녀와 공원에서 우연히 만났다.

· r. Park(s) 공원

□□ **0519 beißen** | 깨물다

(과거) **biss**   Hunde, die bellen, beißen nicht.   짖는 개는 물지 않는다.
(P·P) **gebissen**   (속담, 겉으로 떠드는 사람은 오히려 실속이 없음을 의미)

· r. Hund(e) 개   · s. Bein(e) 다리   · bellen 짖다

□□ **0520 betonen** | 강조하다

Das Wort „Berlin" wird auf der zweiten Silbe betont.

베를린이라는 단어는 두 번째 음절에 강세가 온다.

· s. Wort("er) 단어   · e. Silbe(n) 음절

0521 **betreuen**　　　　　　　　　　　　　　　　돌보다, 담당하다

Ich suche eine Tagesmutter, die mein Kind
betreuen kann.　　　저는 제 아이를 돌봐 줄 베이비시터를 찾고 있어요.

· e. Tagesmutter(˝) 베이비시터, 탁아모

0522 **bewegen**　　　　　　　　　움직이게 하다, sich 움직이다

Ich kann mich kaum bewegen.　　　난 거의 움직일 수 없어요.

0523 **blasen**　　　　　　　　　　　　　　　　　　　　불다

(과거) **blies**
(P·P) **geblasen**

Ich blies in den heißen Kaffee.

뜨거운 커피를 (식히기 위해) 불었다.

🐑TIPP

그 외 접두사 + blasen 동사
1) **aufblasen** (풍선 등에 공기를) 불어 넣다
2) **ausblasen** (촛불 등을 끄기 위해) 불다

* 하지만 촛불을 끌 때는 **auspusten**을 더 많이 사용합니다.

0524 **bleiben**　　　　　　　　　　　　　　　　　　머물다

(과거) **blieb**
(P·P) **geblieben**

Du willst schon gehen? Bleib doch noch ein
bisschen!　　　　　　　　벌써 가려고? 좀 더 있다 가지!

· ein bisschen 약간

0525 **braten**　　　　　　　　　(고기를) 굽다, (기름에) 볶다

(과거) **briet**
(P·P) **gebraten**

Wie viele Minuten muss das Steak braten?

스테이크를 몇 분 구워야 하죠?

TIPP

스테이크의 익힘 정도

roh 날것의 [raw] | blutig bis rosa 핏기에서 장밋빛의 [rare] | rosa 장밋빛의 [medium] |
halb durchgebraten 반쯤 구운 [medium well] | durchgebraten 바싹 구운 [well done]

*사실 독일에서도 영어 표현(raw, medium 등)을 더 자주 사용합니다.

☐☐ 0526 **binden** 묶다

(과거) band
(P·P) gebunden

Deine Krawatte ist falsch gebunden!

너 넥타이 잘못 맸어!

· e. Krawatte(n) 넥타이 · falsch 틀린

☐☐ 0527 **verbinden** 붕대로 감다

(과거) verband
(P·P) verbunden

Die Krankenschwester hat die Wunde verbunden.

간호사가 상처에 붕대를 감았다.

☐☐ 0528 **verbinden + A mit + D** A를 D와 연결하다

(과거) verband
(P·P) verbunden

Einen Moment bitte, ich verbinde Sie (mit ihm).

잠시만요, 그와 연결해 드리겠습니다.

☐☐ 0529 **bitten Jn um + A** Jn에게 A를 청하다

(과거) bat
(P·P) gebeten

Kann ich dich um einen Gefallen bitten?

부탁 좀 드려도 될까요?

Ich habe eine Bitte an dich. 네게 부탁이 있어.

· r. Gefallen(-) 호의 · e. Bitte(n) 청원, 부탁

TIPP

bitte의 다양한 활용

Wie bitte? 뭐라고? / 다시 말해 주겠니? | Bitte~. 제발~.
Danke schön. – Bitte schön. 감사합니다. – 천만에요.
Möchtest du einen Kaffee? – Ja, bitte. 커피 마실래요? – 네, 좋아요.

일상생활 동사

| | 0530 **brennen** | | 타다, 따갑다 |

(과거) brannte
(P·P) gebrannt

Mein Haus brennt!   제 집이 불에 타고 있어요!

| | 0531 **verbrennen** | | 소실되다, sich 화상을 입다 |

(과거) verbrannte
(P·P) verbrannt

Ich habe mich verbrannt.   화상을 입었어요

| | 0532 **dauern** | | 계속되다, (시간이) 걸리다 |

Die Besprechung dauert sehr lange.

토의가 아주 오래 계속되었다.

· e. Besprechung(en) 토의

| | 0533 **bedauern** | | 유감이다, 동정하다 |

Ich bedauere die Situation.   이 상황이 유감입니다.

| | 0534 **dehnen** | | 늘리다 |

Er streckte sich und dehnte seine Muskeln.

그는 몸을 뻗고 근육을 늘렸다.

· sich strecken 몸을 뻗다   · r. Muskel(n) 근육

| | 0535 **sich ausdehnen** | | 팽창하다 |

Warme Luft dehnt sich aus.   따뜻한 공기는 팽창한다.

| | 0536 **drängen** | | 떠밀다, 독촉하다, 절박하다 |

Er hat mich in die Ecke gedrängt.

그가 저를 구석으로 떠밀었어요

Die Zeit drängt.   때가 절박하다. / 시간이 없다.

· e. Ecke(n) 구석   · e. Zeit(en) 시, 시간

☐☐ 0537 **dringen** | (돌진하여 뚫고) 나아가다

(과거) drang
(P·P) gedrungen

Der Regen dringt durch das Dach.

비가 지붕을 통해 들어오고 있다.

☐☐ 0538 **dringen auf + A** | A를 강하게 요구하다

(과거) drang
(P·P) gedrungen

Er dringt auf sofortige Zahlung.

그는 당장 요금을 지불하라고 강하게 요구하고 있다.

• e. Zahlung(en) 지불

☐☐ 0539 **eindringen** | 뚫고 들어가다, 침입하다

(과거) drang ein
(P·P) eingedrungen

Das Messer ist tief ins Fleisch eingedrungen.

칼에 살이 깊게 찔렸다.

Der Einbrecher ist ins Haus eingedrungen.

도둑이 집에 침입했다.

• s. Fleisch(x) 살, 고기 • r. Einbrecher(-) 도둑

☐☐ 0540 **drohen Jm** | Jm을 협박하다, 임박하다

Drohst du mir? 날 협박하는 거니?

Er bedrohte mich mit dem Messer.

그가 칼로 저를 협박했어요.

TIPP
협박하다
1) **drohen Jm** (협박 자체 강조) Jm을 협박하다
2) **bedrohen Jn** (폭력, 도구 등 구체적) Jn을 협박하다

❶ 다음에 해당하는 의미를 찾아 연결해 보세요.

01 beißen •	• ❶ 붕대로 감다
02 blasen •	• ❷ 깨물다
03 binden •	• ❸ 불다
04 verbinden •	• ❹ 묶다

❷ 다음 단어의 의미를 우리말로 써 보세요.

05 arbeiten _____	**09** brennen _____
06 bearbeiten _____	**10** dauern _____
07 bauen _____	**11** dehnen _____
08 bleiben _____	**12** betreuen _____

❸ 우리말을 독일어로 써 보세요.

13 A에 주의하다 _____	**17** (돌진하여 뚫고) 나아가다
14 Jm과 (우연히) 만나다, 마주치다	_____
_____	**18** Jm을 협박하다 _____
15 A를 D와 연결하다	**19** 떠밀다, 독촉하다 _____
_____	
16 Jn에게 A를 청하다 _____	**20** 팽창하다 _____

정답 01 ② 02 ③ 03 ④ 04 ① 05 일하다 06 처리하다. 가공하다 07 (건물을) 짓다 08 머물다 09 타다. 따갑다 10 계속되다. (시간이) 걸리다 11 늘리다 12 돌보다. 담당하다 13 achten auf + A 14 begegnen Jm 15 verbinden A mit + D 16 bitten Jn um + A 17 dringen 18 drohen Jm 19 drängen 20 sich ausdehnen

02

네티브가 매일 쓰는
일상생활 동사 ❷

□□ 0541 **eilen** | **(일이) 급하다**

Die Sache eilt nicht. 그 일은 급하지 않아요.
= Die Sache hat keine Eile.

□□ 0542 **sich beeilen** | **서두르다**

Bitte beeil dich ein bisschen! 좀 더 서둘러요!

🍺TIPP

eilen vs sich beeilen
일상에서 **eilen**은 '(일이) 급하다'라는 의미로 사용됩니다. '(사람이) 서두르다'는 형용사 Ich habe es sehr eilig나 명사 Ich bin sehr in Eile를 사용하거나, sich beeilen 아니면 다른 동사 schnell gehen, hetzen로 표현합니다.

□□ 0543 **enden** | **끝나다**

Das Konzert beginnt um 19 Uhr und endet um 21 Uhr. 연주회는 오후 7시에 시작해서 오후 9시에 끝난다.

Um 18 Uhr ist der Unterricht zu Ende.
그 수업은 오후 6시에 끝난다.

· zu Ende sein 끝나다

□□ 0544 **beenden** | **끝내다**

Ich habe gerade mein Studium beendet.
저는 막 제 공부를 끝냈어요.

*오늘 해야 할 공부가 아니라 대학을 졸업했다는 의미임.

☐☐ 0545 **erledigen**   처리하다, 해결하다

Heute habe ich viel zu erledigen.

오늘 해결해야 할 게 너무 많아.

TIPP
erledigen은 보통 구체적인 행동보다는 두루뭉술하게 말할 때 사용합니다.

☐☐ 0546 **sich erinnern an + A**   A를 기억하다

Erinnerst du dich daran?   그거 기억해?

☐☐ 0547 **erlauben**   허락하다

Wenn es das Wetter erlaubt!   날씨가 허락한다면!

Wort Plus +
허락하다
1) **dürfen** 허락받다
2) **gestatten** (형식적이고 정중한 표현) 허락하다
3) **zulassen** (학교 입학, 자동차 등록 등 공적인) 허락하다
4) **genehmigen** (건물 등 관청을 통한 공적인) 허락하다

☐☐ 0548 **essen(i)**   먹다

(과거) **aß**   Lass uns etwas essen gehen.   뭐 좀 먹으러 가자.
(P·P) **gegessen**
                          Ich esse zu Mittag/Abend.   점심/저녁 먹어.

☐☐ 0549 **falten**   접다

Er hat den Zettel einmal gefaltet.

그는 메모를 한 번 접었다.

Er legte die Stirn in Falten.   그는 이맛살을 찌푸렸다.

· r. Zettel(-) 메모(지)   · e. Falte(n) 금, 주름

☐☐ **0550 faulenzen**   빈둥거리다

Heute wird gefaulenzt/gechillt.   오늘은 빈둥거리며 지낸다.

☐☐ **0551 feiern**   축제를 열다

Ich feiere am nächsten Wochenende meinen
Geburtstag!   다음 주말에 생일 파티를 열 거야!

· s. Wochenende(n) 주말   · r. Geburtstag(e) 생일

☐☐ **0552 flackern**   (전등이) 깜빡거리다

Die Taschenlampe flackert.   손전등이 깜빡거린다.

☐☐ **0553 fliegen**   날다, (비행기를) 타다

(과거) flog   Was hast du in den Ferien vor? - Ich fliege nach
(P·P) geflogen   Korea.   방학 때 무슨 계획 있어? – (비행기를 타고) 한국에 가.

· vorhaben 계획하다   · e. Ferien(복수) 방학

☐☐ **0554 fliehen vor + D**   D를 피해 도망가다

(과거) floh   Die Leute sind vor dem Feuer geflohen.
(P·P) geflohen   사람들은 불을 피해 도망갔다.

· e. Leute 사람들   · s. Feuer(-) 불

Wort Plus +

fliehen vs flüchten
flüchten은 fliehen에 비해 실제적으로 눈앞에 인지될 수 있는 위험(전쟁 등)으로부터 도망가는 것을 말합니다. ⓐFlüchtling 난민

□□ 0555 **fließen**　|　　　　　　　　　　　　　　　　　　**흐르다**

(과거) floss
(P·P) geflossen

Der Fluss fließt träge.

강이 느릿느릿 흘러간다.

· **träge** 나태한, 느릿느릿한

□□ 0556 **formen**　　　　　　　　　　　　**모양을 만들다, 형성하다**

Sie formt den Ton zu einer Tasse.

그녀는 점토를 가지고 (머그)잔을 만들고 있다.

· **r. Ton(e)** 점토　· **e. Tasse(n)** (머그)잔

□□ 0557 **forschen nach + D**　　　　　　　　　　　**D를 연구하다**

Wir forschen nach den Ursachen des Problems.

우리는 그 문제의 원인을 연구하고 있다.

· **e. Ursache(n)** 원인　· **s. Problem(e)** 문제

□□ 0558 **fotografieren**　　　　　　　　　　　　　　**사진을 찍다**

Können Sie uns fotografieren?

저희 사진 좀 찍어 주실 수 있나요?

D-Satz　Du bist so fotogen! 너 사진발 잘 받네.

*fotogen 사진이 잘 받는

□□ 0559 **fragen Jn nach + D**　　**D를 질문하려고 Jn을 부르다, sich 숙고하다**

Darf ich dich etwas fragen? 뭐 좀 물어봐도 될까?

🍺 **TIPP**

4격(Jn)을 목적어로 가지는 동사 fragen
우리말(Jm에게 묻다)과 달리 fragen은 Jn을 목적어로 가집니다. fragen이 부르는 행위(rufen)이기 때문이
라고 추측됩니다. "묻기 위해 Jn을 부르다"라고 생각하면 됩니다.

☐☐ 0560 **frieren**   추위를 느끼다, 얼다

(과거) fror
(P·P) gefroren

Mich friert (es). = Mir ist (es) kalt.   춥다.

Der Fluss ist gefroren.   강이 얼었다.

· r. Fluss(¨e) 강

☐☐ 0561 **funktionieren**   작동하다

Die Türklingel funktioniert nicht.

초인종이 작동하지 않아요.

· e. Türklingel(en) 초인종

☐☐ 0562 **füttern**   (동물에게) 사료를 주다, (사람에게) 음식을 먹이다

Die Mutter füttert ihr Kind.

엄마가 아이에게 음식을 먹이고 있다.

❶ 다음에 해당하는 의미를 찾아 연결해 보세요.

01 eilen   •   • **❶** 서두르다

02 sich beeilen •   • **❷** (일이) 급하다

03 enden   •   • **❸** 끝내다

04 beenden   •   • **❹** 끝나다

❷ 다음 단어의 의미를 우리말로 써 보세요.

05 erledigen   09 fließen

06 erlauben   10 formen

07 essen   11 frieren

08 fliegen   12 funktionieren

❸ 우리말을 독일어로 써 보세요.

13 A를 기억하다   17 D를 연구하다

14 D를 피해 도망가다   18 D를 질문하려고 Jn을 부르다

15 숙고하다   19 축제를 열다

16 사진을 찍다   20 접다

정답 01 ② 02 ① 03 ④ 04 ③ 05 처리하다, 해결하다 06 허락하다 07 먹다 08 날다, (비행기를) 타다 09 흐르다 10 모양을 만들다, 형성하다 11 추위를 느끼다, 얼다 12 작동하다 13 sich erinnern an + A 14 fliehen vor + D 15 sich fragen 16 fotografieren 17 forschen nach + D 18 fragen Jn nach + D 19 feiern 20 falten

03

네이티브가 매일 쓰는

일상생활 동사 ❸

□□ **0563 gebären(ie)** 낳다

(과거) gebar
(P·P) geboren

Vor kurzem ist mein Sohn Johannes geboren.

조금 전에 내 아들 요하네스가 태어났어요!

· vor kurzem 조금 전에 · r. Sohn("e) 아들

Wort Plus+

gebären vs zeugen
gebären (생물학적으로 여성이 아이를) 낳다
zeugen (남녀 상관없이 부모가 자녀를) 태어나게 하다

□□ **0564 gehorchen** 순종하다

Gehorche deinem Lehrer! 선생님을 따르도록 해!

□□ **0565 gelangen** 도달하다

Ich bin an das Ziel meiner Reise gelangt.

여행 목적지에 도달했다.

· s. Ziel(e) 목적

Wort Plus+

도달하다
1) gelangen (문어) 도달하다   2) (an)kommen (구어) 도착하다

□□ **0566 gelingen** 성공하다, 잘되다

(과거) gelang
(P·P) gelungen

Das ist dir gut gelungen! 잘 해냈구나!

0567 **misslingen** — 실패하다

(과거) **misslang**
(P·P) **misslungen**

Das Experiment ist misslungen.   이 실험은 실패했다.

· s. Experiment(e) 실험

0568 **gelten(i)** — 유효하다, (가치가) 있다

(과거) **galt**
(P·P) **gegolten**

Das gilt nicht!   그건 유효하지 않아! (그건 불공평해!)

0569 **gelten(i) als N** — N으로 간주되다

(과거) **galt**
(P·P) **gegolten**

Schlechtes Wetter gilt nicht als Ausrede.

나쁜 날씨는 핑곗거리가 되지 않아.

· s. Wetter(-) 날씨   · e. Ausrede(n) 변명

0570 **genießen** — 누리다

(과거) **genoss**
(P·P) **genossen**

Ich genieße die Sonne.   햇볕을 즐기고 있어.

0571 **geschehen** — 발생하다

(과거) **geschah**
(P·P) **geschehen**

Gestern Abend ist auf der Autobahn ein Unfall
geschehen.   어제저녁 고속도로에서 사고가 발생했다.

Gerne geschehen.   천만에요. (기꺼이 한 것입니다.)

Wort Plus +

발생하다
1) **geschehen** (문어) 발생하다   2) **vorkommen** (구어) 발생하다   3) **passieren** (구어) 발생하다

0572 **gewinnen** — 이기다, (상을) 타다

(과거) **gewann**
(P·P) **gewonnen**

Wir haben gewonnen!   우리가 이겼다!

☐☐ 0573 **sich gewöhnen an + A**   A에 익숙해지다

Ich gewöhne mich nicht an die Kälte.

나는 이 추위에 익숙해지지 않는다.

· e. Kälte(x) 추위

☐☐ 0574 **gießen**   붓다

과거 goss
P·P gegossen

Hast du die Blumen schon gegossen?

꽃에 이미 물을 줬니?

· e. Blume(n) 꽃

☐☐ 0575 **glänzen**   빛나다

Seine Augen glänzen vor Begierde.

그의 눈은 열망으로 빛이 난다.

· s. Auge(n) 눈   · e. Begierde(n) 열망, 정욕

☐☐ 0576 **glauben Jm + A**   Jm의 A(말)를 신뢰하다, dass 생각하다

Glaub ihm kein Wort!   그의 말을 믿지 마라!

Glaubst du, dass er kommt?   그가 올 거라고 생각하니?

☐☐ 0577 **glauben an + A**   A(사람, 신앙)를 신뢰하다

Ich glaube an ihn, an seine Ehrlichkeit.

나는 그를, 그의 정직함을 믿는다.

Ich glaube nicht an Geister!   나는 유령을 믿지 않아!

· e. Ehrlichkeit(en) 정직함   · r. Geist(er) 유령

0578 gleiten | 활주하다, 미끄러지다

(과거) glitt
(P·P) geglitten

Die Vögel gleiten im Wind.

새들이 바람을 타고 활주하고 있다.

0579 begleiten (규칙) | 동행하다, 바래다주다

Ich begleite dich zur Tür.

문까지 바래다줄게.

0580 gliedern | 분류하다

Deutschland ist in 16 Bundesländer gegliedert.

독일은 16개의 주로 분류된다.

0581 gönnen | 기꺼이 주다, 부러워하지 않다

Gönne dir mal eine Pause!

좀 쉬어!

Das gönne ich ihm total.

그는 정말 그걸 받을 만해.

· e. Pause(n) 휴식

0582 graben(ä) | (구멍 등을) 파다

(과거) grub
(P·P) gegraben

Er gräbt ein Loch.

그는 구멍을 파고 있다.

0583 begraben(ä) | 매장하다, 단념하다

(과거) begrub
(P·P) begraben

Die Opfer sind auf dem Friedhof begraben.

희생자들은 묘지에 묻혔다.

· s. Opfer(-) 제물, 희생자 · r. Friedhof(¨e) 묘지

0584 **grenzen an + A** | A의 경계에 있다, 인접하다

Das grenzt an ein Wunder. 그것은 기적에 가깝군.

· s. Wunder(-) 기적

0585 **begrenzen** | 제한하다

Die Teilnehmerzahl ist begrenzt.

참가 인원이 제한되어 있습니다.

· r. Teilnehmer(-) 참가자 · e. Zahl(en) 수

0586 **gründen** | 창설하다

Die Universität Tübingen wurde im Jahr 1447
gegründet. 튀빙엔 대학교는 1447년에 창립되었다.

· e. Universität(en) 종합 대학 · s. Jahr(e) 해, 년

0587 **begründen** | 이유를 들다

Begründen Sie Ihre Meinung!

왜 그렇게 주장하는지 말해 보세요!

Aus welchem Grund? 어떤 이유로?

· e. Meinung(en) 의견, 견해 · r. Grund(¨e) 이유

0588 **grüßen** | 인사하다, 안부를 전하다

Grüße deine Eltern von mir! 너희 부모님께 안부 좀 전해 줘!

Eltern haften für **ihre Kinder.**

부모는 자녀가 어떤 손해를 끼쳤을 때, 그것에 대한 책임이 있다.

Für Garderobe keine Haftung

옷의 분실에 대한 책임이 없습니다.

· e. Garderobe(n) 옷 보관소, 옷걸이   · e. Haftung(en) 손해 배상 의무

□ □ 0590 **verhaften** | 체포하다

Der Täter wurde verhaftet.   범인이 체포되었다.

· r. Täter(-) 범인

❶ 다음에 해당하는 의미를 찾아 연결해 보세요.

01 gehorchen ·   · ❶ 성공하다

02 gelangen ·   · ❷ 실패하다

03 gelingen ·   · ❸ 순종하다

04 misslingen ·   · ❹ 도달하다

❷ 다음 단어의 의미를 우리말로 써 보세요.

05 gebären ....

06 gelten ....

07 genießen ....

08 geschehen ....

09 gewinnen ....

10 gießen ....

11 begründen ....

12 grüßen ....

❸ 우리말을 독일어로 써 보세요.

13 N으로 간주되다 ....

14 A에 익숙해지다 ....

15 (Jm의) A(말)를 신뢰하다 ....

16 A(사람, 신앙)를 신뢰하다 ....

17 분류하다 ....

18 기꺼이 주다, 부러워하지 않다 ....

19 (구멍 등을) 파다 ....

20 D의 경계에 있다, 인접하다 ....

정답 01 ③ 02 ④ 03 ① 04 ② 05 낳다 06 유효하다, (가치가) 있다 07 누리다 08 발생하다 09 이기다, (상을) 타다 10 붓다 11 이유를 들다 12 인사하다, 안부를 전하다 13 gelten als N 14 sich gewöhnen an + A 15 glauben Jm + A 16 glauben an + A 17 gliedern 18 gönnen 19 graben 20 grenzen an + D

☐☐ **0591 heilen** 　　　　　　　　　　　　　　　　　　　　**치료하다**

Die Zeit heilt alle Wunden.　　　　(격언) 시간이 약이다.

· e. Wunde(n) 상처

☐☐ **0592 heiraten Jn** 　　　　　　　　　　　　　　　　　**Jn과 결혼하다**

Ho-Joong hat vor einem Jahr Haeyeon geheiratet.

호중은 1년 전에 해연과 결혼했다.

Ho-Joong ist seit einem Jahr mit Haeyeon
verheiratet.　　　　　　　　　호중은 1년 전부터 해연과 결혼한 상태이다.

☐☐ **0593 heißen** 　　　　　　　　　　　　　　　　　　　　　**불리다**

과거 **hieß**
P·P **geheißen**

Wie heißt du? – Ich heiße Simon.

이름이 뭐예요? – 시몬이라고 합니다.

D-Satz　Was soll das heißen? 무슨 말이야?

☐☐ **0594 helfen Jm** 　　　　　　　　　　　　　　　　　**Jm에게 도움을 주다**

과거 **half**
P·P **geholfen**

Kannst du mir bitte helfen?　　　도와줄 수 있어요?
= Ich benötige deine Hilfe!

🌧 **TIPP**

3격(Jm)을 목적어로 가지는 동사 helfen
우리말(Jn을 돕다)과 달리 helfen은 Jm을 목적어로 가집니다. 추측컨대 helfen이 주는 행위(geben)이기 때문입니다. "Jm에게 도움(Hilfe)을 주다(geben Jm)"로 생각하면 됩니다.

☐☐ **0595 installieren** | 설치하다

Das Programm wurde nicht installiert.

이 프로그램이 설치되지 않았습니다.

☐☐ **0596 sich irren** | 잘못 생각하다

Ich habe mich geirrt!

내가 잘못 생각했네!

☐☐ **0597 sich verirren** | 길을 잃다

Wahrscheinlich haben wir uns verirrt.

아마도 우리 길을 잃은 것 같아요.

☐☐ **0598 kämpfen** | 싸우다

Ich will nicht gegen dich kämpfen.

너랑 싸우려는 게 아냐.

Wir müssen die Armut bekämpfen.

우리는 가난과 싸워야 합니다.

• e. Armut(x) 가난

Wort Plus+

싸우다
1) **kämpfen** (주먹다짐 등 구체적으로) 싸우다
2) **bekämpfen** (상황에 대항하여) 싸우다

☐☐ **0599 (zurück)kehren** | 돌리다, 되돌아오다

Wann kehrst du zurück? 언제 돌아오니?

TIPP

사실 **kehren**의 기본 뜻은 '돌리다'인데 거의 사용되지 않습니다. 그리고 '되돌아오다'라는 뜻도 있지만,
이 경우 거의 항상 **zurückkehren**을 씁니다.

☐☐ 0600 **kippen** 　　　　　전복되다, 기울이다, (창문을) 살짝 기울여 열다

Das Regal kippt! 　　　　　책장이 뒤집히고 있어요!

Kannst du das Fenster kippen, damit Frischluft reinkommt?

신선한 공기가 들어오도록 창문 좀 비스듬하게 열어 주겠니?

☐☐ 0601 **kitzeln** 　　　　　　　　　　　　　　간지럽히다

Bitte hör auf, mich zu kitzeln! 　　제발 그만 좀 간지럽혀!

· aufhören mit + D D를 그만하다, 끝내다

☐☐ 0602 **klappen** 　　　　(한쪽이 고정되어 있는 것을) 열다/닫다, 성공하다

Den Autositz kann man nach hinten klappen.

이 자동차 좌석을 뒤로 젖힐 수 있다.

· r. Autositz(e) 자동차 좌석　· nach hinten 뒤로

D-Satz 　Ich hoffe, dass alles gut klappt! 　모든 것이 잘되길 바래!

☐☐ 0603 **klatschen** 　　　　　　　　　　　　　손뼉을 치다

Wenn du glücklich bist, dann klatsche in die Hände!

(독일 동요) 행복하다면 손뼉을 쳐!

TIPP
스페인 원곡의 동요로, 우리나라에서는 「우리 모두 다 같이 손뼉을」로 번안되었습니다.
원래 가사는 '손뼉'을 단수인 'die Hand'라고 하지만, 상식적으로는 복수인 'die Hände'가 맞습니다.

☐☐ 0604 **kleben** 　　　　　　　　　　　　　붙이다, 달라붙다

Hast du Kleber? Die Briefmarke hat nicht gut geklebt.

풀 있어? 우표가 잘 안 붙었네.

· e. Briefmarke(n) 우표　· r. Kleber(-) 풀

☐☐ 0605 **klettern**   기어오르다

Die Katze ist auf einen Baum geklettert.

그 고양이는 나무에 기어올랐다.

☐☐ 0606 **klingen**   울리다, ~처럼 들리다

(과거) **klang**   Das klingt gut!   그거 좋은데!
(P·P) **geklungen**

☐☐ 0607 **klingeln**   (초인종을) 누르다, 따르릉 울리다

Der Postbote hat nicht bei mir geklingelt!

집배원이 저희 집 초인종을 누르지 않았어요!

☐☐ 0608 **klopfen**   두드리다

Die Studenten klopfen am Ende einer Vorlesung
mit den Fingerknöcheln auf den Tisch.

대학생들은 강의가 끝나면 가운뎃손가락 관절로 책상을 두드린다.

· s. Ende(n) 끝   · e. Vorlesung(en) 강의   · r. Fingerknöchel(-) 가운뎃손가락 관절

TIPP
독일 대학생들은 수업이 끝나면 존경의 의미로 박수 대신 책상을 두드립니다.

☐☐ 0609 **kochen**   요리하다, (물이) 끓다, (물을)끓이다

Was kochst du heute?   오늘은 뭘 요리하니?

Das Wasser kocht schon.   물이 이미 끓고 있어.

Wort Plus+

조리와 관련된 동사들
1) **kochen** (일반, 특히 냄비에) 요리하다   2) **zubereiten** (복잡한 과정의) 요리하다
3) **garen** 익히다   4) **braten** 굽다, 기름에 볶다

0610 **sich konzentrieren auf + A** | A에 집중하다

Stör mich jetzt bitte nicht. Ich muss mich (auf die Arbeit) konzentrieren!

지금 방해하지 마! 난 (이 일에) 집중해야만 해!

• **stören** 방해하다, 마음에 들지 않다

0611 **kosten** | (가격이) 얼마이다, 맛보다

Was kostet das?

그거 얼마예요?

= Wie viel kostet das?

0612 **kratzen** | 할퀴다

Die Katze hat mich im Gesicht gekratzt!

고양이가 제 얼굴을 할퀴었어요!

• e. Katze(e) 고양이 • s. Gesicht(er) 얼굴

0613 **kriechen** | 기어가다

과거 kroch
P·P gekrochen

Eine Schnecke kriecht langsam um die Ecke.

달팽이 한 마리가 구석으로 천천히 기어가고 있다.

• e. Schnecke(n) 달팽이

0614 **sich kuscheln** | 몸을 부비다, 밀착하다

Er kuschelt sich in die Bettdecke. 그는 이불에 몸을 부빈다.

❶ 다음에 해당하는 의미를 찾아 연결해 보세요.

01 sich irren •　　　　　　　• ❶ 잘못 생각하다

02 sich verirren •　　　　　　• ❷ 열다/닫다, 성공하다

03 kippen •　　　　　　　　• ❸ 전복되다, 기울이다

04 klappen •　　　　　　　　• ❹ 길을 잃다

❷ 다음 단어의 의미를 우리말로 써 보세요.

05 heißen	09 klatschen
06 installieren	10 kleben
07 kämpfen	11 klettern
08 kosten	12 klopfen

❸ 우리말을 독일어로 써 보세요.

13 Jn과 결혼하다

14 Jm에게 도움을 주다

15 되돌아오다

16 울리다, ~처럼 들리다

17 (초인종을) 누르다, 따르릉 울리다

18 요리하다, (물이) 끓다, (물을)끓이다

19 A에 집중하다

20 할퀴다

05 네이티브가 매일 쓰는
일상생활 동사 ❺

☐☐ **0615 lagern** 보관하다

In dem Keller kann man viel Gemüse lagern.

이 지하실에 채소를 많이 보관할 수 있어.

· s. Gemüse(-) 채소 · r. Keller(-) 지하실, 지하 창고

☐☐ **0616 lauten** ~이라는 내용이다

Das Urteil des Gerichts lautet: „Fünf Jahre Haft"

법원의 판결은 '5년 구금'이다.

· s. Urteil(e) 판결 · s. Gericht(e) 법원, 요리 · e. Haft(x) 구금

☐☐ **0617 leben** 살다

Ich lebe in Deutschland. 나는 독일에서 살고 있어.

So ist das Leben. 삶이 다 그렇지 뭐.

☐☐ **0618 erleben** 경험하다

So etwas habe ich ja noch nie erlebt!

그런 건 경험해 본 적이 없어!

D-Satz Dass ich das noch erleben darf! (감탄) 네가 이걸 해내다니!

☐☐ **0619 lehnen** 기대다, 기대어 세우다

Lehn dich an mich! 나에게 기대!

☐☐ 0620 **ablehnen** 거절하다

Sie hat meinen Vorschlag abgelehnt.

그녀는 나의 제안을 거부했다.

· r. Vorschlag(¨e) 제안

Wort Plus+

거절하다
1) ablehnen (강제성이 없는 제안을) 거절하다
2) sich weigern (강요되는 제안을) 거절하다

☐☐ 0621 **lehren** 가르치다, (대학에서) 강의하다

Er lehrt Geschichte an der Universität.

그는 대학에서 역사를 가르친다.

TIPP

사실 '가르치다'라는 의미로 lehren의 쓰임을 이해하는 것이 좀 어렵습니다. 일상에서는 beibringen(가르치다), erklären(설명하다), zeigen(가리키다) 등이 더 자주 사용됩니다.

☐☐ 0622 **leiden an + D/unter + D** (병으로) 고생하다 / (심적으로) 고생하다

과거 litt
P·P gelitten

Sie leidet an Depressionen.

그녀는 우울증에 시달리고 있다. (병)

Sie leidet unter der Trennung.

그녀는 이별로 인해 힘들어 하고 있다. (마음)

☐☐ 0623 **beleidigen** 모욕하다

Du hast mich beleidigt! 넌 날 모욕했어!

☐☐ 0624 **leihen** | 빌려주다, sich³ 빌리다

(과거) **lieh**
(P·P) **geliehen**

Kannst du mir deinen (Blei)Stift leihen?

연필 좀 빌려줄래?

Ich lieh mir ein Buch. 난 책을 빌렸다.

· r. Bleistift(e) 연필 · s. Buch(¨er) 책

TIPP
그 외 접두사 + leihen 동사
1) ausleihen (도서관 등에서) 빌려주다, sich³ 빌리다
2) verleihen 대여하다, 수여하다

☐☐ 0625 **leisten** | 실행하다, 수행하다

Er hat viel geleistet. 그는 많은 성과를 올렸다.

D-Satz Das kann ich mir nicht leisten. (관용어) (돈이 없어서) 그것을 할 수 없어.

*sich³ A leisten A를 하기 위한 재정적 수단을 가지고 있다.

☐☐ 0626 **leiten** | 관리하다, 이끌다

Er leitet eine kleine Firma. 그는 작은 회사를 운영하고 있다.

· e. Firma(men) 회사

☐☐ 0627 **sich ableiten** | 유래하다, 파생하다

Das Wort „Musik" leitet sich vom Griechischen „musike" ab. '음악'이라는 단어는 그리스어 '무지케'에서 파생했다.

· e. Musik(en) 음악

☐☐ 0628 **lernen**   배우다

Ich lerne Deutsch in der Klasse-Deutschschule.

나는 클라쎄 독일어 학원에서 독일어를 배우고 있다.

Ich lerne den Text auswendig.   나는 그 본문을 외우고 있다.

Ich lerne für die Prüfung.   나는 시험을 준비하고 있어.

· lernen für + A A(시험)를 준비하다   · auswendig 암기하여

TIPP

그 외 접두사 + lernen 동사
1) anlernen 직업 교육을 하다   2) erlernen (확실히) 배우다, 익히다
3) umlernen (다르게 하는 것을) 배우다   4) verlernen (배워서 잘했던 것을) 잊다

☐☐ 0629 **kennen lernen**   알게 되다

Ich freue mich, Sie kennenzulernen.

(관용어) 당신을 알게 되어 반갑습니다.

· sich freuen auf/über + A A를 기뻐하다

☐☐ 0630 **lesen(ie)**   읽다

(과거) las
(P·P) gelesen

Ich kann die Schrift nicht lesen.   이 글자 못 읽겠어.

Wer lesen kann, ist klar im Vorteil.

읽을 수 있는 사람이 분명히 유리하지. (*반어법, 잘못 읽는 실수를 한 사람을 보고)

· e. Schrift(en) 글자, 글씨   · r. Vorteil(e) 장점

TIPP

그 외 접두사 + lesen 동사
1) durchlesen 끝까지 다 읽다   2) nachlesen 다시 읽다   3) vorlesen 낭독하다

☐ ☐ 0631 **leuchten** 빛나다, 빛을 비추다

Die Sterne leuchten, auch wenn wir sie nicht
sehen. 별은 우리가 그것을 보지 않을지라도 빛난다.

· r. Stern(e) 별 · auch wenn ~일지라도

☐ ☐ 0632 **leugnen** 부정하다

Es ist nicht zu leugnen, dass er sehr fleißig ist.
그가 매우 부지런하다는 것은 부정할 수 없다.

☐ ☐ 0633 **liefern** 배달하다

Wann werden die Möbel geliefert/transportiert?
가구는 언제 배달되나요?

· s. Möbel(-) 가구(보통 복수로 쓰임) · transportieren 운송하다

> **Wort Plus+**
> 배송 관련 동사
> 1) liefern/transportieren (상업) 배달하다 *Lieferungsservice 배달 서비스
> 2) bringen/mitbringen (개인) 운반하다
> 3) zustellen (우체국) 송달하다

☐ ☐ 0634 **sich lohnen** 이익이 되다, 할 가치가 있다

Es lohnt sich! 그게 이득이야!

☐ ☐ 0635 **belohnen** 보상하다

Nachdem ich mein Zimmer aufgeräumt hatte,
belohnte mich meine Mutter mit meinem
Lieblingsessen.
방을 청소한 다음, 어머니는 내게 내가 좋아하는 음식을 (보상으로) 해 주셨다.

☐☐ 0636 **löschen** | (불을) 끄다, 지우다

Hast du die Kerzen gelöscht? 촛불 껐어?

Ich habe versehentlich eine wichtige Datei gelöscht! 실수로 중요한 자료를 지워 버렸어!

· e. Kerze(n) 초 · versehentlich 실수로 · e. Datei(en) (전산) 자료

☐☐ 0637 **lösen** | (문제 등을) 풀다

Wer kann das Rätsel lösen? 누가 이 수수께끼를 풀 수 있을까?

· s. Rätsel(-) 수수께끼

TIPP

그 외 접두사 + lösen 동사
1) auflösen (물에) 녹이다, 용해하다
2) auslösen 작동시키다, 유발하다
3) einlösen (상품권 등을) 상환하다, (의무를) 이행하다

☐☐ 0638 **lügen** | 거짓말하다

(과거) log
(P·P) gelogen

War alles nur gelogen? 모든 게 단지 거짓말이었어?

Es tut mir leid, dass ich dich angelogen habe.
너한테 거짓말해서 미안해.

TIPP

접두사 an (타동사) + Jn
접두사 an은 "~에게"라는 뜻이 있습니다. 그래서 an이 붙으면 목적어(Jn)가 필요해지는 동사들이 있습니다.
1) anlügen Jn Jn에게 거짓말하다
2) anschreien Jn Jn에게 소리치다
3) anbellen Jn Jn을 보고 짖다
4) anlachen Jn Jn을 보고 웃다
5) anstrahlen Jn Jn을 보고 환하게 웃다

❶ 다음에 해당하는 의미를 찾아 연결해 보세요.

01 leben   •   • ❶ (불을) 끄다, 지우다

02 erleben   •   • ❷ (문제 등을) 풀다

03 löschen   •   • ❸ 살다

04 lösen   •   • ❹ 경험하다

❷ 다음 단어의 의미를 우리말로 써 보세요.

05 ablehnen ....   09 leisten ....

06 lügen ....   10 leiten ....

07 lehren ....   11 lernen ....

08 leihen ....   12 kennen lernen ....

❸ 우리말을 독일어로 써 보세요.

13 고생하다 ....   17 읽다 ....

14 빌리다 ....   18 빛나다, 빛을 비추다 ....

15 유래하다, 파생하다 ....   19 부정하다 ....

16 A(시험)를 준비하다   20 이익이 되다, 할 가치가 있다

....

정답 **01** ③ **02** ④ **03** ① **04** ② **05** 거절하다 **06** 거짓말하다 **07** 가르치다, (대학에서) 강의하다 **08** 빌려주다 **09** 실행하다, 수행하다 **10** 관리하다, 이끌다 **11** 배우다 **12** 알게 되다 **13** leiden **14** sich³ leihen **15** sich ableiten **16** lernen für + A **17** lesen **18** leuchten **19** leugnen **20** sich lohnen

06

(네이티브가 매일 쓰는)

일상생활 동사 ❻

☐☐ 0639 **mahnen** | 경고하다, 독촉하다

Die Mutter mahnte die Kinder, zu Bett zu gehen.

어머니는 자녀들에게 자러 가라고 경고했다.

☐☐ 0640 **malen** | 그리다

Das Bild habe ich gemalt. 이 그림은 내가 그렸다.

☐☐ 0641 **mangeln Jm an + D** | Jm에게 D가 부족하다

Woran mangelt es dir? 뭐가 부족해?

☐☐ 0642 **markieren** | 표시하다

Markieren Sie die richtige Antwort!

정답에 표시하세요!

☐☐ 0643 **meiden** | 피하다

(과거) mied
(P·P) gemieden

Warum meidest du mich? 왜 날 피하니?

Konflikte lassen sich nicht vermeiden.

갈등을 피할 수 없다.

· r. Konflikt(e) 갈등

Wort Plus +

피하다
1) **meiden** (사람 · 사물을) 피하다
2) **vermeiden** (상황을) 피하다, 의도적으로 하지 않다

☐☐ 0644 **meinen** │ (그런 뜻으로) 말하다, 생각하다

Was meinst du? 뭐라고? / 그게 무슨 뜻이야?

Was ist deine Meinung dazu? 그것을 넌 어떻게 생각하니?

D-Satz Na, wenn du meinst! 뭐, 너의 뜻이 그렇다면 (할 수 없지)!

☐☐ 0645 **melden** │ (소식을) 알리다, 신고하다, sich 연락하다

Ich möchte einen Fehler melden.
한 가지 실수를 신고하고 싶습니다.

Ich melde mich. 내가 연락할게.

**🍺TIPP*
그 외 접두사 + melden 동사
1) sich abmelden 탈퇴하다, 전출 신고하다, 로그아웃하다
2) sich anmelden 신청하다, 전입 신고하다

☐☐ 0646 **(be)merken** │ 인지하다

Wirklich? Das habe ich gar nicht gemerkt.
정말? 전혀 인지하지 못했어.

*일상에서는 **merken**을 더 자주 사용합니다.

☐☐ 0647 **sich³ merken** │ 명심하다, 기억하다

Merk dir das! 명심해!

Kannst du dir das merken oder willst du es
aufschreiben? 그거 기억할 수 있어? 아니면 적을래?

· aufschreiben 적다

☐☐ 0648 **messen(i)** │ 재다, 측정하다

(과거) **maß**
(P·P) **gemessen**
Hast du Fieber gemessen? 열 재 봤어?

☐☐ 0649 **mobben** | 왕따시키다

Ich werde in der Schule gemobbt.

학교에서 왕따당하고 있어요.

☐☐ 0650 **murmeln** | 중얼거리다

Er murmelte etwas Unverständliches.

그는 어떤 이해할 수 없는 말을 중얼거렸다.

☐☐ 0651 **nähen** | 꿰매다

Die Wunde wurde falsch genäht.　상처가 잘못 꿰매졌다.

☐☐ 0652 **neigen** | 기울이다

Er neigte den Kopf ein wenig zur Seite.

그는 머리를 옆으로 약간 기울였다.

· r. Kopf("e) 머리　· ein wenig 어느 정도, 약간　· e. Seite(n) (한) 면, 쪽, 옆

☐☐ 0653 **nennen** | (이름을) 부르다, 알려 주다

(과거) nannte
(P·P) genannt

„Eben" wird sie genannt.　그녀는 "에벤"이라고 불린다.

Wie nennt man das Zeichen @? ‒ at

골뱅이 표시를 뭐라고 불러? ‒ 에트

☐☐ 0654 **nicken** | (고개를 위아래로) 끄덕이다(긍정)

Er nickte zustimmend (mit dem Kopf).

그는 동의하며 (머리를) 끄떡였다.

· zustimmen 찬성하다

Ich notiere mir deine Nummer.

당신 (전화) 번호를 적어 둘게요.

Langsam, ich will mir Notizen machen.

천천히 말해 주세요, 메모 좀 할게요.

· e. Nummer(n) 번호 · e. Notiz(en) 메모

□ □ 0656 **öffnen** 열다, sich 열리다

Könnten Sie bitte das Fenster öffnen?

창문 좀 열어 주실 수 있으세요?

□ □ 0657 **eröffnen** (상점을) 개시하다, 개시되다, (계좌 등을) 개설하다

Das neue Café hat erst vor ein paar Wochen
eröffnet. 몇 주 전 새로운 커피숍이 문을 열었다.

□ □ 0658 **ordnen** 배열하다, 정리하다

Meistens ordnet sie ihre Gedanken durch das
Schreiben. 그녀는 대개 글을 쓰면서 생각을 정리한다.

· r. Gedanke(ns, n) 생각

□ □ 0659 **organisieren** (행사 등을) 조직하다

Das IOC organisiert die Olympischen Spiele.

IOC는 올림픽 경기를 조직한다.

· s. Spiel(e) 경기

☐☐ 0660 **packen**　　　　　　　　　　　　　　　　**싸다, (짐을) 꾸리다**

Hast du den Koffer gepackt?　　　　　　짐 다 쌌어?

· r. Koffer(-) 여행용 가방

🍺TIPP

그 외 접두사 + packen 동사
1) auspacken 짐을 풀다, 포장을 풀다
2) einpacken (상점에서 종이 등으로) 싸다, 포장하다
3) verpacken (이삿짐이나 상품 배송을 위해) 포장하다

* 여행용 가방을 푸는 것은 auspacken이라고 하지만, 싸는 것은 einpacken이 아닌 packen이라고 합니다.

☐☐ 0661 **passieren**　　　　　　　　　　　　　　　**발생하다, 통과하다**

Das kann jedem mal passieren.

그건 모두에게 일어날 수 있는 일이야.

☐☐ 0662 **pflanzen**　　　　　　　　　　　　　　　　　　　**심다**

Mehr Bäume werden gefällt, als neue gepflanzt
werden.　　　　　　　새로 심는 것보다 더 많은 나무가 베어지고 있다.

· fällen (나무 등을) 베어 넘어뜨리다

☐☐ 0663 **pflegen**　　　　　　　　　　　　　　　　　**돌보다, 보살피다**

Ich muss meinen schwerkranken Vater pflegen.

나는 중병이 든 아버지를 돌봐야 한다.

☐☐ 0664 **platzen**　　　　　　　　　　　　　　　　**(쾅 하고) 터지다**

Ein Reifen ist geplatzt.　　　　　　타이어 하나가 터졌어요.

☐ ☐ 0665 **prüfen** | (사람을) 시험하다, (상태를) 검사하다, 점검하다

Sie prüft, ob das Wasser warm genug ist.

그녀는 물이 충분히 따뜻한지 검사하고 있다.

Bitte (über)prüfen Sie die Rechnung!

계산서가 맞는지 확인해 보세요!

TIPP

어떤 진술이 맞는지 확인하거나 기계가 잘 돌아가는지 점검하는 상황에서는 **überprüfen**을 쓸 수 있습니다.

☐ ☐ 0666 **putzen** | (문질러) 닦다, 청소하다

Ich putze das Fenster. 창문 닦고 있어.

· s. Fenster(-) 창문

❶ 다음에 해당하는 의미를 찾아 연결해 보세요.

01 mahnen · · ❶ (쾅 하고) 터지다

02 malen · · ❷ 경고하다, 독촉하다

03 pflanzen · · ❸ 그리다

04 platzen · · ❹ 심다

❷ 다음 단어의 의미를 우리말로 써 보세요.

05 meiden _____ 09 putzen _____

06 meinen _____ 10 nähen _____

07 melden _____ 11 nennen _____

08 (be)merken _____ 12 ordnen _____

❸ 우리말을 독일어로 써 보세요.

13 Jm에게 D가 부족하다 _____

17 싸다, (짐을) 꾸리다 _____

14 연락하다 _____

18 발생하다, 통과하다 _____

15 명심하다, 기억하다 _____

19 돌보다, 보살피다 _____

16 (행사 등을) 조직하다 _____

20 시험하다, 검사하다 _____

정답 01 ② 02 ③ 03 ④ 04 ① 05 피하다 06 (그런 뜻으로) 말하다, 생각하다 07 (소식을) 알리다, 신고하다 08 인지하다 09 (문질러) 닦다, 청소하다 10 꿰매다 11 (이름을) 부르다, 알려 주다 12 배열하다, 정리하다 13 mangeln Jm an + D 14 sich melden 15 sich³ merken 16 organisieren 17 packen 18 passieren 19 pflegen 20 prüfen

☐☐ 0667 **quatschen**　　　　　　　　　　　　　　　**수다를 떨다**

Wir haben uns getroffen und gequatscht/geplaudert.

우리는 만나서 수다를 떨었다.

Rede doch keinen Quatsch!　　　　허튼소리하지 말고!

· **plaudern** 수다를 떨다　· r. **Quatsch(x)** 잡담, 허튼소리

☐☐ 0668 **(über)queren**　　　　　　　　　　**가로지르다, 횡단하다**

Bevor du eine Straße überquerst, musst du nach links und rechts schauen.

너는 길을 건너기 전에 좌우를 봐야 해.

🍺 **TIPP**

queren은 über 없이 단독으로는 거의 쓰이지 않습니다.

☐☐ 0669 **rasieren**　　　　　　　　　　　　　　　　**면도하다**

Er rasiert sich jeden Tag.　　　　그는 매일 면도를 한다.

☐☐ 0670 **rauben (Jm) A**　　　　　　　　　**(Jm에게) A를 강탈하다**

Den Juden wurde ihr Besitz geraubt.

유대인은 그들의 소유물을 강탈당했다.

· r. **Besitz(e)** 소유, 소유물

Wort Plus+

강탈하다
1) **rauben (Jm) A** A를 강탈하다 [강탈된 물건(A) 강조]
2) **berauben Jn (G)** 강탈하다 [강탈된 사람(Jn) 강조], (자유 등 추상) 강탈하다
3) **ausrauben** 전부 강탈하다 [보통 은행에서]

□ □ 0671 **rauchen** | 연기를 내다, 담배를 피우다

Er raucht immer nach dem Essen eine Zigarette.

그는 식사 후 항상 담배를 피운다.

· e. Zigarette(n) 담배

□ □ 0672 **räumen** | (공간을) 만들다, (물건을) 치우다, (자리를) 비워 주다

Er musste seinen Platz räumen.

그는 자신의 자리를 비워 줘야만 했다.

· r. Platz("e) 자리

TIPP

그 외 접두사 + räumen 동사
1) **abräumen** (다 쓴 그릇 등이 더는 필요하지 않아서) 치우다
2) **aufräumen** (방을) 정리하다
3) **ausräumen** (방, 여행용 가방 등을) 꺼내다, 꺼내 비우다
4) **einräumen** (방, 여행용 가방 등을) 넣다, 채워 넣다
5) **wegräumen** (제자리에 있지 않은 것을 제자리로) 치우다, 치워 없애다
❸ **ausmisten** (책장, 옷장, 방 등 오랫동안 물건이 쌓여 있는 것을) 치워 버리다 [원래는 마굿간을 치울 때 사용]

□ □ 0673 **aufräumen** | (방을) 정리하다

„Räume dein Zimmer auf!" sagte Mutti.

엄마가 "방 좀 치워!"라고 말했다.

□□ 0674 **reagieren auf + A** A에 반응하다

Er reagiert nicht auf meine SMS.

그는 내 문자 메시지에 답하지 않았다.

□□ 0675 **rechnen** 계산하다

Du hast falsch gerechnet.

네가 잘못 계산했어.

□□ 0676 **rechnen mit + D** D라고 예상하다

Damit war wirklich nicht zu rechnen.

그것은 예상할 수 없었지. (관용어, 기대하지 않은 일이 발생 시)

□□ 0677 **(sich) regen** 가볍게 움직이다

Der Hase am Straßenrand regte sich nicht.

길가에 있는 토끼가 움직이지 않았다.

TIPP
그 외 접두사 + regen 동사
1) **anregen** 활발하게 하다, D하도록 자극하다 [zu + D]
2) **aufregen** 흥분시키다, 흥분되다
3) **erregen** 흥분시키다 (화, 관심, 성(性) 등)

□□ 0678 **reiben** 문지르다, 가루로 갈다

(과거) rieb
(P·P) gerieben

Ich rieb meine Augen.

나는 눈을 비볐다.

Soll ich den Käse reiben?

치즈를 가루로 만들까?

· r. Käse(-) 치즈

☐☐ 0679 **reinigen** | 깨끗하게 하다

Ich reinige die Linse meiner Kamera.

카메라 렌즈를 닦고 있어.

· e. **Linse(n)** 렌즈 · e. **Kamera(s)** 카메라

Wort Plus+

청소하다
1) putzen (일반) 청소하다
2) reinigen (세제, 드라이클리닝 등 조심히 다루어야 할 것을) 깨끗하게 하다
3) fegen (빗자루로) 청소하다
4) saugen (진공청소기로) 청소하다

☐☐ 0680 **reißen** | 찢다

(과거) **riss**
(P·P) **gerissen**

Meine Hose ist gerissen.

내 바지가 찢어졌어요.

☐☐ 0681 **reizen** | 자극하다, 관심을 끌다

Reiz mich nicht!

날 자극하지 마라!

Das reizt mich nicht.

그것은 나의 관심을 끌지 못해.

☐☐ 0682 **rennen** | (빠른 속도로) 달리다, 질주하다

(과거) **rannte**
(P·P) **gerannt**

Warum rennst du so?

왜 그리 급히 달려가니?

☐☐ 0683 **reparieren** | 수리하다

Hast du das Fahrrad repariert?

자전거 수리했어?

· s. **Fahrrad(¨er)** 자전거

수리하다
1) **reparieren** (일반) 수리하다
2) **renovieren** (건물을) 수선하다
3) **modernisieren** (건물을) 현대화하다
4) **sanieren** (건물을) 수선하여 현대화하다

☐ ☐ 0684 **retten**　　　　　　　　　　　　　　　　　　**구해 내다**

Danke. Du hast mich gerettet!　　　고마워. 네가 날 살렸어!

☐ ☐ 0685 **riechen**　　　　　　　　**냄새가 나다, D의 냄새를 맡다(nach+D)**

(과거) **roch**　　　　Es riecht sehr gut!　　　　　　　냄새가 매우 좋은데!
(P·P) **gerochen**

In meinem Zimmer riecht es nach Zigaretten.

제 방에서 담배 냄새가 나요.

☐ ☐ 0686 **rücken**　　　　　　　　　　　　　　　**(약간 밀어) 움직이다**

Ich will den Schrank in die Ecke rücken.

난 그 장을 구석으로 밀어 넣으려고 해.

밀다
1) **schieben** (힘을 주어) 밀다
2) **rücken** (자리를 바꾸기 위해) 밀다

☐ ☐ 0687 **rühren**　　　　　　　　　　　　　　　　　**젓다, 감동시키다**

Alles gut (um)rühren!　　　　　　　모두 잘 저어라!

Rührt dich das nicht?　　　　　　　감동적이지 않니?

· **umrühren** (음식을) 젓다

| ☐ ☐ | 0688 **berühren** | 손을 대다, 만지다 |

Sie berührte ihn vorsichtig am Arm.

그녀는 조심스럽게 그의 팔을 만졌다.

| ☐ ☐ | 0689 **sich rüsten** | 무장하다 |

Der Kampf wird beginnen, wir müssen uns rüsten.

전쟁이 시작되었습니다. 우리는 무장을 해야 합니다.

• beginnen 시작하다　• r. Kampf("e) 전쟁

| ☐ ☐ | 0690 **rutschen** | 미끄럼 타다, 미끄러지다 |

Ich bin nur ausgerutscht.　단지 미끄러진 거예요.

🍺 **TIPP**

rutschen이 '미끄러지다'라는 의미를 나타낼 때는 보통 ausrutschen을 씁니다.

❶ 다음에 해당하는 의미를 찾아 연결해 보세요.

01 reiben •   • ❶ 찢다

02 reißen •   • ❷ 자극하다, 관심을 끌다

03 reizen •   • ❸ 가볍게 움직이다

04 (sich) regen •   • ❹ 문지르다, 가루로 갈다

❷ 다음 단어의 의미를 우리말로 써 보세요.

05 überqueren ....   09 reinigen ....

06 räumen ....   10 reparieren ....

07 rechnen ....   11 retten ....

08 rennen ....   12 rücken ....

❸ 우리말을 독일어로 써 보세요.

13 (Jm에게) A를 강탈하다   17 D의 냄새를 맡다

....

14 연기를 내다, 담배를 피우다   18 젓다, 감동시키다 ....

....

15 A에 반응하다 ....   19 무장하다 ....

16 D라고 예상하다 ....   20 미끄럼 타다, 미끄러지다

                                             ....

정답 01 ④ 02 ① 03 ② 04 ③ 05 가로지르다, 횡단하다 06 공간을 만들다 07 계산하다 08 (빠른 속도로) 달리다, 질주하다 09 깨끗하게 하다 10 수리하다 11 구해 내다 12 (약간 밀어) 움직이다 13 rauben (Jm) + A 14 rauchen 15 reagieren auf + A 16 rechnen mit + D 17 riechen nach + D 18 rühren 19 sich rüsten 20 rutschen

☐☐ 0691 **sammeln** | 모으다, 수집하다

Sammeln Sie Punkte? 포인트 적립하세요?

· r. Punkt(e) 점, (캐시백 같은) 포인트

☐☐ 0692 **sich versammeln** | (장소에) 모이다

Mehr als eine Million Menschen versammelten sich auf dem Gwanghwamun-Platz in Seoul.

백만 명이 넘는 사람들이 서울 광화문 광장에서 모였었다.

· e. Million(en) 백만 · r. Platz(¨e) 광장, 자리

TIPP

문법적으로는 eine Million이 맞지만, 실생활에서는 eine Millionen이라고 종종 사용됩니다.

☐☐ 0693 **schädigen + A** | A를 해치다

Rauchen schädigt die Gesundheit. 흡연은 건강을 해친다.
= Rauchen schadet der Gesundheit.

Die Datei ist beschädigt und kann nicht geöffnet werden. 자료가 훼손되어서 열 수가 없습니다.

Wort Plus+

해를 끼치다
1) schädigen + A A를 해치다 = schaden + D
2) beschädigen + A (좀 더 구체적) A를 손상시키다

0694 schätzen | 어림잡다, 높이 평가하다

Ich schätze, er ist circa dreißig Jahre alt .

그는 어림잡아 서른 살쯤 되어 보인다.

Wort Plus+

높이 평가하다
1) **Ich finde ihn gut** (일상) 그를 좋게 생각하다
2) **schätzen** (형식) 높이 평가하다
3) **respektieren** (형식) 존경하다

0695 schalten | (스위치를) 돌리다, (자동차의) 기어를 바꾸다, (신호등이) 바뀌다

Die Ampel schaltet auf Grün. 신호등이 초록색으로 바뀌다.

TIPP

그 외 접두사 + schalten
1) **einschalten** 켜다　　2) **ausschalten** 끄다

0696 scheinen | 빛나다

(과거) schien
(P·P) geschienen

Die Sonne schien den ganzen Tag. 온종일 해가 났다.

0697 scheinen zu + inf | inf 처럼 보이다

(과거) schien
(P·P) geschienen

Das scheint mir eine gute Lösung zu sein.

내가 보기엔 좋은 해결 방법 같다.

0698 erscheinen | 나타나다, (신문 등이) 발행되다

(과거) erschien
(P·P) erschienen

Bitte erscheinen Sie pünktlich! 제시간에 나타나세요!

Das „Schwäbische Tagblatt" ist eine Tübinger
Tageszeitung, die seit 1945 erscheint.

'쉬베비쉐 탁블랏'은 1945년부터 발행되고 있는 튀빙엔의 일간지이다.

· **pünktlich** 정시의　· **e. Zeitung(en)** 신문

□□ **0699 schenken** | 선물하다

Sie hat mir dieses T-Shirt geschenkt.

그녀가 내게 이 티셔츠를 선물했어.

Gefällt dir das Geschenk? 선물 마음에 들어?

· gefallen Jm Jm의 마음에 들다 · s. Geschenk(e) 선물

□□ **0700 schicken** | (우편을) 보내다

Ich schicke dir eine E-Mail. 네게 메일 하나 보냈어.

□□ **0701 schieben** | 밀다

(과거) schob
(P·P) geschoben

Er hat sein Fahrrad geschoben. 그는 자전거를 밀고 갔다.

□□ **0702 verschieben** | 밀어서 옮기다, (일정을) 미루다

(과거) verschob
(P·P) verschoben

Verschiebe nicht auf morgen, was du heute kannst
besorgen! (격언) 오늘 마련할 수 있는 것을 내일로 미루지 마라!

· besorgen 마련하다, 처리하다

□□ **0703 schießen** | (총을) 쏘다, (공을) 세게 차다

(과거) schoss
(P·P) geschossen

Der Polizist hat auf den Täter geschossen.

경찰은 범인을 향해 총을 쐈다.

· r. Polizist(en, en) 경찰 · r. Täter(-) 범인

□□ **0704 schildern** | 묘사하다, 기술하다

Können Sie mir noch einmal genau schildern, was
passiert ist?

무슨 일이 있었는지 한 번 더 자세히 설명해 주실 수 있나요?

0705 **schlafen(ä)** 자다

(과거) schlief
(P·P) geschlafen

Hast du ausgeschlafen? – Nein, ich habe nicht gut geschlafen. Ich bin erst um 4 Uhr eingeschlafen. Ich bin noch schläfrig.

충분히 잤어? – 아니, 잘 못 잤어. 4시쯤에야 잠이 들었어. 난 여전히 잠이 와.

🐑 **TIPP**

그 외 접두사 + schlafen 동사
1) ausschlafen (스스로 일어날 때까지) 충분히 자다
2) einschlafen 잠이 들다 [* 과거형: sein + p.p]
3) durchschlafen 깨지 않고 자다
4) verschlafen 늦잠을 자다

🐑 **TIPP**

'친구 집에서 잠을 자다'라고 할 때, übernachten(숙박하다)이나 최소한 bei Jm schlafen이라고 해야 합니다. mit Jm schlafen이라고 하면 성적인 의미가 담긴 표현이 되므로 사용에 유의해야 합니다.

0706 **schlucken** 삼키다

Hast du deine Tablette geschluckt? 너 알약을 삼켰니?

· e. Tablette(n) 알약

0707 **schmecken nach + D** D의 맛이 나다

Schmeckt's? – Ja, lecker! 맛있어? – 응. 맛있어!

Das Essen schmeckt nach Hundefutter!

이 음식은 개 사료 맛이 나!

· lecker 맛있는   · s. Essen(-) 음식   · s. Hundefutter(x) 개 사료

0708 **schmeißen** 내던지다

(과거) schmiss
(P·P) geschmissen

Er hat mich aus dem Zimmer geschmissen!

그가 나를 방에서 내쫓았어!

· s. Zimmer(-) 방

TIPP

관습적인 표현으로 '파티를 열다'라고 할 때 Party schmeißen라고 합니다.
예) Ich habe vor, eine kleine Party zu schmeißen. 난 작은 파티를 열 계획을 하고 있다.

☐☐ 0709 **schmelzen(i)** 녹다

(과거) schmolz
(P·P) geschmolzen

Der Schnee schmilzt. 눈이 녹는다.

☐☐ 0710 **schmieren** 기름을 치다, (빵에) 바르다

Alles läuft wie geschmiert.

(관용어) 모든 것이 (기름 친 듯) 잘 진행되고 있어.

☐☐ 0711 **schminken** 화장하다

Sie ist leicht geschminkt. 그녀는 가볍게 화장했다.

D-Satz **Das kannst du dir abschminken!** 꿈 깨 잊어버려!

*abschminken은 '화장을 지우다'라는 뜻으로, 분장을 지우고 현실로 돌아오라는 의미입니다.

☐☐ 0712 **schneiden** 자르다

(과거) schnitt
(P·P) geschnitten

Ich habe mir in den Finger geschnitten!

손가락을 베었어요!

☐☐ 0713 **schonen** 살살하다, sich 살살하여 자기 건강을 챙기다

Du musst dich schonen. 넌 네 건강을 챙겨야만 해!

☐☐ 0714 **schreien** 소리를 지르다

(과거) schrie
(P·P) geschrien

Das Baby der Nachbarn schreit die ganze Nacht.

이웃집 아기가 밤새 소리를 질러요.

· r. Nachbar(n, n) 이웃 · e. Nacht("e) 밤

0715 schütteln 흔들다, (고개를 좌우로) 젓다

Sie schüttelte den Kopf und seufzte.

그녀는 고개를 흔들며 한숨을 쉬었다.

· r. Kopf("e) 머리　· seufzen 한숨 쉬다

□ □ **0716 schützen vor + D** D로부터 보호하다

Ein Helm schützt vor Kopfverletzungen im Fall
eines Sturzes. 헬멧은 추락 시 머리를 다치지 않도록 보호한다.

· r. Helm(e) 헬멧　· e. Verletzung(en) 부상　· r. Fall("e) 떨어짐. 경우　· r. Sturz("e) 추락. 전복

□ □ **0717 schweigen** 침묵하다

(과거) schwieg
(P·P) geschwiegen
Warum schweigst du? 왜 아무 말도 하지 않고 있니?

❶ 다음에 해당하는 의미를 찾아 연결해 보세요.

01 schenken •　　　　　　• ❶ 밀다

02 schicken •　　　　　　• ❷ (총을) 쏘다, (공을) 세게 차다

03 schieben •　　　　　　• ❸ 선물하다

04 schießen •　　　　　　• ❹ (우편을) 보내다

❷ 다음 단어의 의미를 우리말로 써 보세요.

05 sammeln ....　　09 scheinen ....

06 schädigen + A ....　　10 erscheinen ....

07 schweigen ....　　11 verschieben ....

08 schalten ....　　12 schildern ....

❸ 우리말을 독일어로 써 보세요.

13 (장소에) 모이다 ....　　17 화장하다 ....

14 inf처럼 보이다 ....　　18 자르다 ....

15 D의 맛이 나다 ....　　19 소리를 지르다 ....

16 녹다 ....　　20 D로부터 보호하다 ....

정답 01 ③ 02 ④ 03 ① 04 ② 05 모으다, 수집하다 06 A를 해치다 07 침묵하다 08 (스위치를) 돌리다 09 빛나다 10 나타나다, (신문 등이) 발행되다 11 밀어서 옮기다, (일정을) 미루다 12 묘사하다, 기술하다 13 sich versammeln 14 scheinen zu + inf 15 schmecken nach + D 16 schmelzen 17 schminken 18 schneiden 19 schreien 20 schützen vor + D

09

네이티브가 매일 쓰는

일상생활 동사 ❾

☐☐ 0718 **schweben**　　　　　　　　　　　　　　　떠 있다, 떠다니다

Ich schwebe auf Wolke sieben.

나는 7번 구름 위에 떠 있다. (관용어, 사랑에 빠지는 등 매우 행복할 때)

· e. Wolke(n) 구름

🍺TIPP

7번 구름(die Wolke sieben)

고대 그리스 사람들은 지구가 7개의 구름층으로 둘러싸여 있다고 믿었는데, 마지막인 7번째 구름층은 천국과 가장 가까운 위치라고 생각했다고 합니다. 그래서 '7번 구름 위에 떠 있다'는 것은 '마치 천국에 있는 것 같다'는 의미로 행복감을 나타낼 때 쓰입니다.

☐☐ 0719 **schwingen**　　　　　　　　　　　　　　　　　흔들거리다

(과거) schwang
(P·P) geschwungen

Die Schaukel schwingt hin und her.

그네가 이리저리 흔들리고 있다.

· e. Schaukel(n) 그네　· hin und her 이리저리

☐☐ 0720 **schwören**　　　　　　　　　　　　　　　　　　　　맹세하다

(과거) schwor
(P·P) geschworen

Ich schwöre es dir!　　　　　　　　　네게 맹세한다!

☐☐ 0721 **senden**　　　　　　　　　(규칙/불규칙) 보내다, (규칙) 방송하다

(과거) sandte
(P·P) gesandt

Ich habe ihr einen Blumenstrauß gesendet.

나는 그녀에게 꽃다발을 보냈다.

Die Deutsche Welle sendet Radioprogramme in 30 Sprachen.

> 도이체 벨레는 30개의 언어로 라디오 프로그램을 방송한다.

· r. Strauß('e) 꽃다발

TIPP

senden이 '보내다'라는 의미로 쓰일 때는 불규칙이 더 자주 쓰이지만 (규칙/불규칙 변화 둘 다 가능합니다), '방송하다'라는 의미로 쓰일 때에는 규칙 변화합니다.

0722 **sichern** 안전하게 하다

Das Auto wird durch eine Alarmanlage gesichert.

> 이 자동차는 경보 장치로 보호된다.

· e. Alarmanlage(n) 경보 장치

0723 **versichern** 보험에 들다, 확신하다 (dass)

Mein Auto ist versichert. 내 자동차는 보험에 들어 있습니다.

Ich versichere dir, dass du dich irrst.

> 내가 장담하건대, 네가 잘못 생각했어.

· sich irren 잘못 생각하다

0724 **singen** 노래 부르다

(과거) sang
(P·P) gesungen

Sarah singt gut. 세라는 노래를 잘 부른다.

0725 **sinken** 내려가다, 낮아지다

(과거) sank
(P·P) gesunken

Wo genau ist die Titanic gesunken?

> 정확히 어디서 타이타닉이 가라앉았나요?

In den letzten fünf Jahren sank die Zahl der Arbeitslosen um über 20 Prozent.

> 지난 5년 동안 실업자 수는 20% 이상 줄어들었다.

· r./e. Arbeitslose(n, n) 실업자

☐☐ 0726 **sortieren** | 분류하다, 정리하다

Sortieren Sie bitte Ihre Abfälle! 쓰레기를 분류하세요!

☐☐ 0727 **(sich) spalten** | 쪼개다

Der Rassismus spaltet die Gesellschaft.

인종 차별주의가 사회를 분열시킨다.

· r. Rassismus(x) 인종 차별주의 · e. Gesellschaft(en) 사회

☐☐ 0728 **spannen** | 팽팽히 하다, (옷 등이) 끼다, 당기다

Er hat eine Plane gespannt, um den Regen
abzuhalten. 그는 비를 피하기 위해 덮개를 설치했다.

Die Haut spannt, brennt und juckt.

피부가 당기고 따갑고 가려워요.

· e. Plane(n) 덮개 · abhalten 가까이 못 오게 하다, 막다 · brennen 타다, 따갑다 · jucken 가렵다

☐☐ 0729 **sich entspannen** | 긴장이 풀리다, 휴양하다

Entspann dich mal! 긴장 풀에!

☐☐ 0730 **sparen** | (돈을) 모으다, 절약하다

Ich spare jeden Monat 1000 Euro.

난 매달 1000유로를 저금하고 있다.

· r. Monat(e) 달

☐☐ 0731 **speichern** | 저장하다

Ich habe aus Versehen das Dokument nicht
gespeichert! 실수로 문서를 저장하지 않았어요!

· aus Versehen 실수로 · s. Dokument(e) 문서

☐☐ 0732 **sperren** | 차단하다

Die Straße ist wegen Bauarbeiten gesperrt.

도로가 공사로 차단되었다.

・ e. Bauarbeiten(복수) 공사

> **Wort Plus+**
> 차단하다
> 1) sperren (길에 무언가를 세워) 차단하다
> 2) absperren (지역 전체를 삥 둘러) 차단하다

☐☐ 0733 **spielen** | 놀다, 운동하다, 연주하다

Viele Kinder spielen auf dem Spielplatz.

많은 어린이가 놀이터에서 놀고 있다.

・ r. Spielplatz(¨e) 놀이터

☐☐ 0734 **spinnen** | 방적하다, 헛소리하다

(과거) spann
(P·P) gesponnen

Die Spinne hat ihr Netz im Fensterrahmen gesponnen.

거미가 창틀에 거미줄을 쳤다.

Das Navi spinnt.

내비게이션이 고장 났나 봐요.

・ e. Spinne(n) 거미 ・ s. Netz(e) 그물, 네트, 거미줄 ・ r. Fensterrahmen(-) 창틀

☐☐ 0735 **spitzen** | 뾰족하게 하다

Er spitzte die Ohren.

(관용어) 그는 귀를 기울였다.

・ s. Ohr(en) 귀

□ □ 0736 **springen** 뛰다

(과거) sprang
(P·P) gesprungen

Er ist drei Meter weit gesprungen.

그는 3미터를 뛰었다.

Wort Plus +

springen vs hüpfen

hüpfen은 springen에 비해 동작이 작습니다. 그래서 보통 아이들이나 동물이 깡총깡총 뛰는 것을 의미합니다.

□ □ 0737 **spucken** 침을 뱉다, 토하다

Bitte nicht auf den Boden spucken!

바닥에 침을 뱉지 마세요!

· r. Boden(¨) 바닥

□ □ 0738 **spülen** 헹구다

Vergiss nicht zu spülen! 물 내리는 것을 잊지 매

Wer spült heute das Geschirr? 오늘 누가 설거지하니?
= Wer spült heute ab?

· vergessen 잊다 · s. Geschirr(e) 그릇, 식기

Wort Plus +

헹구다

1) spülen (설거지, 화장실 등에서) 물로 헹구다

2) abspülen 물로 헹구어 더러운 것을 떼어 없애다

☐☐ 0739 **spüren** (감각) 느끼다

Ich spüre meine Beine nicht mehr.

더 이상 다리에 감각이 없어요.

Wort Plus+

느끼다

1) spüren (감각) 느끼다   2) sich fühlen (감정) 느끼다   3) empfinden (깊은 감정) 느끼다

☐☐ 0740 **stammen aus + D** (공간·사람 등이) D로부터 유래하다

Simon stammt aus Stuttgart, der Landeshauptstadt Baden-Württembergs.

시몬은 바덴–뷔어템베억의 수도인 슈투트가어트 출신이다.

· e. Landeshauptstadt(ˇe) 수도

☐☐ 0741 **stechen(i)** 찌르다

(과거) stach
(P·P) gestochen

Eine Mücke hat mich gestochen.   모기에게 물렸어요.

· e. Mücke(n) 모기

☐☐ 0742 **bestechen(i)** 매수하다, 뇌물을 주다

(과거) bestach
(P·P) bestochen

Der betrunkene Autofahrer versucht den Polizisten zu bestechen.

그 음주 운전자는 경찰을 매수하려고 시도 중이다.

· sich betrinken 술에 취하다   · r. Polizist(en, en) 경찰

☐☐ 0743 **stehlen(ie)** 훔치다

(과거) stahl
(P·P) gestohlen

Mein Handy wurde gestohlen!   핸드폰을 도둑맞았어요.

D-Satz Hier klaut keiner was.   여기선 아무도 훔치지 않아.

*klauen (일상) 훔치다

□ □ 0744 **steigen** 오르다, 상승하다

(과거) stieg
(P·P) gestiegen

Ich möchte auf den Berg steigen. 난 그 산을 오르고 싶다.

= Ich möchte den Berg besteigen.

· r. Berg(e) 산

TIPP

그 외 접두사 + steigen 동사

1) **absteigen** (자전거 등에서) 내려오다, (등급이) 내려가다

2) **aufsteigen** (자전거 등에) 올라타다, (등급이) 올라가다

3) **aussteigen** (차에서) 내리다

4) **einsteigen** (차를) 타다

5) **umsteigen** (차를) 갈아타다

❶ 다음에 해당하는 의미를 찾아 연결해 보세요.

01 singen •   • ❶ 내려가다, 낮아지다

02 sinken •   • ❷ 팽팽히 하다, (옷 등이) 끼다

03 spannen •   • ❸ (돈을) 모으다, 절약하다

04 sparen •   • ❹ 노래 부르다

❷ 다음 단어의 의미를 우리말로 써 보세요.

05 schwingen	....	09 steigen	....
06 schwören	....	10 spalten	....
07 senden	....	11 speichern	....
08 versichern	....	12 sperren	....

❸ 우리말을 독일어로 써 보세요.

13 긴장이 풀리다, 휴양하다

....

14 놀다, 운동하다, 연주하다

....

15 뛰다 ....

16 헹구다 ....

17 (감각을) 느끼다 ....

18 (공간·사람 등이) D로부터 유래하다

....

19 찌르다 ....

20 훔치다 ....

10

네이티브가 매일 쓰는
일상생활 동사 ⑩

☐☐ 0745 **sterben(i) an + D**　　　　　　　　　　D로 인해 죽다

(과거) starb
(P·P) gestorben

Mein Vater ist an einem Herzinfarkt gestorben.

아버지께서는 심근 경색으로 돌아가셨다.

· r. Herzinfarkt(e) 심근 경색

☐☐ 0746 **stinken**　　　　　　　　　　악취가 나다

(과거) stank
(P·P) gestunken

Was stinkt denn hier so?　　여기에 무슨 악취가 나는데요?

☐☐ 0747 **stören**　　　　　　　　　　방해하다

Darf ich dich kurz stören?　　(관용어) 잠시 방해해도 될까?

☐☐ 0748 **zerstören**　　　　　　　　　　파괴하다

Hamburg wurde im zweiten Weltkrieg zerstört.

2차 세계 대전 중 함부르크가 파괴되었다.

· r. Weltkrieg(e) 세계 대전

☐☐ 0749 **strahlen**　　　　　　　　　　빛나다, 환한 표정을 짓다

Die Sonne strahlt vom Himmel.　　해가 하늘에서 빛난다.

☐☐ 0750 **strecken**　　　　　　　　　　뻗다

Strecken Sie Ihre Arme nach vorne!

팔을 앞으로 뻗어 보세요!

☐☐ **0751 streichen**   쓰다듬다, (페인트·잼 등을) 바르다, 취소하다

(과거) strich
(P·P) gestrichen

Vorsicht! (Die Bank ist) Frisch gestrichen!

조심하세요! (이 벤치는) 페인트칠이 새로 되어 있어요!

· e. Bank("e) 벤치

☐☐ **0752 unterstreichen**   밑줄을 긋다

(과거) unterstrich
(P·P) unterstrichen

Die wichtigen Sätze waren mit einem Rotstift
unterstrichen.   중요한 문장에는 빨간 연필로 밑줄이 그어져 있었다.

· r. Satz("e) 문장   · r. Rotstift(e) 빨간 연필

☐☐ **0753 sich streiten über + A**   A에 대해 다투다, 논쟁하다

(과거) stritt
(P·P) gestritten

Darüber lässt sich streiten.   (관용어) 그것은 논쟁의 여지가 있다.

☐☐ **0754 stürzen**   추락하다, 아래로 떨어지다

Ich bin vom Fahrrad gestürzt.   자전거에서 떨어졌다.

Ein großer Baum ist auf die Straße (um)gestürzt.

큰 나무가 도로 위에 쓰러졌다.

· s. Fahrrad("er) 자전거   · r. Baum("e) 나무   · e. Straße(n) 도로

> **TIPP**
>
> 그 외 접두사 + stürzen 동사
> 1) abstürzen (비행기가) 추락하다
> 2) einstürzen (다리 등이) 붕괴하다
> 3) umstürzen (자동차·나무 등이) 넘어지다, 넘어뜨리다

☐☐ **0755 stützen**   떠받치다

Der Verletzte musste gestützt werden.

부상자는 부축받아야만 했다.

· r./e. Verletzte(n, n) 부상자

0756 unterstützen | 보조하다, 후원하다

Ich werde von meinen Eltern finanziell
unterstützt.   부모님께 재정적으로 보조받고 있어요.

· finanziell 재정적인

0757 tauchen | 잠수하다, (물 속에) 담그다

Kannst du bis auf den Grund tauchen?
바닥까지 잠수할 수 있어?

Ich habe den Fuß ins Wasser getaucht.
나는 발을 물에 담갔다.

· r. Grund("e) 땅. 물 바닥. 이유 · r. Fuß("e) 발 · s. Wasser(-) 물

0758 auftauchen | (물 표면에) 떠오르다, 나타나다

Der Wal taucht auf, um Luft zu holen.
고래는 숨을 들이마시기 위해 물 위로 떠오른다.

Neue Probleme sind aufgetaucht.   새로운 문제들이 생겼다.

· r. Wal(e) 고래 · Luft holen 숨을 들이마시다

0759 tauschen | 교환하다

Wenn Sie möchten, tausche ich gerne mit Ihnen
den Platz.   원하신다면 기꺼이 자리를 바꾸지요.

· r. Platz("e) 광장. 자리

TIPP

그 외 접두사 + tauschen 동사
1) austauschen 교체하다, 교환하다 (◎ 정보, 전화번호 교환)
2) umtauschen 교환하다 (◎ 구입한 신발을 다른 신발로 교환, 환전)
*돈으로 환불받고자 할 때는 zurückgeben을 씁니다.

□□ **0760 täuschen** | 속이다, sich 잘못 생각하다

Wenn mich mein Gedächtnis nicht täuscht.

내 기억이 나를 속이는 것이 아니라면. (내 기억이 맞다면.)

• s. Gedächtnis(se) 기억

□□ **0761 enttäuschen** | 실망시키다

Du enttäuschst mich. 넌 날 실망시켰다.
= Ich bin von dir enttäuscht.

• enttäuscht sein von + D D에 실망한

□□ **0762 töten** | 죽이다

Ich habe gerade eine Spinne getötet.

방금 거미 한 마리를 죽였어.

□□ **0763 träumen von + D** | D를 꿈꾸다

Letzte Nacht habe ich von dir geträumt.

어젯밤 네 꿈을 꿨어.

Das hätte ich mir nicht träumen lassen!

(관용어) 그건 꿈에서도 생각하지 못했어!

□□ **0764 trennen** | 떼어 내다, 분리시키다

Trennen Sie den Müll richtig! 쓰레기를 똑바로 분리하세요!

□□ **0765 sich trennen von Jm** | Jm과 헤어지다

Wir haben uns (voneinander) getrennt.

우린 (서로) 헤어졌어.

Die zwei Mannschaften trennten sich 2:1.

경기가 2대 1로 끝났다. [직역 : 두 팀은 2대 1로 헤어졌다.]

0766 **trinken** 마시다

(과거) trank
(P·P) getrunken

Möchtest du etwas trinken? 뭐 좀 마실래요?

0767 **sich betrinken** 술에 취하다

(과거) betrank
(P·P) betrunken

Ich betrinke mich nicht. 나는 술을 취할 정도로 마시지 않아.

*Ich bin nicht betrunken. 나는 술에 취하지 않았어.

0768 **trocknen** 마르다, 말리다

Die Wäsche trocknet in der Sonne.

빨래를 햇볕에 말리고 있다.

◀ Wort Plus +

말리다
1) trocknen (빨래, 수영복 등을) 말리다[전체적으로 젖은 것]
2) abtrocknen (접시, 우비 등을) 닦아 말리다[겉만 젖은 것]

0769 **tropfen** (물방울이) 방울져 떨어지다, 새다

Der Wasserhahn tropft. 수도꼭지에서 물이 새요.

· r. Wasserhahn(¨e) 수도꼭지

0770 **(be)trügen** 속이다, 사기를 치다

(과거) betrog
(P·P) betrogen

Ich wurde von einem Verkäufer betrogen.

판매원에게 사기를 당했어요.

· r. Verkäufer(-) 판매원

❶ 다음에 해당하는 의미를 찾아 연결해 보세요.

01 stürzen　　•　　　　　　•　❶ 떠받치다

02 stützen　　•　　　　　　•　❷ 추락하다, 아래로 떨어지다

03 tauschen　•　　　　　　•　❸ 속이다

04 täuschen　•　　　　　　•　❹ 교환하다

❷ 다음 단어의 의미를 우리말로 써 보세요.

05 trocknen	....	09 streichen	....
06 stören	....	10 trinken	....
07 strahlen	....	11 töten	....
08 strecken	....	12 trennen	....

❸ 우리말을 독일어로 써 보세요.

13 D로 인해 죽다　............................

17 실망시키다　............................

14 밑줄을 긋다　............................

18 D를 꿈꾸다　............................

15 A에 대해 다투다, 논쟁하다

 ----

19 Jm과 헤어지다

 ----

16 보조하다, 후원하다

 ----

20 속이다, 사기를 치다

정답 01 ② 02 ① 03 ④ 04 ③ 05 마르다, 말리다 06 방해하다 07 빛나다, 환한 표정을 짓다 08 뻗다 09 쓰다듬다 10 마시다 11 죽이다 12 떼어 내다, 분리시키다 13 sterben an + D 14 unterstreichen 15 sich streiten über + A 16 unterstützen 17 enttäuschen 18 träumen von + D 19 sich trennen von Jm 20 (be)trügen

11

네이티브가 매일 쓰는
일상생활 동사 ⑪

☐☐ **0771 veranstalten** | 개최하다, 실행하다

Die Stadt veranstaltet ein großes Fest.

시에서 큰 축제를 개최한다.

· s. Fest(e) 축제 · e. Stadt(¨e) 시

☐☐ **0772 verderben(i)** | 썩다, 썩히다

(과거) verdarb
(P·P) verdorben

Das Fleisch ist verdorben.

고기가 상했어.

☐☐ **0773 vergessen(i)** | 잊다

(과거) vergaß
(P·P) vergessen

Vergiss es!

(관용어) 꿈도 꾸지 매

TIPP
"잊어버려"라는 뜻으로 쓰이려면, 보통 „Vergiss es ruhig!"처럼 부사가 함께 옵니다.

☐☐ **0774 verknüpfen** | 연결시키다

Die beiden Themen sind miteinander verknüpft.

이 주제는 서로 연결된다.

· s. Thema(Themen) 주제 · miteinander 서로

☐☐ **0775 verlangen + A von Jm** | Jm에게 A를 요구하다

Was verlangst du von mir?

나에게 바라는 게 뭔데?

0776 **verletzen** | 상처를 입히다, sich 다치다

Es tut mir leid, wenn ich dich verletzt habe.

상처를 줬다면 미안해.

Bist du verletzt? 다쳤어? / 상처받았어?

0777 **verlieren** | 잃다

(과거) verlor
(P·P) verloren

Du hast hier nichts verloren!

여긴 네가 올 곳이 못 돼! [직역 : 넌 여기에 아무것도 잃어버리지 않았어.]

0778 **vermuten** | 추측하다

Ich vermute, er ist zu Hause.
= Vermutlich ist er zu Hause.

나는 그가 집에 있을 거라고 짐작한다.

· **vermutlich** 추측하는, (부사) 추측컨대

0779 **verteidigen** | 방어하다

Wir verteidigen uns selbst. 우리는 우리 자신을 지킨다.

0780 **verwirren** | 엉클어지게 하다, 혼란에 빠뜨리다

Jetzt bin ich total verwirrt. 지금 정말 혼란스럽다.

0781 **verzeihen** | 용서하다

(과거) verzieh
(P·P) verziehen

Verzeih mir bitte! 제발 날 용서해 줴

0782 **verzichten auf + A** | A를 포기하다

Ich verzichte auf deine Hilfe.

네 도움은 필요 없어. [직역 : 너의 도움을 포기한다.]

☐☐ 0783 **wachen** | 경각심을 가지고 살피다, 망보다, (드물게) 깨어 있다

Sie hat die ganze Nacht am Bett ihres Kindes
gewacht. 그녀는 밤새 자녀의 침대 곁에서 (그를) 살펴보았다.

· s. Bett(en) 침대

☐☐ 0784 **wach sein** | 깨어 있다

Sie war die ganze Nacht wach. 그는 밤새 깨어 있었다.

☐☐ 0785 **aufwachen** | 깨어나다

Ich wache um 6 Uhr auf. 나는 6시에 잠에서 깬다.

☐☐ 0786 **wachsen(ä)** | 자라다

(과거) wuchs
(P·P) gewachsen

Kinder wachsen so schnell! 아이들은 정말 빨리 자란다!

☐☐ 0787 **wagen** | 위험을 무릅쓰다, 감행하다

Das habe ich nicht gewagt. 난 그것을 감행하지 않았다.

Wort Plus+

위험을 무릅쓰다
1) wagen 위험을 무릅쓰다
2) riskieren, sich trauen 위험을 무릅쓰다(*wagen보다는 조금 덜 진지한 느낌입니다)
⑩ Wer nicht riskiert, der nicht gewinnt. (격언) 위험을 무릅쓰지 않는 자는 아무것도 성취할 수 없다.

☐☐ 0788 **wählen** | 선택하다, 투표하다

Was wählst du? 무엇을 선택했니?

Wort Plus+

선택하다
1) aussuchen (일상) 선택하다
2) (aus)wählen (형식) 선택하다

☐☐ 0789 **wahren** | **(특정 상태, 태도 등을) 유지하다**

Er will nur sein Gesicht wahren.

그는 단지 체면을 유지하려는 것뿐이야.

☐☐ 0790 **bewahren** | **보호하다, 유지하다**

Bitte Ruhe bewahren!

침착하세요!

☐☐ 0791 **sich wandeln** | **바뀌다**

Die Situation hat sich gewandelt. 상황이 바뀌었어.

• e. Situation(en) 상황

☐☐ 0792 **wandern** | **도보 여행을 하다**

Joon ist Günter auf dem Jakobsweg begegnet und
sie sind zusammen gewandert.

준은 까미노 데 산티아고(야콥스벡)에서 귄터를 만나 함께 도보 여행을 했다.

☐☐ 0793 **warnen vor + D** | **D에 대해 경고하다**

Ich warne dich (davor). Tue das nicht!

경고하는데, 그거 하지 마!

❶ 다음에 해당하는 의미를 찾아 연결해 보세요.

01 wagen •   • ❶ 위험을 무릅쓰다, 감행하다

02 wahren •   • ❷ 도보 여행을 하다

03 bewahren •   • ❸ 보호하다

04 wandern •   • ❹ (특정 상태, 태도 등을) 유지하다

❷ 다음 단어의 의미를 우리말로 써 보세요.

05 veranstalten ....   09 verlieren ....

06 verderben ....   10 vermuten ....

07 vergessen ....   11 verteidigen ....

08 verletzen ....   12 verwirren ....

❸ 우리말을 독일어로 써 보세요.

13 Jm에게 A를 요구하다   17 깨어나다 ....

....   18 자라다 ....

14 용서하다 ....   19 D에 대해 경고하다 ....

15 A를 포기하다 ....

16 깨어 있다 ....   20 선택하다, 투표하다 ....

정답 01 ① 02 ④ 03 ③ 04 ② 05 개최하다, 실행하다 06 썩다, 썩히다 07 잊다 08 상처를 입히다 09 잃다
10 추측하다 11 방어하다 12 엉클어지게 하다, 혼란에 빠뜨리다 13 verlangen A von Jm
14 verzeihen 15 verzichten auf + A 16 wach sein 17 aufwachen 18 wachsen 19 warnen
vor + D 20 wählen

12

네이티브가 매일 쓰는

일상생활 동사 ⑫

☐☐ 0794 **warten auf + A** | A를 기다리다

Warte auf mich! 날 기다려!

TIPP
그 외 접두사 + warten 동사
1) abwarten (무엇을 하기 전에 우선) 기다리다
2) erwarten (기대하며) 기다리다

☐☐ 0795 **waschen(ä)** | 씻다

과거 wusch
P·P gewaschen

Wasch dir die Hände! 손 씻어!

· e. Hand("e) 손

☐☐ 0796 **wechseln** | 바꾸다, sich 바뀌다

Ich möchte Euro in Pfund wechseln.
유로를 파운드로 바꾸고 싶습니다.

☐☐ 0797 **verwechseln** | 혼동하다, 잘못 생각하다

Ich habe das Salz mit dem Zucker verwechselt.
나는 소금과 설탕을 혼동했다.

☐☐ 0798 **wecken** | 잠에서 깨우다

Kannst du mich um 7:00 Uhr wecken?
7시에 깨워 줄 수 있어?

0799 **sich weigern** | 거부하다

Ich weigere mich, das zu tun. 나는 그걸 하고 싶지 않아.

> **Wort Plus+**
>
> sich weigern vs verweigern
> 1) sich weigern zu + inf 거부하다
> 2) verweigern + A 거부하다
> *뒤에 오는 문장 성분의 차이만 있을 뿐, 의미상 차이는 없습니다.

0800 **sich wehren** | 공격에 맞서 싸우다, (자신을) 방어하다

Du musst dich wehren. 너는 네 스스로를 지켜야 해.

0801 **wetten** | 내기하다

So haben wir nicht gewettet!

우린 그런 식으로 내기하진 않았어! (관용어, 이의 표명)

0802 **wickeln** | (실 등을) 감다, (기저귀를) 채우다

Wickle dir den Schal um deinen Hals!

이 목도리를 목에 감아라!

· r. Schal(e) 목도리, 숄 · r. Hals(¨e) 목

> **TIPP**
> 그 외 접두사 + wickeln 동사
> 1) einwickeln (종이 등을) 돌돌 말다, 싸다
> 2) verwickeln (보통 부정적인 일에) 끌어들이다

0803 **sich entwickeln** | 발전하다, 성장하다

Die Raupe hat sich in einen Schmetterling
entwickelt. 그 애벌레는 나비가 되었다.

· e. Raupe(n) 유충, 애벌레 · r. Schmetterling(e) 나비

☐☐ 0804 **sich widmen + D** | D에 전념하다

Nun widme ich mich dem Thema.

지금 그 주제에 전념하고 있다.

· s. Thema(Themen) 주제

☐☐ 0805 **wiegen** | (무게가) 나가다

(과거) wog
(P·P) gewogen

Wie viel wiegst du aktuell? – Ich wiege 60 Kg.

현재 몸무게가 얼마예요? – 60킬로그램요.

☐☐ 0806 **abwiegen** | 저울에 재다

(과거) wog ab
(P·P) abgewogen

Bitte wiegen Sie die Ware ab!

이 상품 무게 좀 재 주세요!

· e. Ware(n) 상품. 물품

☐☐ 0807 **wirken** | 일하다, 효과가 있다

Das Medikament wirkt nicht.

이 약은 효과가 없어요.

☐☐ 0808 **wirken auf Jn** | Jn에게 인상을 주다

Wie wirke ich auf dich?

내 인상이 어때?

☐☐ 0809 **bewirken** | 야기하다, 이끌어 내다

Kleine Dinge können Großes bewirken.

작은 것들이 큰 것을 야기할 수 있다.

☐☐ 0810 **wischen** | (문질러) 닦다, 문지르다

Ich wische den Boden. 나는 바닥을 닦고 있다.

Wisch den Tisch ab! 식탁 닦아라!

🍺TIPP
접두사 ab (분리된, 떼어진)
1) **abwischen** 닦아 더러운 것을 떼어 없애다(닦아 내다)
2) **abspülen** 물로 헹구어 더러운 것을 떼어 없애다
3) **abbrechen** 깨져 떨어지다
4) **abschneiden** 잘라 내다

☐☐ 0811 **erwischen** | 붙잡다

Ich habe gerade noch den letzten Zug erwischt.
간신히 마지막 기차에 올랐다.

Mich hat es erwischt. (관용어) 병에 걸리다. / 사랑에 빠지다.

D-Satz Erwischt! 잡았다!

* 몰래 나쁜 짓을 하는 현장에 들이닥치면서 하는 말
* 원래는 접두사 er에 강세가 오지 않는데, 이 경우에는 er에 강세가 옵니다.

☐☐ 0812 **wohnen** | 살다

Ich wohne am Rand der Stadt. 나는 도시 근교에 살고 있다.

· r. Rand(˝er) 가장자리, 변두리

☐☐ 0813 **würzen** | 양념하다

Je mehr ich würze, desto ungenießbarer wird das
Essen. 양념을 치면 칠수록 먹을 수 없는 음식이 되어 간다.

· je mehr A desto B A하면 할수록 B하다 · ungenießbar 먹을 수 없는

☐☐ **0814 zähmen** 　　　　　　　　　　　　　　　　　길들이다

Ich versuche eine scheue Katze zu zähmen.

난 사람을 경계하는 고양이를 길들여 보려고 한다.

・**versuchen** 시도하다　・**scheu** 겁먹은, 소심한　・e. **Katze(n)** 고양이

☐☐ **0815 zaubern** 　　　　　　　　　　　　　　　　　마술을 부리다

Wie hast du das gemacht? Hast du gezaubert?

어떻게 했어? 마술이라도 부렸니?

☐☐ **0816 zünden** 　　　　　　　　　　　　　　불을 붙이다, 불이 붙다

Ich zünde in 10 Sekunden die Bombe.

나는 10초 후에 폭탄을 점화시킬 것이다.

> **Wort Plus+**
>
> 불을 붙이다
> 1) **zünden** 불을 붙여 타기 시작하다
> 2) **anzünden** (주로 성냥, 라이터로 양초 같은 것에) 불을 옮겨 붙이다

☐☐ **0817 zwingen Jn zu + D** 　　　　　　Jn이 D하도록 강요하다, 강제하다

(과거) **zwang**　　　　Bitte zwing mich nicht dazu!
(P·P) **gezwungen**

그것을 하라고 내게 강요하지 마래!

> **Wort Plus+**
>
> 강요하다
> 1) **zwingen** 강요하다
> 2) **aufzwingen** 강제로 위임하다

☐☐ **0818 zittern** 　　　　　　　　　　　　　　　　　　떨다

Ich zittere vor Kälte.　　　　　　　　나는 추위에 떨고 있어.

❶ 다음에 해당하는 의미를 찾아 연결해 보세요.

01 wechseln •

02 wecken •

03 waschen •

04 wischen •

• ❶ 씻다

• ❷ (문질러) 닦다, 문지르다

• ❸ 바꾸다

• ❹ 잠에서 깨우다

❷ 다음 단어의 의미를 우리말로 써 보세요.

05 wetten _____

06 wiegen _____

07 wirken _____

08 zähmen _____

09 wohnen _____

10 würzen _____

11 zünden _____

12 zittern _____

❸ 우리말을 독일어로 써 보세요.

13 A를 기다리다 _____

14 거부하다 _____

15 맞서 싸우다, (자신을) 방어하다

_____

16 발전하다, 성장하다

17 D에 전념하다 _____

18 Jn에게 인상을 주다 _____

19 붙잡다 _____

20 Jn이 D하도록 강요하다, 강제하다

_____

정답 01 ③ 02 ④ 03 ① 04 ② 05 내기하다 06 (무게가) 나가다 07 일하다. 효과가 있다 08 길들이다
09 살다 10 양념하다 11 불을 붙이다. 불이 붙다 12 떨다 13 warten auf + A 14 sich weigern
15 sich wehren 16 sich entwickeln 17 sich widmen mit + D 18 wirken auf Jn
19 erwischen 20 zwingen Jn zu + D

🎧 1-04-01.mp3

01 지금 내 기분은
감정 동사

☐☐ **0819 ärgern** | 화나게 하다, A에 대해 화내다 [sich (über + A)]

Das ärgert mich!   그것은 날 화나게 해!

Ärgere dich doch nicht über Dinge, die man nicht
ändern kann!   바꿀 수 없는 걸로 화내지 마라!

· s. Ding(e) 물건, 사건, 일   · ändern 고치다

Wort Plus +

화나게 하다/화내다

1) aufregen 화나게 하다   2) erregen 화나게 하다
3) empören 기가 막히게 하다, 격분하게 하다   4) nerven 신경질 나게 하다
5) wüten 분노하다   6) zornig werden 격노하다
7) stressen 스트레스를 주다

☐☐ **0820 beneiden Jn um + A** | A로 인해 Jn을 부러워하다

Ich beneide dich nicht (darum).   난 네가 부럽지 않아.

☐☐ **0821 bereuen** | 후회하다

Ich bereue meine Taten nachdrücklich.

내 행동을 정말 후회한다.

· e. Tat(en) 행동, 범행   · nachdrücklich 강력히

0822 **danken Jm für + A**
Jm에게 A에 대해 감사하다

Ich danke dir für deine freundliche Hilfe!

도와줘서 고마워!

Danke schön! / Vielen Dank! - Nichts zu danken!

고마워! - 천만에!

0823 **entschuldigen**
용서하다, A에 대해 미안해 하다 [sich (für + A)]

Entschuldigen Sie!　　　　실례합니다! / 죄송합니다!

= Entschuldigung!

Ich entschuldige mich (bei Ihnen) für die
Verspätung.　　　　　　늦어서 (당신께) 죄송합니다.

· e. Verspätung(en) 지각

Wort Plus+

Entschuldigung vs Verzeihung
1) **Entschuldigung** 실례합니다 / 죄송합니다
2) **Verzeihung** 죄송합니다

0824 **erschrecken(i)**
(규칙) 놀라게 하다, A에 놀라다 (über + A)

(과거) erschrak
(P·P) erschrocken

Ich wollte dich nicht erschrecken.

너를 놀라게 하려던 것은 아니야.

Wort Plus+

놀라다/놀라게 하다
1) **schockieren** 충격을 주다 ⓓ Schock 쇼크
2) **staunen über + A** A에 놀라다
3) **überraschen** 놀라게 하다
4) **Überraschung** 놀람
5) **wundern** 놀라게 하다 ⓓ Wunder 기적, wunderbar 놀라운

0825 freuen | 기쁘게 하다, A에 기뻐하다 [sich (auf/über + A)]

Das freut mich!   기쁜 일이네요! [직역: 그것은 날 기쁘게 한다.]

Ich freue mich über das Geschenk.   난 이 선물이 기뻐.

· s. Geschenk(e) 선물

Wort Plus+

auf vs über
1) sich freuen auf + A (미래에 벌어질 좋은 일에 기뻐하다)
🔘 Ich freue mich auf deinen Besuch! (방문 소식을 듣고) 네가 와 준다니 기뻐!

2) sich freuen über + A (지금 벌어진 좋은 일에 기뻐하다)
🔘 Ich freue mich über deinen Besuch! (손님으로 맞이하며) 네가 와 줘서 기뻐!

□ □ **0826 sich fühlen** | 느끼다

Wie fühlst du dich? Fühlst du dich wohl?

기분이 어때요? 편안해요?

· sich wohlfühlen 기분이 좋다, 건강하다고 느끼다

Wort Plus+

기분
1) gelaunt sein 기분이 ~ 하다
🔘 Ich bin gut/schlecht gelaunt. 기분이 좋아/나빠.

2) aufgelegt sein zu + D D할 기분이다
🔘 Ich bin nicht zu Scherzen aufgelegt. 농담할 기분 아냐.

□ □ **0827 sich fürchten vor + D** | D를 무서워하다

Ich fürchte mich vor dem Tod.   난 죽음이 두렵다.

Wort Plus+

무서워하다
1) sich fürchten vor + D [자] D를 무서워하다
2) befürchten + A [타] A를 무서워하다

☐☐ 0828 **gratulieren Jm zu + D** | D에 대해 Jm을 축하하다

Ich gratuliere dir zum Geburtstag. 생일 축하해.
= Herzlichen Glückwunsch zum Geburtstag.

· r. Glückwunsch("e) 축하

☐☐ 0829 **hassen** | (매우) 미워하다, 싫어하다

Ich hasse geschwätzige Menschen.

나는 수다스러운 사람이 싫다

· geschwätzig 수다스러운

☐☐ 0830 **hoffen auf + A** | A를 희망하다

Ich hoffe auf eine gute Zusammenarbeit.

공동 작업이 성공적이길 바라요.

· e. Zusammenarbeit(en) 공동 작업

☐☐ 0831 **interessieren** | 관심을 돋구다, A에 관심이 있다 [sich (für + A)]

Das interessiert mich nicht! 그건 나의 관심을 끌지 못해!

Ich interessiere mich für dieses Thema.

나는 그 주제에 관심 있어.

TIPP

interessiert sein an + D
interessieren이 상태 수동 형태가 되면 전치사 an + D가 옵니다.
왜냐하면 이미 관심 있는 대상 바로 옆(an + D)에 딱 달라 붙어 있는 것으로 보기 때문입니다.
⑩ Ich bin interessiert an der Stelle. 저는 그 자리에 관심이 있습니다.

☐☐ 0832 **interessant sein** | 흥미롭다

Das Buch ist sehr interessant. 이 책 참 흥미롭네.

sich kümmern um + A A를 신경 쓰다

Du brauchst dich nicht darum zu kümmern.

그건 신경 쓸 필요 없어.

☐☐ 0834 **lachen über + A** A에 대해 웃다/비웃다

Da gibt es nichts zu lachen!

(숙어) 난 진지해! [직역 : 거기엔 웃을 것 없어.]

Haha, ich lach mich weg.

하하, 웃겨 죽겠다. [직역 : 웃다 사라지겠다.]

Wort Plus +

웃다

1) lachen über + A 웃다, 비웃다   2) auslachen 비웃다

3) grinsen 히죽거리며 웃다   4) kichern 킥킥거리며 웃다

☐☐ 0835 **lächeln** 미소 짓다

Bitte lächeln! 미소 지으세요!

☐☐ 0836 **lieben** 사랑하다

Ich liebe dich. 사랑해. [연인 사이]

Ich habe dich lieb. 사랑해. [가족, 친구 사이]

☐☐ 0837 **verliebt sein in Jn** Jn에게 반하다, 사랑에 빠지다

Sang-Wook ist in So-Yeon verliebt.

상욱은 소연에게 반했다.

TIPP

verliebt – verlobt – verheiratet

보통 연인의 단계를 '사랑에 빠진', '약혼한', '결혼한'으로 표현합니다.

☐ ☐ 0838 **loben** | 칭찬하다, 찬양하다

Ich wurde heute gelobt. 오늘 칭찬받았어요.

☐ ☐ 0839 **plagen** | 괴롭히다

Mein Gewissen plagt mich. 양심이 나를 괴롭혔다.

· s. Gewissen(-) 양심

☐ ☐ 0840 **sich schämen** | 부끄러워하다

Schämst du dich nicht? 부끄럽지 않니?

Es beschämt mich. 창피하군.

> **Wort Plus+**
> 부끄러워하다
> 1) sich schämen [자] 부끄러워하다   2) beschämen [타] 부끄럽게하다

☐ ☐ 0841 **schimpfen Jn** | 꾸짖다, Jn에 대해 욕하다 (+ über)

Er schimpft über seine Kollegen.
그는 자신의 직장 동료를 욕하고 있다.

Er beschimpfte mich! (Jn에게 직접) 그가 나에게 욕을 했어요.

· r. Kollege(n, n) 직장 동료

> **Wort Plus+**
> 욕하다
> 1) schimpfen/ausschimpfen 욕하다, (훈육) 꾸짖다
> 2) beschimpfen (직접) 욕하다
> 3) fluchen 욕하다, 저주하다

☐☐ 0842 **schmeicheln** | 아첨하다, 기분을 좋게 하다

Deine Komplimente schmeicheln mir.

네 칭찬 때문에 기분이 좋다.

・ s. Kompliment(e) 아첨, 겉치레 말

☐☐ 0843 **sich sehnen nach + D** | D를 그리워하다

Ich sehne mich nach dir.

네가 그리워. [연인 사이]

☐☐ 0844 **seufzen** | 한숨을 쉬다

Warum seufzt du so tief?

왜 그리 깊게 한숨을 쉬니?

☐☐ 0845 **spotten über + A** | A를 조롱하다

Er hat über mich gespottet.

그가 날 조롱했어.

Eine Schildkröte wurde wegen ihrer Langsamkeit
von einem Hasen verspottet.

거북이는 그의 느림 때문에 토끼에게 조롱을 당했어요. [토끼와 거북이 中]

・ e. Schildkröte(n) 거북이

Wort Plus+

조롱하다
1) spotten über + A [자] A를 조롱하다
2) verspotten A [타] A를 놀리다

☐☐ 0846 **tadeln** | 비난하다

Nicht zu viel tadeln, sondern ermutigen.

너무 많이 꾸짖지 말고 격려해 줘라.

・ ermutigen 격려하다

0847 **trösten** 위로하다

Ich weiß nicht, wie ich dich trösten kann.

너를 어떻게 위로해야 할지 모르겠다.

0848 **vermissen** 그리워하다, 없음을 깨닫다

Ich vermisse dich. 보고 싶어. [친구, 연인 사이]

Ich vermisse meinen Schlüssel. 열쇠를 잃어버린 것 같다.

0849 **weinen** 울다

Weine nicht, es wird alles wieder gut.

울지 마, 모든 게 다시 잘될 거야.

0850 **wünschen Jm** Jm에 대해 소원하다

Ich wünsche dir alles Gute zum Geburtstag.

생일 축하해. [직역 : 생일을 맞아 모든 좋은 것들이 네게 닿기를 바라.]

(Haben Sie) Noch einen Wunsch?

더 필요하신 게 있으신가요?

· r. Wunsch("e) 소원

0851 **zögern** 망설이다

Zöger nicht zu lange! 너무 오래 망설이지 마.

0852 **zweifeln an + D** D를 의심하다

Zweifelst du an mir? 나를 의심하는 거니?

Daran besteht kein Zweifel. 거기에는 의심의 여지가 없다.

· bestehen 있다 · r. Zweifel(-) 의심

Du brauchst nicht zu verzweifeln.   넌 절망할 필요 없어.

❶ 다음에 해당하는 의미를 찾아 연결해 보세요.

01 lachen   •

02 lächeln   •

03 lieben   •

04 loben   •

• ❶ 미소 짓다

• ❷ 웃다

• ❸ 칭찬하다

• ❹ 사랑하다

❷ 다음 단어의 의미를 우리말로 써 보세요.

05 ärgern   ....

06 trösten   ....

07 erschrecken   ....

08 freuen   ....

09 hassen   ....

10 sich entschuldigen   ....

11 sich fühlen   ....

12 weinen   ....

❸ 우리말을 독일어로 써 보세요.

13 A로 인해 Jn을 부러워하다

14 Jm에게 A에 대해 감사하다

15 A에 관심이 있다

16 A(지금 벌어진 좋은 일)에 기뻐하다

17 A를 신경 쓰다

18 D를 무서워하다

19 D에 대해 Jm을 축하하다

20 A를 희망하다

정답 01 ② 02 ① 03 ④ 04 ③ 05 화나게 하다 06 위로하다 07 놀라게 하다 08 기쁘게 하다 09 미워하다, 싫어하다 10 미안해 하다 11 (기분) 느끼다 12 울다 13 beneiden Jn um + A 14 danken Jm für + A 15 sich interessieren für + A 16 sich freuen über + A 17 sich kümmern um + A 18 sich fürchten vor + D 19 gratulieren Jm zu + D 20 hoffen auf + A

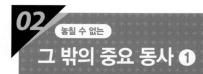

☐☐ 0854 **akzeptieren** | 받아들이다

Nein, das akzeptiere ich nicht.

아니요, 전 그것을 받아들일 수 없습니다.

☐☐ 0855 **(ver)ändern** | 고치다, sich 바뀌다/달라지다

Da kann man nichts dran ändern.

아무것도 고칠 수 없습니다.

Du wirst dich niemals ändern!

넌 아무것도 바뀌지 않을 거야!

> 🍺**TIPP**
>
> **ändern vs verändern**
> 두 단어는 의미상 구분이 어려우며, 서로 바꿔 사용할 수도 있습니다. 다만 함께 짝을 이루는 단어는 외워 그
> 쓰임을 익혀 두면 좋습니다. 예를 들어 Termin(방문 약속)은 ändern만 가능하고 verändern은 되지 않습
> 니다. 뉘앙스상 ändern은 상대적으로 짧은 시간에 좀 더 의도적이며 부분적인 변화입니다. 예전과 달라졌음
> 과 관련된다면 verändern은 상대적으로 긴 시간에 의도적이지 않고, 전체적이고 표면적인 변화(변장 등)와
> 관련됩니다.

☐☐ 0856 **beeinflussen** | 영향을 끼치다

In meiner Jugend hat mich seine Musik stark
beeinflusst.

그의 음악은 청소년기 내게 큰 영향을 끼쳤다.

· e. Jugend(x) 청소년, 청소년기 · e. Musik(en) 음악

☐☐ 0857 **behaupten** | 주장하다

Das behaupte ich nicht.

그걸 주장하는 게 아냐.

0858 **beharren auf + D**　　　　　　　　D를 고수하다, 끝까지 주장하다

Er beharrt auf seinem Standpunkt.

그는 자신의 입장을 고수하고 있다.

· r. Standpunkt("e) 견해, 입장

0859 **basieren auf + D**　　　　　　　　　　　　D에 근거하다

Worauf basiert deine Behauptung?

네 주장의 근거는 뭐니?

· e. Behauptung(en) 주장

0860 **sich bemühen**　　　　　　　　　　　　　　　애쓰다

Ich bemühe mich, alle Fragen zu beantworten.

나는 모든 질문에 답하려고 노력하고 있다.

0861 **sich bemühen um + A/Jn**　　　　A를 얻으려고 애쓰다 / Jn을 돌보다

Ich bemühe mich um eine neue Stelle.

새로운 일자리를 얻으려고 애쓰고 있다.

0862 **bestätigen**　　　　　　　　　　　　　　　　확인하다

Bitte bestätigen Sie den Erhalt!　　수령 확인 부탁드립니다!

· r. Erhalt(x) 수령

0863 **beschäftigen**　　　　　　　　　　　　　　　고용하다

Der Volkswagen Konzern beschäftigt 626.725
Mitarbeiter am 31. Dezember 2016.

폭스바겐 콘체른은 2016년 12월 31일 현재 626,725명의 직원을 고용하고 있다.

· r. Konzern(-) 콘체른, 재벌

0864 sich beschäftigen mit + D　　　　　　　D에 몰두하다

Derzeit beschäftige ich mich mit der deutschen
Sprache.　　　　　요즘 나는 독일어에 몰두하고 있다.

0865 beschäftigt sein　　　　　　　　　　바쁘다

Ich bin gerade beschäftigt, ich rufe dich später
zurück.　　　　　지금 바빠서 나중에 내가 전화할게.

0866 diskutieren(über + A)　　　　　　　토론하다

Lass uns über dieses Thema diskutieren.
　　　　　　이 주제를 토론해 보자.

> **Wort Plus+**
>
> 토론하다
> 1) **diskutieren A** (토론 자체를 강조) 토론하다
> 2) **diskutieren über + A** (주제를 강조) 토론하다
> 3) **erörtern** (좀 더 상세히) 토론하다

0867 sich eignen　　　　　　　　　　　적합하다

Die Jacke eignet sich zum Joggen.
　　　　　　이 재킷은 조깅하는 데 적합하다.

0868 geeignet sein für + A　　　　　　A에 적합하다

Das Produkt ist nicht für Kinder geeignet.
　　　　　　그 제품은 어린아이에게 적합하지 않습니다.

・ **s. Produkt(e)** 제품

☐☐ 0869 **sich ereignen**   발생하다

Wann hat sich der Unfall ereignet?

사고는 언제 발생했나요?

Das Ereignis hat mich sehr betroffen.

그 사건은 나에게도 정말 슬픈 일이다.

· s. Ereignis(se) 사건, 일   · betreffen 관계되다, (불행이) 닥치다

☐☐ 0870 **sich engagieren für + A**   A를 위한 사회 활동에 참여하다

Ich engagiere mich für Flüchtlinge.

나는 난민을 위한 활동에 참여하고 있다.

· r. Flüchtling(e) 난민

TIPP
이 단어는 프랑스어 engagement(사회 참여)에서 온 것으로 보통 무보수, 명예직(ehrenamtlich)인 사회 참여와 관련이 있습니다.

☐☐ 0871 **entfernen**   멀리하다, 제거하다, sich 멀어지다

Der Tumor muss entfernt werden.

이 종양은 제거해야 합니다.

· r. Tumor(en) 종양

Wort Plus+
제거하다
1) beseitigen(제거하다)   2) vernichten(완전히 없애다)   3) vertilgen(박멸하다)

☐☐ 0872 **erfrischen**   시원하게 하다

Das kalte Wasser erfrischt mich.

차가운 물을 마시면 시원해진다. [직역 : 차가운 물은 나를 시원하게 한다.]

☐☐ 0873 **ergänzen** 완전하게 하다, 보충하다

Bitte ergänzen Sie die fehlenden Wörter!

빠진 단어를 완성하세요!

· fehlen 없다 · s. Wort(er) 단어

☐☐ 0874 **erleichtern** 덜어 주다

Er erleichtert mir die Arbeit. 그는 내 일을 덜어 준다.

☐☐ 0875 **ermutigen** 격려하다

Danke, du ermutigst mich! 고마워, 너의 격려 덕분에 힘이 나!

☐☐ 0876 **erwähnen** 언급하다

Davon hat er nichts erwähnt.

그것에 관해 그는 아무런 언급도 하지 않았다.

☐☐ 0877 **finanzieren** 자금을 조달하다

Wie finanzieren Sie Ihr Studium?

당신은 학업에 필요한 돈(생활비 포함)을 어떻게 조달하나요?

☐☐ 0878 **fördern** 지원하다, 채굴하다

Die Stadt fördert das Projekt. 시는 그 계획을 지원한다.

❶ 다음에 해당하는 의미를 찾아 연결해 보세요.

01 sich eignen •　　　　　• ❶ 발생하다

02 sich ereignen •　　　　• ❷ 덜어 주다

03 erfrischen •　　　　　 • ❸ 시원하게 하다

04 erleichtern •　　　　　• ❹ 적합하다

❷ 다음 단어의 의미를 우리말로 써 보세요.

05 akzeptieren ....　　09 bestätigen ....

06 (ver)ändern ....　　10 diskutieren ....

07 beeinflussen ....　　11 entfernen ....

08 behaupten ....　　　12 ergänzen ....

❸ 우리말을 독일어로 써 보세요.

13 D를 고수하다, 끝까지 주장하다　17 A를 위한 사회 활동에 참여하다

....　　　　　　　　............

14 D에 근거하다 ....　　18 격려하다 ....

15 A를 얻으려고 애쓰다 ....　　19 언급하다 ....

16 D에 몰두하다 ....　　20 자금을 조달하다 ....

정답 01 ④ 02 ① 03 ③ 04 ② 05 받아들이다 06 고치다 07 영향을 끼치다 08 주장하다 09 확인하다
10 토론하다 11 멀리하다, 제거하다 12 완전하게 하다, 보충하다 13 beharren auf + D 14 basieren auf + D
15 sich bemühen um + A 16 sich beschäftigen mit + D 17 sich engagieren für + A
18 ermutigen 19 erwähnen 20 finanzieren

03 (농칠 수 없는) 그 밖의 중요 동사 ❷

☐☐ 0879 **genügen** 충분하다

Das genügt mir völlig. 그것은 내게 완전 충분해.

· völlig 완전한

☐☐ 0880 **gestalten** 형상하다

Du kannst dieses Zimmer so gestalten wie du
möchtest. 네가 원하는 대로 이 방을 꾸며 봐.

☐☐ 0881 **informieren Jn über + A** Jn에게 A에 대한 정보를 제공하다, sich 정보를 얻다

Der Prospekt informiert die Touristen über die
Stadt. 안내서는 여행객들에게 이 도시에 대한 정보를 제공한다.

Wo kann ich mich über Berufe informieren?
어디서 직업에 대한 정보를 얻을 수 있나요?

· r. Prospekt(e) 안내서　· r. Tourist(en, en) 여행객　· r. Beruf(e) 직업

☐☐ 0882 **jagen** 사냥하다, 쫓다

Damit kannst du mich jagen.
(혐오스러운 것을 봤을 때) 그거 치워. [직역 : 그것으로 넌 날 쫓을 수 있어.]

☐☐ 0883 **kommunizieren** 의사소통하다

Kannst du mit ihm kommunizieren?
그와 의사소통이 돼?

☐☐ 0884 **klären** | (조사나 대화를 통해 실제 무슨 일이 있었는지) **해명하다**

Die Ursache muss noch geklärt werden.

여전히 원인 규명이 되어야만 한다.

🍺TIPP

그 외 접두사 + klären 동사
1) **abklären** (세부적인 사정을) 논하다   2) **verklären** 미화하다

☐☐ 0885 **erklären** | (기능을) **설명하다**

Kannst du mir das erklären?

내게 그것(기능)에 대해 설명 좀 해 줄 수 있어?

Wort Plus+

설명하다
1) **aufklären** (사정을) 설명하다, 부모가 자녀에게 성교육을 하다 ② **Aufklärung** 계몽
2) **erklären** (기능을) 설명하다
3) **erläutern** (더 상세히, 추가적으로) 설명하다
4) **klarmachen** (깨닫게 하기 위해) 설명하다, 명백히 하다

☐☐ 0886 **kontrollieren** | 감독하다, 검문하다

Kontrolliert der Zoll jedes Paket?

세관이 모든 소포를 검사하나요?

· **r. Zoll(¨e)** 관세, 세관

☐☐ 0887 **korrigieren** | 교정하다

Bitte korrigiere mich, wenn ich etwas falsch sage.

내가 잘못 말하면 교정해 줘.

· **sagen** 말하다

□ □ **0888 sich nähern** 접근하다

Wir nähern uns dem Ziel. 우리는 목적지에 접근하고 있다.

□ □ **0889 protestieren gegen + A** A를 반대하다

Wir haben dagegen protestiert, aber es hat nichts genutzt. 우리가 항의했지만 아무런 소용이 없었다.

· **nutzen** 쓸모가 있다. 이용하다

□ □ **0890 schwinden** 줄어들다

(과거) schwand
(P·P) geschwunden

Die Hoffnung schwindet. 희망이 줄어들고 있다.

□ □ **0891 verschwinden** 사라지다

(과거) verschwand
(P·P) verschwunden

Okay, dann verschwinde ich jetzt mal. Viel Spaß! 좋아, 그럼 난 이만 가 볼게. 재미있게 놀아!

□ □ **0892 verbessern** 개선하다

Ich möchte mein Deutsch verbessern. 독일어 실력을 향상시키고 싶다.

□ □ **0893 sich verbreiten** 유포되다

Das Gerücht verbreitet sich schnell. 그 소문은 빨리 퍼졌다.

· s. Gerücht(e) 소문

> **🍺 TIPP**
>
> **verbreiten vs ausbreiten**
> 퍼진다는 의미로 바꿔 쓸 수 있지만, 보통 **verbreiten**은 소식 · 소문 · 뉴스 등이 퍼지는 것에,
> **ausbreiten**은 병이 퍼지는 것과 관련됩니다.
> ⓔ Das Coronavirus breitet sich weiter aus. 코로나 바이러스가 계속 퍼지고 있다.

☐☐ 0894 **verdeutlichen**   명료하게 하다

Der Professor verdeutlicht seine Theorie.

교수님은 자신의 이론을 설명하고 있다.

· r. Professor(en) 교수   · e. Theorie(n) 이론

☐☐ 0895 **sich vergnügen**   즐기다

Ich habe mich vergnügt.   난 즐거웠다.

Es war mir ein Vergnügen.   기꺼이 한 일입니다.

감정동사

☐☐ 0896 **verlängern**   연장하다

Ich möchte den Vertrag verlängern.

계약을 연장하고 싶습니다.

· r. Vertrag("e) 계약

☐☐ 0897 **vermitteln**   중재하다, 주선하다, (사상 등을) 전달하다

Er versuchte vergeblich, zwischen den beiden zu
vermitteln.   그는 그 둘을 중재하려고 했으나 허사로 돌아갔다.

· vergeblich 성과 없이, 헛된

☐☐ 0898 **versäumen**   놓치다, 소홀히 하다

Ich habe verschlafen und den Unterricht
versäumt.   늦잠을 자서 수업에 못 갔어.

· r. Unterricht(e) 수업

☐☐ 0899 **verursachen** | 야기하다

Wer hat den Unfall verursacht?

누가 이 사고를 유발했나요?

· r. Unfall(¨e) 사고

🍺TIPP
야기하다
1) **bewirken** (보통 긍정적인 것을) 야기하다
2) **verursachen** (보통 부정적인 것을) 야기하다

☐☐ 0900 **verwirklichen** | 실현하다

Der Plan wurde nicht verwirklicht.

그 계획은 실현되지 않았다.

· r. Plan(¨e) 계획

❶ 다음에 해당하는 의미를 찾아 연결해 보세요.

01 verschwinden ·　　　　· ❶ 명료하게 하다

02 verbessern ·　　　　· ❷ 연장하다

03 verdeutlichen ·　　　　· ❸ 사라지다

04 verlängern ·　　　　· ❹ 개선하다

❷ 다음 단어의 의미를 우리말로 써 보세요.

05 genügen ....　　09 korrigieren ....

06 gestalten ....　　10 schwinden ....

07 erklären ....　　11 vermitteln ....

08 kontrollieren ....　　12 versäumen ....

❸ 우리말을 독일어로 써 보세요.

13 A에 대한 정보를 얻다 ....

14 접근하다 ....

15 A를 반대하다 ....

16 유포되다 ....

17 야기하다 ....

18 실현하다 ....

19 의사소통하다 ....

20 사냥하다, 쫓다 ....

정답 01 ③　02 ④　03 ①　04 ②　05 충분하다　06 형상하다　07 (기능을) 설명하다　08 감독하다, 검문하다
09 교정하다　10 줄어들다　11 중재하다, 주선하다　12 놓치다, 소홀히 하다　13 sich informieren über
+ A　14 sich nähern　15 protestieren gegen + A　16 sich verbreiten　17 verursachen
18 verwirklichen　19 kommunizieren　20 jagen

독일어를 배운다면
꼭 알아야 할 명사

한마디

•

여행 · 관광

★

☐☐ 0901 **die Gebühr**   요금, 사용료

(복수형) die Gebühren

Man muss für die Benutzung von öffentlichen
Toiletten eine Gebühr bezahlen.

공중화장실을 사용하려면 사용료를 지불해야만 합니다.

· e. Benutzung(en) 사용

☐☐ 0902 **das Geld**   돈(단수), 자금(대개 복수)

(복수형) die Gelder

Ich habe kein Geld dabei.   나는 돈을 가져오지 않았어.

🍺 TIPP
돈 관련 단어
Bargeld 현금 | **Geldschein** 지폐 | **Geldautomat** 현금 인출기, ATM | **Trinkgeld** 팁 | **Bußgeld** 벌금 |
Münze 동전 | **Gutschein** 상품권

☐☐ 0903 **das Gepäck**   수하물, 짐

(복수형) 없음

Kann ich mein Gepäck hier lassen?

제 짐을 여기에 맡길 수 있을까요?

🍺 TIPP
수하물 관련 단어
Handgepäck 기내용 가방 | **Gepäckausgabe** 수하물 찾는 곳 | **Verlorenes Gepäck** 분실 수하물

명사

□ □ **0904 die Karte** 카드

(복수형) **die Karten**

Zahlen bitte! - Zahlen Sie bar oder mit Karte?

계산이요! – 현금으로 계산하세요, 카드로 계산하세요?

· **zahlen** 지불하다 · **bar** 현금의

TIPP
Karte 관련 단어
EC–Karte EC 카드 | Fahrkarte 차표 | Landkarte 지도 | Postkarte 엽서

□ □ **0905 der Koffer** 여행용 가방, 트렁크

(복수형) **die Koffer**

Mein Koffer ist nicht angekommen!

제 트렁크가 안 왔어요!

□ □ **0906 die Kosten** (복수) 비용

Es entstehen keine zusätzlichen Kosten.

추가 비용이 발생하지 않습니다.

· **entstehen** 생기다, 발생하다 · **zusätzlich** 추가의

□ □ **0907 der (Reise)Pass** 여권

(복수형) **die (Reise)Pässe**

Ihr Reisepass ist abgelaufen. Er gilt nicht mehr.

여권의 기한이 만료되었습니다. 더는 유효하지 않습니다.

· **ablaufen** (기한이) 만료되다 · **gelten** 유효하다

□ □ **0908 der Preis** 가격

(복수형) **die Preise**

Die Preise sind gestiegen.

가격이 올랐다.

□ □ **0909 die Reise** 여행

(복수형) **die Reisen**

Wie war deine Reise?

여행 어땠어?

0910 **der Tourist / die Touristin** 여행객

(복수형)
🔵 (en, en)
🔴 die Touristinnen

Der Tourist besichtigt das Schloss.

그 여행객은 성을 관람하고 있다.

· besichtigen (도시, 박물관 등을) 관람하다 · s. Schloss("er) 성

0911 **der Urlaub** 휴가

(복수형) die Urlaube

Ich habe mich im Urlaub gut erholt.

휴가 때 잘 쉬었다.

· sich erholen 원기를 되찾다

0912 **die Buchung** 예약

(복수형) die Buchungen

Ich habe ein Zimmer gebucht. 방을 하나 예약했습니다.

= Ich habe ein Zimmer reserviert.

· buchen / reservieren 예약하다

0913 **das Frühstück** 조식

(복수형) die Frühstücke

Ist das Frühstück im Preis inklusive?

조식 포함된 가격인가요?

Hast du gefrühstückt? 아침밥 먹었니?

· frühstücken 아침밥을 먹다

□ □ 0914 **das Hotel** 호텔

(복수형) die Hotels

Das Hotel liegt am Rand der Innenstadt.

그 호텔은 시 외곽에 있다.

· r. Rand("er) 가장자리 · e. Innenstadt("e) 시내, 도심

🐷 **TIPP**

숙소 관련 단어

Hostel 호스텔 | Jugendherberge 유스 호스텔 | Ferienwohnung 집 전체 렌탈 숙소

□ □ 0915 **das Zimmer** 방

(복수형) die Zimmer

Haben Sie ein Zimmer frei? 빈방 있나요?

· frei 자유로운, 빈

□ □ 0916 **das Bad** 목욕, 욕조

(복수형) die Bäder

Bist du schon im Bett? - Nein, ich bin noch im Bad. 벌써 자니? – 아니, 아직 욕실에서 씻는 중이야.

· s. Bett(en) 침대

□ □ 0917 **die Dusche** 샤워

(복수형) die Duschen

Ich möchte ein Zimmer mit Dusche.

샤워실이 있는 방을 하나 원합니다.

□ □ 0918 **das Handtuch** 수건

(복수형) die Handtücher

Ich brauche frische Handtücher, bitte.

새 수건이 필요해요.

· frisch 신선한, 새로운

0919 **die Seife** | 비누

(복수형) **die Seifen**

Hier gibt es keine Seife.

여기 비누가 없네요.

TIPP

세면도구

Shampoo 샴푸 | **Spülung** 린스 | **Duschgel** 샤워 젤 | **Zahnbürste** 칫솔 | **Zahncreme** 치약

0920 **der Spiegel** | 거울

(복수형) **die Spiegel**

Sieh doch in den Spiegel!

거울 좀 봐 봐!

0921 **die Toilette** | 화장실, 변기

(복수형) **die Toiletten**

Entschuldigung, wo ist die Toilette?

실례지만, 화장실이 어디에 있나요?

TIPP

화장실 및 화장지 관련 단어

Klo (일상) 변기, 화장실 | **Urinal** 소변기 | **Toilettenpapier** 두루마리 화장지 |
Tempo 휴대용 화장지 (브랜드 이름이 보통명사화) | **Serviette** 냅킨

0922 **das Waschbecken** | 세면대

(복수형) **die Waschbecken**

Das Waschbecken befindet sich im Zimmer.

방에 세면대가 있습니다.

· s. Becken(-) 대야, 골반   · sich befinden 있다

TIPP

세면대 관련 단어

Wasserhahn 수도꼭지 (*수탉(Hahn)과 비슷해서) | **Wasserleitung** 수도 | **Leitungswasser** 수돗물

명사

0923 **die Beilage** 곁들여진 음식, 사이드 메뉴

(복수형) die Beilagen

Als Beilage wird ein Salat angeboten.

사이드 메뉴로는 샐러드가 제공됩니다.

- r. Salat(e) 샐러드 · anbieten 제공하다, 제안하다

0924 **das Essen** 식사

(복수형) die Essen

Was gibt's zum Abendessen? 저녁에 뭐 먹어?

TIPP
식사를 나타내는 표현
Frühstück 아침 식사 | **Mittagessen** 점심 식사 | **Abendessen** 저녁 식사 | **Mahlzeit** 시간이 정해진
식사 | **Verzehr** 먹고 마심 | **Brunch** 아침 겸 점심 식사 | **Kaffeepause** 커피 시간

0925 **das Getränk** 음료

(복수형) die Getränke

Haben Sie alkoholfreie Getränke?

무알콜 음료가 있나요?

- alkoholfrei 무알콜의

TIPP
음료 관련 단어
Saft 주스 | **Kaffee** 커피 | **Tee** 차 | **Cola** 콜라 | **Fanta** 환타 | **Sprite** 스프라이트 |
Spezi 콜라에 환타 오렌지를 섞은 음료 | **Schorle** 탄산수에 과일 주스를 섞은 음료 | **Bier** 맥주

0926 **die Rechnung** 계산, 계산서

(복수형) die Rechnungen

Die Rechnung stimmt nicht. 계산이 안 맞는데요

0927 **das Restaurant** 레스토랑

(복수형) die Restaurants

Das Restaurant ist voll. 그 레스토랑은 꽉 찼다.

🍺 TIPP
식당 관련 단어
Imbiss 간이식당 | Cafeteria 카페테리아, 셀프서비스 식당 | Café 카페, 커피숍 | Gaststätte 음식점 |
Kneipe 간이주점 | Biergarten 야외 맥줏집

☐☐ **0928 die Speise** | 음식, 요리

(복수형) **die Speisen**

Die Speisekarte, bitte. 메뉴판 좀 주세요.

· e. Speisekarte(n) 메뉴판

🍺 TIPP
요리 관련 단어
Hauptspeise 메인 요리 | Vorspeise 애피타이저 | Nachtisch 후식 | Gericht 요리 | Küche 부엌, 요리

☐☐ **0929 die Suppe** | 수프, 국

(복수형) **die Suppen**

Die Suppe ist mir zu salzig! 이 수프는 저한텐 너무 짜네요.

· salzig 짠맛의

☐☐ **0930 das Wasser** | 물(단수, 전문 영역에서만 복수)

(복수형) **die Wasser, die Wässer**

Die anderen kochen auch nur mit Wasser! 자신감을 가져! (관용어, 다른 사람도 물로만 끓여.)

Einige Kinder planschen im Wasser. 아이들 몇 명이 물에서 물장구를 치고 있다.

· planschen 물장구치다

🍺 TIPP
관용어 "Die anderen kochen auch nur mit Wasser!"의 유래
이 문장은 원래 가난한 상황을 나타내던 표현이었습니다. 가난한 사람들은 요리를 할 때 육수를 낼 재료를 살
여유가 없어서 그냥 물로만 요리를 했기 때문입니다. 그러나 지금은 다른 사람들과 본인을 비교하며 주눅 들
어 있는 사람에게 남들도 다 똑같다고 자신감을 북돋아 주고 싶을 때 쓰는 말이 되었습니다.

명사

❶ 다음에 해당하는 의미를 찾아 연결해 보세요.

01 der Urlaub – die Urlaube •   • ❶ 샤워

02 das Zimmer – die Zimmer •   • ❷ 휴가

03 das Bad – die Bäder •   • ❸ 목욕, 욕조

04 die Dusche – die Duschen •   • ❹ 방

❷ 다음 단어의 의미를 우리말로 써 보세요.

05 das Gepäck _____

06 der Koffer – die Koffer

07 der Spiegel – die Spiegel

08 die Toilette – die Toiletten

09 die Beilage – die Beilagen

10 das Essen – die Essen

11 das Getränk – die Getränke

12 das Wasser – die Wasser

❸ 우리말을 독일어로 써 보세요.

13 음식, 요리 _____

14 비용 _____

15 가격 _____

16 요금, 사용료 _____

17 수건 _____

18 세면대 _____

19 계산, 계산서 _____

20 예약 _____

정답 01 ② 02 ④ 03 ③ 04 ① 05 수하물, 짐 06 여행용 가방, 트렁크 07 거울 08 화장실, 변기 09 사이드 메뉴 10 식사 11 음료 12 물 13 die Speise – die Speisen 14 die Kosten(복수) 15 der Preis – die Preise 16 die Gebühr – die Gebühren 17 das Handtuch – die Handtücher 18 das Waschbecken – die Waschbecken 19 die Rechnung – die Rechnungen 20 die Buchung – die Buchungen

02

명사 여행을 떠나요~

여행 · 관광 ❷

☐ ☐ **0931 die Brücke** 다리

(복수형) die Brücken

Die Karl-Theodor-Brücke in Heidelberg ist besser bekannt als die Alte Brücke.

하이델베억에 있는 카를 테오도어 다리는 오래된 다리(라는 이름으)로 더 유명하다.

· bekannt 유명한, 알려진

☐ ☐ **0932 die Burg** 성

(복수형) die Burgen

Die Burg Hohenzollern ist die Stammburg des preußischen Königshauses.

호엔쫄레은성은 프로이센 왕가 혈통의 성이다.

· r. Stamm("e) 줄기, 혈통   · r. König(e) 왕

🍺 **TIPP**

Burg이 들어간 도시 이름

Hamburg(함부억), Augsburg(아우스부억), Freiburg(프라이부억) 등 외래어 표기법에서 Burg의 발음을 '부르크'라고 하는데, 잘못된 발음입니다. 3음절이 아니라 1음절이며, '부억'이라고 발음하는 것이 원어에 더 가깝습니다.

☐ ☐ **0933 das Denkmal** 기념비

(복수형) die Denkmäler, die Denkmale

Mitten in Berlin liegt das Denkmal für die in Europa ermordeten Juden.

베를린 중앙에는 학살된 유럽 유대인을 위한 추모비가 있다.

· mitten 중앙의   · ermorden 살해하다

명사

☐☐ 0934 **das Gebäude**   건물

(복수형) die Gebäude

Das Reichstagsgebäude ist ein Symbol
deutscher Demokratie.

국회 의사당 건물은 독일 민주주의의 상징이다.

· s. Symbol(e) 상징   · e. Demokratie(n) 민주주의

☐☐ 0935 **die Kirche**   교회

(복수형) die Kirchen

Im Zweiten Weltkrieg wurde die Kaiser-
Wilhelm-Gedächtnis-Kirche stark beschädigt.

제2차 세계 대전 중 카이저 빌헬름 기념 교회는 심하게 훼손되었다.

· r. Weltkrieg(e) 세계 대전   · s. Gedächtnis(se) 기념   · beschädigen 손상시키다

🍺**TIPP**

종교 시설 관련 단어

Kirche 교회 | Dom/Münster 대성당 | Kloster 수도원 | Kapelle 작은 교회/기도실 |
독일 곳곳에는 교회와 성당이 많이 있습니다. 유네스코에 지정된 교회 관련 건물만 해도 15개가 넘을 정도입
니다. 그중 쾰른 대성당(Kölner Dom), 비텐베억 슐로스 교회(Wittenberg Schlosskirche), 마울브론 수
도원(Kloster Maulbronn) 등이 관광지로 유명합니다.

☐☐ 0936 **die Mauer**   벽, 성벽

(복수형) die Mauern

Am 9. November 1989 fiel die Berliner Mauer.

1989년 11월 9일, 베를린 장벽이 무너졌다.

☐☐ 0937 **das Schloss**   성, 자물쇠

(복수형) die Schlösser

Das Schloss Neuschwanstein bei Füssen
diente als Vorbild für Disney Castle.

퓌센에 있는 노이쉬반쉬타인 성은 '디즈니 성'의 모델이다.

· dienen 근무하다   · s. Vorbild(er) 모범, 본보기

TIPP
Burg vs Schloss
Burg은 일종의 요새입니다. 두꺼운 성벽으로 외부의 침략을 방어하고, 성의 주민들을 보호합니다.
반면 Schloss는 주거지입니다. 왕 또는 귀족이 사는 곳으로, 큰 창문, 화려한 문양, 큰 정원 등이 딸려 있습니다.

0938 **das Rathaus**　　　　　　　　　　　시청

(복수형) die Rathäuser

Das Rathaus befindet sich im Zentrum der Stadt.
시청은 도시 중심에 있다.

· s. Zentrum(Zentren) 중심, 중심지

0939 **die Sehenswürdigkeit**　　　　　관광지, 명소

(복수형) die Sehenswürdigkeiten

Welche Sehenswürdigkeiten kannst du mir empfehlen?
어떤 관광지를 추천해 줄 수 있나요?

0940 **das Tor**　　　　　　　　　　　　성문, 골대

(복수형) die Tore

Das Brandenburger Tor gilt als das Symbol der deutschen Einheit.
브란데부어거 성문은 독일 통일의 상징으로 여겨진다.

· e. Einheit(en) 단일, 통일

0941 **der Turm**　　　　　　　　　　　　　탑

(복수형) die Türme

Wir sind auf den Turm gestiegen.
우리는 그 탑에 올랐다.

TIPP
Turm 관련 단어
Aussichtsturm 전망대 | Leuchtturm 등대 | Scharwachtturm 망대

명사

0942 **der Weg**

	길

(복수형) **die Wege**

Ich bin auf dem Philosophenweg in Heidelberg gewandert.

나는 하이델베억에 있는 철학자의 길을 거닐었다.

· **wandern** 도보 여행을 하다

🍺**TIPP**

길 관련 단어

Allee 가로수 길 | **Pfad** 오솔길 | **Gasse** 골목 | **Pfütze** 길에 물이 고인 곳

0943 **der Berg**

	산

(복수형) **die Berge**

Die Zugspitze ist mit 2962 Metern der höchste Berg in Deutschland.

쭉쉬피체는 2,962미터로 독일에서 가장 높은 산이다.

🍺**TIPP**

산 관련 단어

Gipfel 산봉우리 | **Tal/Klamm** 계곡 | **Schlucht** 협곡 | **Wasserfall** 폭포 | **Gebirge** 산맥

0944 **der Fluss**

	강

(복수형) **die Flüsse**

Der Rhein Fluss entspringt in den Alpen und mündet in die Nordsee.

라인강은 알프스에서 발원하여 북해로 흘러든다.

· **entspringen** (강 등이) 발원하다   · **münden** 흘러들다

0945 **der See**

	호수

(복수형) **die Seen**

Man kann die Statue Imperia in Konstanz am Bodensee sehen.

보덴제에 있는 콘스탄츠에서 임페리아상을 볼 수 있다.

· **e. Statue(n)** 입상(立像)

☐☐ **0946 die See** 바다

(복수형) 없음

Ich habe am Meer, nämlich an der Nordsee, den ganzen Urlaub verbracht.

난 바닷가, 즉 노어트제(북해)에서 휴가를 보냈어.

· s. Meer(e) 바다 · verbringen 시간을 보내다

☐☐ **0947 der Wald** 숲

(복수형) die Wälder

Ich bin auf den Feldberg im Schwarzwald gestiegen. 난 슈바르츠발트(검은 숲)에 있는 펠트산을 올랐다.

· steigen 오르다, 상승하다

TIPP
숲 관련 단어
Urwald 밀림 | Dschungel 정글

☐☐ **0948 das Kino** 영화관

(복수형) die Kinos

Ganz großes Kino! 대박! / 이런!

TIPP
독일에서는 '큰 영화관'이 왜 '대박'일까?
우리말 '대박'의 본래 의미는 '큰 배'입니다. 옛날 사람들이 이제껏 보지 못한 큰 선박을 보고 놀람을 표현하던 것이 현재의 의미를 만든 것이지요. 같은 맥락으로, 독일에는 천막 극장이나 작은 영화관 밖에 없던 시절에 큰 영화관이 등장하면서 이러한 뜻이 생겼다고 합니다.

☐☐ **0949 das Museum** 박물관

(복수형) die Museen

Heute habe ich die Besucher durch das Mercedes-Benz Museum geführt.

나는 오늘 방문객들에게 메르세데스 벤츠 박물관을 안내해 주었다.

· r. Besucher(-) 방문객

□□ **0950 der Park** 공원

(복수형) die Parks

Der Europa- Park in Rust gilt als der beliebteste
Freizeitpark der Welt.

루스트에 있는 오이로파 파크는 세계에서 가장 인기 있는 놀이공원으로 여겨진다.

· **beliebt** 인기 있는 · r. **Freizeitpark("e)** 놀이공원

□□ **0951 das Theater** 극장

(복수형) die Theater

Im Musical Theater Bremen wird das Phantom
der Oper gespielt.

뮤지컬 극장 브레멘에서 오페라의 유령이 상영된다.

· e. **Oper(x)** 오페라 · **spielen** 놀다, 운동하다, (악기를) 다루다

□□ **0952 der Zoo** 동물원

(복수형) die Zoos

Heute haben wir den Berliner Zoo besucht.

우린 오늘 베를린 동물원에 갔어.

□□ **0953 der Auflauf** 아우프라우프(그라탕처럼 오븐에 구운 요리)

(복수형) die Aufläufe

Dein Auflauf schmeckt mir sehr gut!

네 아우프라우프는 정말 맛있어!

· **schmecken nach + D** D의 맛이 나다

□□ **0954 das Brot** 빵

(복수형) die Brote

Das Brot ist ganz frisch. 이 빵은 매우 신선하다.

TIPP
빵은 독일인의 주식으로, 특히 아침 식사로 즐겨 먹습니다. 브뢰헨(Brötchen)이 가장 기본이 되는 작은 빵이
며, 그 외 브레첼(Brezel), 젬멜(Semmel 흰 밀가루빵) 등이 유명합니다.

☐☐ **0955 der Döner** 케밥

(복수형) **die Döner**

Der Döner ist das beliebteste Fast-Food-Gericht in Deutschland.

케밥은 독일에서 가장 사랑받는 패스트푸드입니다.

· s. Gericht(e) 요리, 법원

🍺 **TIPP**

독일화된 외국 음식
이탈리아의 피자(Pizza), 스파게티(Spaghetti), 프리카델레(Frikadelle), 헝가리의 굴라시(Gulasch), 프랑스의 퓨레(Püree), 중국의 볶음면(gebratene Nudeln)과 춘권(Frühlingsrolle) 등 전형적인 독일 음식은 아니지만, 이미 독일에 뿌리내린 외국 음식이 많이 있습니다.

☐☐ **0956 die Haxe** (돼지, 소의) 다리 부위나 요리

(복수형) **die Haxen**

Die Schweinshaxe ist ein typisch deutsches Gericht. 슈바인스 학세[독일식 족발]는 전형적인 독일 요리이다.

🍺 **TIPP**

전형적인 독일 요리
베를린의 Currywurst(카레 소시지), 함부억의 Birnen, Bohnen und Speck(배, 콩, 베이컨 요리), 노어트제의 Nordseekrabben(북해 게 요리), 바이언의 Weißwurst mit Brezel(흰 소시지와 브레쩰), 드레스덴의 Stollen(크리스마스 전에 먹는 케이크), 바덴-뷔어템베억의 Spätzle(면처럼 길게 뽑은 수제비)와 Maultaschen(납작한 사각형 모양의 독일식 만두), Schwarzwälder Kirschtorte (검은 숲 체리 쇼트케이크) 등 전형적인 독일 요리가 있습니다.

☐☐ **0957 die Nudel** 면, 면으로 된 음식

(복수형) **die Nudeln**

Sie hat heute Abend Instant - Nudeln gegessen.

그녀는 오늘 저녁에 라면을 먹었다.

☐☐ **0958 das Schnitzel** 돈가스

(복수형) **die Schnitzel**

Das (Wiener) Schnitzel ist sehr lecker!

이 (빈 지방) 돈가스는 정말 맛있어!

· lecker 맛있는

❶ 다음에 해당하는 의미를 찾아 연결해 보세요.

01 die Mauer – die Mauern •

02 der Turm – die Türme •

03 der See – die Seen •

04 die See •

• ❶ 탑

• ❷ 벽, 성벽

• ❸ 바다

• ❹ 호수

❷ 다음 단어의 의미를 우리말로 써 보세요.

05 die Brücke – die Brücken

06 das Schloss – die Schlösser

07 das Tor – die Tore

08 der Weg – die Wege

09 der Berg – die Berge

10 die Nudel – die Nudeln

11 das Schnitzel – die Schnitzel

12 die Kirche – die Kirchen

❸ 우리말을 독일어로 써 보세요.

13 성

14 건물

15 강

16 숲

17 박물관

18 빵

19 시청

20 동물원

정답 01 ② 02 ① 03 ④ 04 ③ 05 다리 06 성, 자물쇠 07 성문, 골대 08 길 09 산 10 면 11 돈가스
12 교회 13 die Burg – die Burgen 14 das Gebäude – die Gebäude 15 der Fluss – die
Flüsse 16 der Wald – die Wälder 17 das Museum – die Museen 18 das Brot – die
Brote 19 das Rathaus – die Rathäuser 20 der Zoo – die Zoos

02마디

집 · 생활

01

집안에서 찾은 명사

집 · 생활 ❶

☐☐ 0959 **die Decke**　　　　　　　　　　　　　　　　　　천장

(복수형) **die Decken**　　　Die Lampe hängt an der Decke.

램프가 천장에 매달려 있다.

· e. Lampe(n) 램프　　· hängen 걸려 있다, 걸다

🍺 **TIPP**
Decke 관련 단어
Tischdecke 식탁보 | **Bettdecke** 이불

☐☐ 0960 **das Fenster**　　　　　　　　　　　　　　　　　　창문

(복수형) **die Fenster**　　　Das Fenster klemmt.　　　창문이 빡빡해서 안 열린다.

· klemmen 빡빡하다, 꽉 끼다

🍺 **TIPP**
창문 관련 단어
Fensterscheibe 유리창 | **Fensterrahmen** 창틀

☐☐ 0961 **der Flur**　　　　　　　　　　　　　　　　　　　복도

(복수형) **die Flure**　　　Warten Sie im Flur!　　　복도에서 기다려 주세요!

· warten auf + A A를 기다리다

☐☐ 0962 **der (Fuß)boden**　　　　　　　　　　　　　　　　바닥

(복수형) **die (Fuß)böden**　　　Auf dem Boden liegt ein Teppich.

바닥에 카펫이 (깔려) 있다.

· **liegen** 누워 있다. 놓여 있다   · r. **Teppich(e)** 카펫, 양탄자

TIPP
바닥 모습
바닥에는 카펫이 깔려 있는 집이 많습니다. 한국식 장판은 **PVC Belag**라고 하는데, 일반 슈퍼마켓에서는 팔지 않고 건축 자재를 파는 마트(Baumarkt)에서 구입할 수 있습니다.

☐☐ 0963 **die Heizung** 난방 장치

(복수형) **die Heizungen**   Soll ich die Heizung anmachen?   난방을 켤까?

· **anmachen** 켜다

TIPP
난방 장치
독일 가정은 대부분 벽 옆에 세워져 있는 라디에이터로 난방을 하며, 벽난로(Kamin)가 있는 집도 있습니다. 최근에는 바닥을 데워 주는 난방 시설(Bodenheizung)도 설치되는 추세입니다.

☐☐ 0964 **der Raum** 방, 공간

(복수형) **die Räume**   Darf ich deinen Raum sehen?   네 방을 좀 봐도 될까?

TIPP
Raum vs Zimmer
둘 다 방이라는 뜻입니다. **Arbeitszimmer**(서재), **Schlafzimmer**(침실), **Esszimmer**(식당), **Badezimmer**(욕실), **Wartezimmer**(대기실), **Klassenzimmer**(교실), **Gastzimmer**(손님방), **Abstellraum**(창고) 등과 같이 활용됩니다. 다만 **Raum**은 좀 더 의미가 확장되어 '공간'이라는 뜻으로 사용되기도 합니다.

☐☐ 0965 **der Stecker** 플러그

(복수형) **die Stecker**   Stecken Sie den Stecker in die Steckdose!
플러그를 콘센트에 꽂으세요!

· **stecken** 꽂다.   · r. **Stecker(-)** 플러그   · e. **Steckdose(n)** 콘센트

0966 **die Tür** 문

(복수형) die Türen

Es klopft an der Tür. 문을 두드리는 소리가 난다.

• klopfen 두드리다

0967 **der Vorhang** 커튼

(복수형) die Vorhänge

Bitte zieh den Vorhang vor/zu! 커튼을 좀 쳐라/닫아라!

• vorziehen 앞으로 끌다, 선호하다 • zuziehen (문, 커튼 등을) 끌어당겨서 닫다

0968 **die Wand** 벽

(복수형) die Wände

Ich habe gegen eine Wand geredet. 벽을 보고 이야기했다. (=쇠귀에 경 읽기)

0969 **die Wohnung** 집

(복수형) die Wohnungen

Die Wohnung ist komplett eingerichtet/ausgestattet. 이 집은 (가구 등이) 완전히 갖춰져 있습니다.

• komplett 완전한 • einrichten 설치하다, 꾸미다 • ausstatten 설치하다, 공급하다

> **TIPP**
> 집을 나타내는 단어
> Haus 집, 주택 | Appartement, Appartment 아파트 | Studentenwohnheim 기숙사 | Villa 고급 주택 | Wohngemeinschaft 셰어 하우스 (약어 : WG)

0970 **der Aufzug** 엘리베이터

(복수형) die Aufzüge

Der Aufzug ist außer Betrieb. 엘리베이터가 고장 났습니다.

• außer Betrieb 고장 난, 작동하지 않는

0971 **das Dach**　지붕

(복수형) die Dächer

Ich wohne unter dem Dach.

난 다락방(지붕 아래)에 살아요

0972 **der Eingang**　입구

(복수형) die Eingänge

Der Eingang war verschlossen.　입구가 잠겨 있었어.

· verschließen 잠그다

> **TIPP**
> 그 외 접두사 + Gang 명사 (*동사 gehen에서 나온 명사)
> 1) r. Gang(¨e) 걸음, (차량의) 기어
> 2) r. Aufgang(¨e) (해가) 떠오름
> 3) r. Ausgang(¨e) 출구
> 4) r. Stuhlgang(¨e) 배변
> 5) r. Zugang(¨e) 통로

명사

0973 **der Garten**　정원

(복수형) die Gärten

Er arbeitet im Garten.　그는 정원에서 일하고 있어.

0974 **der Keller**　지하실

(복수형) die Keller

Ich habe den Keller aufgeräumt.　지하실 청소했어.

· aufräumen 청소하다, 정리하다

0975 **die Säule**　기둥

(복수형) die Säulen

Das Dach ruht auf Säulen.　기둥이 지붕을 떠받치고 있다.

· ruhen auf + A A에 지탱되다, 떠받쳐지다

층, 막대기

(복수형) die Stock(층)
die Stöcke(막대기)

Meine Wohnung liegt im dritten Stock.

나의 집은 세 번째 층(4층)이다.

TIPP

독일과 한국은 층을 세는 방법이 다릅니다. 독일은 1층을 지층, 2층을 첫 번째 층이라고 합니다. 층을 Etage와 Geschoss라고도 하는데, 특히 Geschoss는 Erdgeschoss(지층: 1층), Dachgeschoss(맨 꼭대기 층: 다락층)과 같이 합성어로 사용됩니다.

□ □ 0977 **die Treppe**   계단

(복수형) die Treppen

Er ist die Treppe hochgegangen.

그는 계단 위로 올라갔다.

· hochgehen 올라가다

□ □ 0978 **das Bett**   침대

(복수형) die Betten

Ich bin müde und gehe jetzt ins Bett.

피곤해. 이제 자러 가야겠어.

Sie hat sich die Bettdecke über den Kopf gezogen.

그녀는 머리 위로 이불을 덮었다.

TIPP

침대와 침구류

침대는 Bettgestell(프레임), Lattenrost(침대 갈빗살), Matratze(매트리스)로 구성됩니다. 침구류는 보통 Bettdecke(이불), Bettdeckenbezug(이불 커버), Kissenbezug(베개 커버), Laken(침대 시트)을 말하는데, 벗겨서 세탁할 수 있기 때문에 Bettwäsche라고 합니다.

□ □ 0979 **das Fach**   칸, 서랍, 전문 분야

(복수형) die Fächer

Ich habe den Schlüssel in das rechte Fach gelegt.

열쇠는 오른쪽 서랍에 두었어.

· r. Schlüssel(-) 열쇠   · legen 눕히다, 놓다

☐☐ **0980 das Fernsehen**   **텔레비전, 방송국**

(복수형) 없음   Was siehst du dir im Fernsehen an?

                               텔레비전에서 뭘 보고 있니?

☐☐ **0981 das Kissen**   **베개, 쿠션**

(복수형) die Kissen   Legen Sie den Kopf auf das Kissen!   베개를 베세요!

☐☐ **0982 die Klimaanlage**   **에어컨**

(복수형) die Klimaanlagen   Das Auto hat keine Klimaanlage.

                               이 차에는 에어컨이 없어요.

> **TIPP**
> 냉방 기구 관련 단어
> Ventilator 선풍기 | Fächer 부채

명사

☐☐ **0983 die Kommode**   **서랍장**

(복수형) die Kommoden   Ich habe eine Kommode von Simon
                         übernommen.   시몬한테 서랍장을 넘겨받았다.

                               · übernehmen 넘겨받다

☐☐ **0984 die Möbel** (복수)   **가구**

       Ich habe mir neue Möbel gekauft.   새 가구를 샀다.

       Ich suche ein möbliertes Zimmer.

                               가구가 딸린 방을 찾습니다.

                               · möbliert 가구가 딸린

> **TIPP**
> 가구(die Möbel)는 단수 형태(das Möbel)가 있지만, 거의 복수로만 쓰기 때문에 표제어는 복수형태로 소
> 개했습니다.

☐☐ 0985 **das Regal** 책장

(복수형) **die Regale**　　　Das Buch steht im Regal.　　그 책은 책장에 꽂혀 있어.

☐☐ 0986 **der Schrank** 장

(복수형) **die Schränke**　　　Stell die Teller in den Schrank zurück!

접시를 찬장에 도로 갖다 놔!

· **zurückstellen** 제자리에 갖다 놓다

🍺 **TIPP**
Schrank 관련 단어
Kleiderschrank 옷장 | **Kühlschrank** 냉장고 | **Gefrierschrank** 냉동고

☐☐ 0987 **der Stuhl** 의자

(복수형) **die Stühle**　　　Setz dich auf deinen Stuhl!　　네 의자에 앉아라!

🍺 **TIPP**
의자 관련 단어
Sessel 쿠션이 있는 의자 | **Liege** 누울 수 있는 의자 | **Sofa** 소파 | **Couch** 긴 소파 | **Rollstuhl** 휠체어

☐☐ 0988 **der Tisch** 탁자

(복수형) **die Tische**　　　Alle Tische sind besetzt.　　모든 테이블이 예약되었습니다.

· **besetzen** (좌석을) 차지하다

🍺 **TIPP**
Tisch 관련 단어
Schreibtisch 책상 | **Esstisch** 식탁

❶ 다음에 해당하는 의미를 찾아 연결해 보세요.

01 der Tisch – die Tische   •   • ❶ 의자

02 die Treppe – die Treppen   •   • ❷ 서랍장

03 die Kommode – die Kommoden •   • ❸ 탁자

04 der Stuhl – die Stühle   •   • ❹ 계단

❷ 다음 단어의 의미를 우리말로 써 보세요.

05 die Decke – die Decken   09 die Möbel(복수)

06 der Aufzug – die Aufzüge   10 die Klimaanlage – die Klimaanlagen

07 der Garten – die Gärten   11 der Stock – die Stock

08 das Fenster – die Fenster   12 die Säule – die Säulen

❸ 우리말을 독일어로 써 보세요.

13 책장   17 벽

14 복도   18 지붕

15 방, 공간   19 장

16 문   20 침대

정답 01 ③ 02 ④ 03 ② 04 ① 05 천장 06 엘리베이터 07 정원 08 창문 09 가구 10 에어컨 11 층 12 기둥 13 das Regal – die Regale 14 der Flur – die Flure 15 der Raum – die Räume 16 die Tür – die Türen 17 die Wand – die Wände 18 das Dach – die Dächer 19 der Schrank – die Schränke 20 das Bett – die Betten

02 집안에서 찾은 명사

집·생활 ❷

☐☐ 0989 **der Becher** (손잡이가 없는 유리)컵

(복수형) die Becher

Füllen Sie den Becher mit Wasser! 컵을 물로 채우세요!

☐☐ 0990 **das Besteck** 식사 용구 한 벌, 커트러리

(복수형) die Bestecke

Das parallele Besteck auf dem Teller bedeutet,
dass das Essen beendet ist.

접시 위에 평행으로 놓은 커트러리는 식사가 끝났다는 것을 의미합니다.

· parallel 평행의 · bedeuten 의미하다

☐☐ 0991 **die Gabel** 포크

(복수형) die Gabeln

Bringen Sie mir eine neue Gabel!

새 포크를 가져다주세요!

☐☐ 0992 **das Geschirr** 그릇

(복수형) die Geschirre

Ich spüle das Geschirr und du trocknest ab.

내가 설거지할게, 넌 (물기를) 닦아.

· spülen 설거지하다 · abtrocknen (물기를) 닦다

> 🍺 **TIPP**
> das Geschirr는 단수이지만, 식사 시 사용하는 여러 개의 그릇 일체(dishes)를 의미하기도 합니다.

☐☐ 0993 **das Glas** 유리, 유리잔

(복수형) die Gläser

Pass beim Spülen auf! Diese Gläser zerbrechen leicht. 설거지할 때 주의해! 이 유리잔들은 깨지기 쉽거든.

· aufpassen auf + A A를 주의하다 · zerbrechen 깨지다, 쪼개다 · leicht 가벼운, 쉬운

☐☐ 0994 **der Herd** (가스) 레인지

(복수형) die Herde

Stell den Topf auf den Herd! 냄비를 레인지 위에 올려놔!

☐☐ 0995 **die Kanne** (손잡이와 주둥이가 있는 원통 모양의) 용기

(복수형) die Kannen

Ich koche eine Kanne Kaffee. 포트에 커피를 끓이고 있어.

🍺 **TIPP**
Kanne 관련 단어
Wasserkanne 물병 | Kaffeekanne 커피포트 | Gießkanne 물뿌리개 | Thermoskanne 보온병

☐☐ 0996 **die Küche** 부엌, 음식

(복수형) die Küchen

Die Küche muss mit einem anderen Bewohner geteilt werden.

이 부엌은 다른 거주자들과 공동으로 사용하는 곳입니다.

· r. Bewohner(-) 주민, 거주자 · teilen 나누다, 나누어 주다, 공유하다

🍺 **TIPP**
주방 용품 관련 단어
Backofen 오븐 | Mikrowelle 전자레인지 | Kelle 국자 | Schneidebrett 도마 | Sieb 체 |
Stahlwolle 철 수세미 | Trichter 깔때기 | Wasserkessel 주전자

☐☐ 0997 **der Löffel** 숟가락

(복수형) die Löffel

Die Löffel sind in der Schublade hinter dir.

숟가락은 네 뒤쪽 서랍에 있어.

· e. Schublade(n) 서랍

명사

0998 **das Messer** 칼

(복수형) **die Messer**

Nimm das Messer weg! 칼 치웨!

· **wegnehmen** 치우다, 제거하다

0999 **die Pfanne** 프라이팬

(복수형) **die Pfannen**

Wie viele Eier soll ich in die Pfanne schlagen?

팬에 달걀을 몇 개 깨뜨릴까?

1000 **das Stäbchen** 젓가락

(복수형) **die Stäbchen**

Kannst du mit Stäbchen essen?

젓가락으로 (음식을) 먹을 수 있니?

· **r. Stab("e)** 막대기, 지팡이

TIPP

Stäbchen처럼 독일어는 –chen, –lein을 붙여서 작고 귀엽다는 것을 표현합니다. 이렇게 바뀐 명사는 중성이 됩니다.

1001 **die Tasse** (머그)잔

(복수형) **die Tassen**

Möchtest du etwas trinken? – Ja, eine Tasse
Kaffee, bitte! 뭐 좀 마실래? – 응, 커피 한 잔 줘!

1002 **der Teller** 접시

(복수형) **die Teller**

Ich habe meinen Teller leer gegessen.

접시를 깨끗이 비웠다.

1003 **der Topf** 냄비

(복수형) **Töpfe**

Jeder Topf findet seinen Deckel.

(속담) 짚신도 짝이 있다. [직역 : 모든 냄비는 자신의 뚜껑이 있다.]

1004 **der Besen** | 빗자루

(복수형) **die Besen**

Hol mal den Besen! 빗자루 좀 가져와!

• **holen** (물건을) 가져오다, (사람을) 불러오다

> **TIPP**
> 청소 도구 관련 단어
> **Bodenwischer** 대걸레 | **Kehrichtschaufel** 쓰레받기 | **Rechen** 갈퀴 | **Schrubber** 솔 |
> **Schwamm** 스펀지 | **Staubsauger** 진공청소기 | **Staubwischer** 먼지떨이

1005 **der Eimer** | 양동이

(복수형) **die Eimer**

Ich bin im Eimer. 완전히 지쳤다. [직역 : 난 (쓰레기)통 안에 있다.]

> **TIPP**
> 결국 예문은 '나는 쓰레기다'라는 뜻입니다. 이것이 독일에서는 '완전히 지쳤다.'는 의미가 되는데요. 그 이유는 음료를 다 마신 빈 깡통이 쓸모없어 쓰레기통에 들어가듯이, 어떤 것에 에너지를 다 쏟아서 완전히 지친 몸 상태를 '더는 쓸 수 없는 쓰레기'에 비유한 것이라고 합니다.

1006 **der Haushalt** | 살림

(복수형) **die Haushalte**

Mein Haushalt frisst mich auf. 살림에 진이 빠진다.

• **auffressen** 진을 빼다, 다 먹어 치우다

1007 **der (Wisch)Lappen** | 천 조각, 행주

(복수형) **die (Wisch)Lappen**

Er hat alles mit dem gleichen Lappen gewischt! 그는 모든 걸 같은 행주로 닦았어!

1008 **die Spüle** | 싱크대

(복수형) **die Spülen**

Der Abfluss der Spüle ist verstopft. 싱크대의 배수구가 막혔어요.

• **r. Abfluss("e)** 배수, 배수구   • **verstopfen** 막다, 막히다

☐ ☐ **1009 der Müll** 쓰레기

(복수형) 없음

Bring den Müll raus!

쓰레기 좀 버려라!

TIPP

쓰레기 관련 단어

Restmüll 일반 쓰레기 | Biomüll 음식물 쓰레기 | Gelber Sack 비닐, (노란 봉투) 알루미늄 등 재활용 봉투 | Altpapier 종이 쓰레기, 폐지 | Sperrmüll 대형 폐기물 | Altglas 폐유리 | Altkleider 헌 옷 | Abfallkalender 쓰레기 분리 배출 달력 | Abfall 쓰레기

☐ ☐ **1010 der Staub** 먼지 (보통 단수, 전문 영역에서만 복수)

(복수형) die Staube, die Stäube

Wische den Staub mit einem weichen Lappen ab!

부드러운 행주로 먼지를 닦으렴!

· **abwischen** 닦아 깨끗이 하다

☐ ☐ **1011 die Wäsche** 세탁물, 빨래

(복수형) die Wäschen

Ich wasche Wäsche.

빨래하는 중이야.

· **waschen** 씻다

TIPP

Wasch / Wäsche 관련 단어

Waschmaschine 세탁기 | Waschmittel 세탁용 세제 | Wäschekorb 빨래 바구니 | Wäschetrockner 빨래 건조기 | Wäschestand 빨래 건조대 | Wäscheklammer 빨래집게

---

❶ 다음에 해당하는 의미를 찾아 연결해 보세요.

01 das Stäbchen – die Stäbchen •　　　• ❶ 유리, 유리잔

02 das Glas – die Gläser　　　•　　　• ❷ 칼

03 das Messer – die Messer　　•　　　• ❸ (머그)잔

04 die Tasse – die Tassen　　　•　　　• ❹ 젓가락

❷ 다음 단어의 의미를 우리말로 써 보세요.

05 die Küche – die Küchen 　　　09 die Wäsche – die Wäschen

06 der Löffel – die Löffel 　　　10 die Spüle – die Spülen

07 die Pfanne – die Pfannen 　　11 der Eimer – die Eimer

08 der Teller – die Teller 　　　12 der Besen – die Besen

❸ 우리말을 독일어로 써 보세요.

13 식사 용구 한 벌, 커트러리 　　17 냄비

14 포크 　　　　　　　　　　　18 살림

15 그릇 　　　　　　　　　　　19 쓰레기

16 (가스) 레인지 　　　　　　　20 먼지

정답 01 ④ 02 ① 03 ② 04 ④ 05 부엌, 음식 06 숟가락 07 프라이팬 08 접시 09 세탁물, 빨래 10 싱크대
11 양동이 12 빗자루 13 das Besteck – die Bestecke 14 die Gabel – die Gabeln 15 das
Geschirr – die Geschirre 16 der Herd – die Herde 17 der Topf – die Töpfe 18 der
Haushalt – die Haushalte 19 der Müll 20 der Staub – die Staube, die Stäube

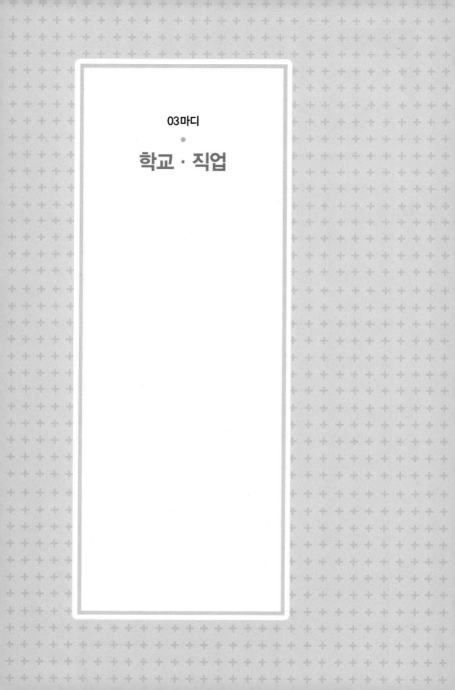

03마디
·
학교 · 직업

01

급식부터 회식까지

학교 · 직업 ❶

☐☐ 1012 **der Abschluss** 종강, 끝

(복수형) die Abschlüsse

Kommst du zur Abschlussfeier? 졸업식에 오니?

· e. Feier(n) 파티, 잔치

TIPP
공식 문서에서는 '졸업'을 종종 **Absolvierung**이라고 합니다.

☐☐ 1013 **der Ausflug** 소풍

(복수형) die Ausflüge

Morgen machen wir einen Schulausflug.

우리 학교는 내일 소풍을 가요

· morgen 내일 · e. Schule(n) 학교

☐☐ 1014 **die Ferien** (복수) 방학

Was hast du in deinen Winterferien gemacht?

겨울 방학 동안 뭐 했어?

· r. Winter(-) 겨울

☐☐ 1015 **die Hausaufgabe** 숙제

(복수형) die Hausaufgaben

Bist du mit den Hausaufgaben fertig? 숙제 다 했니?
= Hast du die Hausaufgaben fertig gemacht?

· mit + D fertig sein D를 다 하다(끝내다)

명사

☐ ☐ **1016 der Lehrer**   선생님

(복수형) die Lehrer

Als was arbeitest du? -
Ich bin Lehrerin. = Ich arbeite als Lehrerin.

무슨 일을 하세요? – 선생님이에요.

TIPP

자신의 직업이나 출신 등을 소개할 때는 보통 부정 관사를 생략합니다. 하지만 소개가 아닌 여럿 중 하나임을 강조할 때는 수사로 부정 관사를 넣으며, 직업이 아닌 사람 자체를 강조하려고 할 때도 부정 관사를 넣는 경우가 있습니다.

☐ ☐ **1017 die Note**   성적, 음표

(복수형) die Noten

Ich habe die Note „ausreichend" bekommen.

"(낙제하지 않을 정도의) 충분한" 성적을 받았어요.

TIPP

독일의 성적 평가 시스템

1) sehr gut 매우 잘하는 2) gut 잘하는 3) befriedigend 만족스러운 4) ausreichend 낙제하지 않을 정도의, 충분한 5) mangelhaft 부족한 6) ungenügend 낙제점의

☐ ☐ **1018 die Pause**   휴식 시간

(복수형) die Pausen

Es klingelt zur Pause.   쉬는 시간 종이 울린다.

Lass uns eine Kaffeepause machen!

커피 마시는 시간을 갖죠!

☐☐ 1019 **die Prüfung** | 시험

(복수형) **die Prüfungen**

Ich habe die schriftliche Prüfung bestanden!

필기시험에 합격했어!

Ich bin in der mündlichen Prüfung durchgefallen.

구술시험에 떨어졌어.

· **schriftlich** 글자의 · **bestehen** 합격하다 · **mündlich** 구술의 · **durchfallen** (시험에) 떨어지다

TIPP
시험 관련 단어

Abitur 대학 입학 자격시험 | **Examen/Abschlussprüfung** 졸업 시험 | **Klausur** 필기시험 |
Klausureinsicht (시험 점수가 생각보다 적게 나왔을 때) 시험 점수를 확인하는 것 | **Konzeptpapier** 초안지

☐☐ 1020 **die Schule** | 학교

(복수형) **die Schulen**

Ich gehe in die Schule. 학교에 가고 있어요.

Ich gehe zur Schule. = Ich bin Schüler.

저는 학생이에요.

· **r. Schüler(-)** 학생

TIPP
학교 과정(Schulsystem)

만 6세 이전에는 탁아소(**Kinderkrippe**), 유치원(**Kindergarten**)을 다닐 수 있습니다. 만 6세가 되면 의무
적으로 기본학교(**Grundschule**, 4년)를 다니고, 그다음에는 학업 능력과 희망에 따라 상급 학교인 김나지움
(**Gymnasium**, 9년), 레알슐레(**Realschule**, 4~6년), 하웁슐레(**Hauptschule**, 5년) 중 하나를 선택해 다니
게 됩니다.

☐☐ 1021 **das Semester** | 학기

(복수형) **die Semester**

Wann fängt das Sommersemester an?

여름 학기는 언제 시작하죠?

1022 die Tafel 칠판

(복수형) die Tafeln

Mit weißer Kreide schreibt sie einen Satz an die Tafel. 그녀는 흰분필로 칠판에 문장 하나를 적고 있다.

· e. Kreide(n) 분필 · r. Satz("e) 문장 · schreiben 쓰다

1023 der Unterricht 수업(보통 단수)

(복수형) die Unterrichte

Der Unterricht fällt heute aus. 오늘 수업이 취소되었다.

1024 die Anerkennung (수업·학점의) 인정

(복수형) die Anerkennungen

Ich beantrage die Anerkennung von Studien- und Prüfungsleistungen.

학업과 시험 성적에 대한 인정을 신청합니다.

· e. Leistung(en) 수행, 수행 능력, 성적

1025 der Doktor / die Doktorin 박사(약어: Dr.)

(복수형)
🔵 die Doktoren
🔴 die Doktorinnen

Dr. Albert Schweitzer hatte drei Doktortitel in Philosophie, Theologie und Medizin.

알베르트 슈바이처 박사는 철학, 신학, 의학 3개 분야에서 박사 학위를 취득했다.

· r. Doktortitel(-) 박사 학위 · e. Philosophie(n) 철학 · e. Theologie(n) 신학 · e. Medizin(x) 의학

TIPP

박사 학위 논문(Doktorarbeit, Dissertation, Promotion)이 통과되면 박사(Doktor)가 됩니다. 교수 (Professor(약어: Prof.))가 되려면 교수 자격 논문(Habilitation) 심사를 통과하여야 합니다. 교수를 포함하여 대학에서 강의하는 모든 사람을 강사(Dozent)라고 하며, 한 학부를 맡고 있는 교수를 학장(Dekan)이라고 합니다.

1026 die Fakultät 학부

(복수형) die Fakultäten

Welche Fakultäten gibt es an der Freien Universität Berlin? 베를린 자유 대학에는 어떤 학부가 있죠?

Fakultät vs Studienfach

학과는 Studienfach라고 하며 Fakultät가 상위 개념입니다. 예를 들어 튀빙겐 대학(die Universität Tübingen)에 있는 한국학과(Koreanistik)는 철학부(Philosophische Fakultät)에 속합니다.

□□ 1027 **das Hauptfach**   주전공

(복수형) die Hauptfächer

Ich studiere Psychologie als Hauptfach und Linguistik als Nebenfach.

나는 주전공으로 심리학을, 부전공으로 언어학을 공부하고 있어.

· e. Psychologie(x) 심리학 · e. Linguistik(x) 언어학 · s. Nebenfach("er) 부전공

□□ 1028 **die Immatrikulation**   (대학) 등록

(복수형) die Immatrikulationen

Welche Unterlagen benötige ich bei der Immatrikulation/Einschreibung?

(대학에) 등록할 때 어떤 서류가 필요한가요?

· benötigen 필요로 하다 · e. Einschreibung(en) (대학) 등록

□□ 1029 **die Lehrveranstaltung**   대학 수업

(복수형) die Lehrveranstaltungen

Meldest du dich für Lehrveranstaltungen an?

수강 신청할 거야?

· sich anmelden 신청하다, 전입 신고하다 · e. Veranstaltung(en) 개최, 행사

대학 수업도 일상에서는 Unterricht라고 합니다. 대학 수업에는 강사가 강연(Vortrag)을 하는 강의 (Vorlesung), 학생들이 그룹을 이루어 토의하는 세미나(Seminar), 주제를 심화시키는 연습(Übung) 등이 있습니다. 학생들은 보통 보고서(Hausarbeit/Aufsatz)를 내거나 주제 발표(Referat)를 하며, 수업을 기록 (Protokoll)하기도 합니다. 그 밖에도 튜터(Tutor)와 함께 배운 것을 다시 배우는 보충 학습(Tutorium), 지 도 교수와 박사 과정생들이 모여 자신이 연구하고 있는 주제를 발표하고 토의하는 콜로키움(Kolloquium), 교수가 자기 연구 주제를 발표하는 학술대회(Tagung, Kongress) 등이 있습니다. 또한 참고로 어학 수업 (Sprachkurs)과 같은 강좌는 Kurs라고 합니다.

1030 **der Student / die Studentin** 대학생

(복수형)
🔵 (en, en)
🔵 die Studentinnen

Ich bin doch (ein) Student, das kann ich mir nicht leisten.

난 대학생이라 그걸 할 돈이 없어.

· sich³ leisten + A (관용어) A를 할 돈이 있다

TIPP

그 외 관련 단어

Studium 대학 공부 | Studentenausweis/Studierendenausweis 학생증 |
Studienbescheinigung 재학 증명서 | Studienabschluss 학위 | studieren 대학에서 공부하다

1031 **die Universität** 종합대학교(약어: Uni)

(복수형) die Universitäten

Woomok studiert auf Grundschullehramt an der Universität.

우목은 대학에서 초등교사 교육 과정을 공부하고 있다.

TIPP

대학 관련 단어

대학교(Hochschule)에는 Universität(종합대학교), Technische Hochschule(TH, 공과대학),
Musikhochschule (MH, 음악대학), Fachhochschule (FH,전문대학), Bibliothek(도서관),
Hörsaal(강당), Mensa(학생 식당), Seminarraum(세미나실) 등이 있습니다.

1032 **die Verwaltung** 행정실, 관리실

(복수형) die Verwaltungen

Sprechen Sie bitte mit der Verwaltung!

관리실과 이야기해 보세요!

1033 **die Zulassung** (대학) 입학 허가, (자동차) 등록증

(복수형) die Zulassungen

Erhältst du die Zulassung? - Ja, gestern habe ich die Zulassung erhalten!

대학 입학 허가서 받았어? - 응, 어제 받았어!

· erhalten 받다 · gestern 어제

❶ 다음에 해당하는 의미를 찾아 연결해 보세요.

01 der Lehrer – die Lehrer · · ❶ 선생님

02 die Fakultät – die Fakultäten · · ❷ 대학생

03 das Hauptfach – die Hauptfächer · · ❸ 주전공

04 der Student(en, en) · · ❹ 학부

❷ 다음 단어의 의미를 우리말로 써 보세요.

05 die Pause – die Pausen   09 die Schule – die Schulen

------

06 die Hausaufgabe – die Hausaufgaben   10 die Anerkennung – die Anerkennungen

------

07 die Note – die Noten   11 die Universität – die Universitäten

------

08 die Prüfung – die Prüfungen   12 die Verwaltung – die Verwaltungen

------

❸ 우리말을 독일어로 써 보세요.

13 종강, 끝 _____   17 수업 _____

14 소풍 _____   18 (대학) 입학 허가 _____

15 방학 _____   19 (대학) 등록 _____

16 칠판 _____   20 대학 수업 _____

정답 01 ① 02 ④ 03 ③ 04 ② 05 휴식 시간 06 숙제 07 성적, 음표 08 시험 09 학교 10 (수업·학점의) 인정 11 종합대학교 12 행정실, 관리실 13 der Abschluss – die Abschlüsse 14 der Ausflug – die Ausflüge 15 die Ferien(복수) 16 die Tafel – die Tafeln 17 der Unterricht – die Unterrichte 18 die Zulassung – die Zulassungen 19 die Immatrikulation – die Immatrikulationen 20 die Lehrveranstaltung – die Lehrveranstaltungen

☐☐ **1034 die Arbeit** | 일, 노동, 직업

(복수형) die Arbeiten

Meine Arbeit macht mich fertig.

일 때문에 녹초가 됐어.

Die Arbeit läuft nicht weg.

그 일 천천히 해. [직역 : 그 일은 도망가지 않아.]

· **fertig** 준비가 된, 끝난, 녹초가 된 · **weglaufen** 달아나다

🗨 **TIPP**

'아르바이트'라는 단어가 바로 이 Arbeit에서 나왔는데 Arbeit는 정규직(Job)을 의미하며, 임시로 하는 일을 말할 때는 **Minijob**이라고 합니다. 관련 단어에는 **Arbeitgeber**(고용인, Chef 사장), **Arbeitslose**(실직자), **Arbeitsstelle/Arbeitsplatz**(직장) 등이 있습니다.

☐☐ **1035 der Arbeiter / die Arbeiterin** | 노동자

(복수형)
🔵 die Arbeiter
🔴 die Arbeiterinnen

Er war ein guter Arbeiter. 그는 좋은 노동자였어.

🗨 **TIPP**

Arbeiter vs Angestellter

현재는 명확하게 나누어지지 않지만, 과거 **Arbeiter**는 소위 블루칼라로 시간당 임금(Lohn)을 받았습니다. 반면 **Angesteller**는 화이트칼라로 월급(Gehalt)을 받았습니다. 관련 단어에는 **Arbeitnehmer**(피고용인), **Mitarbeiter/Personal**(직원), **Azubi**(직업 교육생) 등이 있습니다.

☐☐ **1036 der Beruf** | 직업

(복수형) die Berufe

Was sind Sie von Beruf? 직업이 뭐예요?

= Was machen Sie beruflich?

· **beruflich** 직업의

□□ 1037 **das Büro**　　　　　　　　　　　　　　　사무실

(복수형) die Büros

Ich muss um 8 Uhr im Büro sein.

난 8시까지 출근해야 해.

□□ 1038 **das Einkommen**　　　　　　　　　　　소득

(복수형) die Einkommen

Ich habe kein eigenes Einkommen.

전 소득이 없습니다.

· **eigen** 자신의

□□ 1039 **die Fabrik**　　　　　　　　　　　　　　공장

(복수형) die Fabriken

Die Fabrik stellt Autoteile her.

이 공장은 자동차 부품을 생산한다.

· s. **Teil(e)** 부품　· **herstellen** 생산하다

□□ 1040 **die Firma**　　　　　　　　　　　　　　회사

(복수형) die Firmen

Ich arbeite bei dieser Firma.　난 이 회사에서 일해.

□□ 1041 **die Karriere**　　　　　　　　　　　　경력

(복수형) die Karrieren

Es könnte deiner Karriere schaden.

그건 네 경력에 해를 끼칠 수 있어.

· **schaden D** D에 해를 끼치다

□□ 1042 **der Kollege / die Kollegin**　　　직장 동료

(복수형)
🔵 (n, n)
🔴 die Kolleginnen

Mein Kollege ist sehr nett.　내 직장 동료는 친절하다.

1043 der Kunde / die Kundin 손님

(복수형)
🔵 (n, n)
🔴 die Kundinnen

Ich arbeite im Kundendienst.

저는 고객 서비스 센터에서 일해요.

· r. Kundendienst(e) 고객 서비스, 고객 서비스 센터

1044 das Unternehmen 기업, 계획

(복수형) die Unternehmen

Er leitet das Unternehmen. 그가 이 기업을 운영하고 있다.

· leiten 관리하다, 이끌다

1045 der Beamte / die Beamtin 공무원

(복수형)
🔵 (n, n)
🔴 die Beamtinnen

Der Beamte, den ich getroffen habe, war
freundlich. 내가 만났던 공무원은 친절했어.

· treffen 만나다, 맞히다

TIPP
독일에 살면서 꼭 알아야 할 관공서(Amt)에는 Ausländerbehörde(외국인청), Zoll/Zollamt(세관),
Botschaft(대사관) 등이 있습니다.

1046 der Fahrer / die Fahrerin 운전기사

(복수형)
🔵 die Fahrer
🔴 die Fahrerinnen

Ich bin kein Pfarrer, sondern ein Fahrer, ein
Taxifahrer. 저는 목사가 아니고 운전기사입니다. 택시 운전사요.

· r. Pfarrer(-) 목사

1047 die Feuerwehr 소방대

(복수형) die Feuerwehren

Die Feuerwehr hat den Brand gelöscht.

소방대가 화재를 진압했다.

· r. Brand("e) 화재 · löschen (불을) 끄다, 지우다

TIPP
긴급 전화번호
독일에서 응급 환자 및 화재 관련 신고는 112, 범죄 관련 신고는 110입니다.

1048 **der Koch / die Köchin** 요리사

(복수형)
🔵 die Köche
🔴 die Köchinnen

Viele Köche verderben den Brei.

요리사가 많으면 죽을 썩힌다. (사공이 많으면 배가 산으로 간다.)

· verderben 썩다, 썩히다 · r. Brei(e) 죽, 이유식

1049 **der Kellner / die Kellnerin** 웨이터

(복수형)
🔵 die Kellner
🔴 die Kellnerinnen

Der Kellner ist noch nicht aufgetaucht.

웨이터가 아직 나타나지 않았어.

· auftauchen (물 표면에) 떠오르다, 나타나다

1050 **der Polizist / die Polizistin** 경찰

(복수형)
🔵 (en, en)
🔴 die Polizistinnen

Hol doch bitte die Polizei!

경찰 좀 불러 줘!

· e. Polizei(en) 경찰, 경찰당국

1051 **der Sekretär / die Sekretärin** 비서

(복수형)
🔵 die Sekretäre
🔴 die Sekretärinnen

Die Aufgabe eines Sekretärs ist die Chefentlastung.

비서의 임무는 사장의 부담을 가볍게 하는 것이다.

· e. Aufgabe(n) 임무, 포기 · e. Entlastung(en) 경감

명사

1052 **der Soldat / die Soldatin** 군인

(복수형)
📙 (en, en)
📕 die Soldatinnen

Etwa 180.000 Soldaten dienen in der
Bundeswehr.

약 18만 명의 군인이 독일 연방군으로 복무하고 있다.

· e. Bundeswehr(x) 독일 연방군

🐑 TIPP

180,000은 'einhundertachtzigtausend'라고 읽습니다. 읽는 법은 점을 따라 끊어 읽으면 되는데요.
점 앞의 수 180을 읽고, 그 다음 수 1000를 읽습니다.

1053 **der Verkäufer / die Verkäuferin** 판매원

(복수형)
📙 die Verkäufer
📕 die Verkäuferinnen

Ich bin eine ausgebildete Verkäuferin.

전 직업 교육을 받은 판매원입니다.

· ausbilden 직업 교육을 하다

❶ 다음에 해당하는 의미를 찾아 연결해 보세요.

01 der Kollege(n, n)   •   • ❶ 손님

02 der Kunde(n, n)   •   • ❷ 직장 동료

03 der Beamte(n, n)   •   • ❸ 운전기사

04 der Fahrer – die Fahrer •   • ❹ 공무원

❷ 다음 단어의 의미를 우리말로 써 보세요.

05 der Verkäufer – die Verkäufer   09 die Karriere – die Karrieren

06 der Polizist(en, en)   10 das Einkommen – die Einkommen

07 der Kellner – die Kellner   11 der Arbeiter – die Arbeiter

08 das Unternehmen – die Unternehmen   12 der Soldat(en, en)

❸ 우리말을 독일어로 써 보세요.

13 일, 노동, 직업   17 요리사

14 직업   18 소방대

15 공장   19 사무실

16 회사   20 비서

정답 01 ② 02 ① 03 ④ 04 ③ 05 판매원 06 경찰 07 웨이터 08 기업, 계획 09 경력 10 소득 11 노동자 12 군인 13 die Arbeit – die Arbeiten 14 der Beruf – die Berufe 15 die Fabrik – die Fabriken 16 die Firma – die Firmen 17 der Koch – die Köche 18 die Feuerwehr – die Feuerwehren 19 das Büro – die Büros 20 der Sekretär – die Sekretäre

04마디
·
신체 · 건강

01

금보다 중요한

신체 · 건강 ①

☐☐ 1054 **das Blut**　　　　　　　　　　　　　　　　　　피 [보통 단수, 전문 영역에서만 복수]

(복수형) die Blute

Es wurde Blut im Urin gefunden.

소변에서 피가 나왔어요.

Die Blutung ist stark.　　　　　출혈이 심해요.

· r. Urin(e) 소변　· e. Blutung(en) 출혈

☐☐ 1055 **der Darm**　　　　　　　　　　　　　　　　　　　　　　장

(복수형) die Därme

Ich wurde am Blinddarm operiert.

맹장 수술을 받았다.

· r. Blinddarm(¨e) 맹장

🍺 TIPP

맹장에서 맹(盲)은 '눈이 멀다'라는 뜻을 나타냅니다. Blinddarm에서 blind도 똑같이 '눈이 먼'을 뜻합니다.
참고로, 대장은 Dickdarm(두꺼운 장), 소장은 Dünndarm(가는 장)이라고 합니다.

☐☐ 1056 **das Gehirn**　　　　　　　　　　　　　　　　　　　　　　뇌

(복수형) die Gehirne

Das Gehirn ist ein komplexes Organ.

뇌는 복잡한 기관이다.

☐☐ 1057 **der Geist**　　　　　　　　　　　　　　　　　　　　정신, 영혼

(복수형) 없음

Mein Laptop hat den Geist aufgegeben.

내 노트북이 수명이 다했어.

· den Geist aufgeben 숨을 거두다

1058 **das Herz** 심장, 마음

(복수형) (ens, en)

Mein Herz schlägt wie verrückt. 심장이 미친 듯이 뛴다.

Du bist mir ans Herz gewachsen.

너에게 정이 들었다. [직역 : 너는 나의 심장을 향해 자랐다.]

· wachsen 자라다

🍺 **TIPP**

Herz는 단수4격에는 –en이 붙지 않습니다. 중성은 단수1격과 단수4격의 형태가 같기 때문입니다.

1059 **der Knochen** 뼈

(복수형) die Knochen

Ist der Knochen gebrochen? 뼈가 부러진 건가요?

1060 **die Leber** 간

(복수형) die Lebern

Die Leber spielt eine wichtige Rolle für den
Stoffwechsel. 간은 신진대사에 중요한 역할을 한다.

· eine Rolle spielen 역할을 수행하다 · r. Stoffwechsel(-) 신진대사

1061 **die Lunge** 폐

(복수형) die Lungen

Mit dem Stethoskop hört der Arzt die Lunge ab.

의사가 청진기로 폐 소리를 듣는다.

· s. Stethoskop(-) 청진기 · abhören 청진하다. 엿듣다

1062 **der Magen** 위

(복수형) die Mägen

Da waren die Augen größer als der Magen!

위보다 눈이 더 크지! (*배고픔에 음식을 많이 담았을 때)

☐☐ **1063 der Muskel** 근육

(복수형) die Muskeln

Die Muskeln spannen sich an. 근육을 긴장시키다.

· sich anspannen 긴장되다

☐☐ **1064 der Nerv** 신경

(복수형) die Nerven

Du gehst mir langsam auf die Nerven!
너 점점 내 신경을 건드리네!

☐☐ **1065 der Arm** 팔

(복수형) die Arme

Ich wollte dich nur auf den Arm nehmen.
장난이야. [직역 : 나는 단지 너를 팔에 안으려고 한거야.]

TIPP
어른을 어린 아이 취급하며 장난칠 때 쓰는 표현입니다.

☐☐ **1066 das Auge** 눈

(복수형) die Augen

Können wir uns mal unter vier Augen sprechen?
우리 단둘이서 이야기 좀 할 수 있을까?

Ich will mal ein Auge zudrücken.
이번에는 못 본 체 해 줄게. [직역 : 이번은 한쪽 눈을 감아 줄게.]

· zudrücken 힘껏 누르다

☐☐ **1067 der Bauch** 배

(복수형) die Bäuche

Ich schlafe auf dem Bauch. 저는 엎드려서 자요.

☐☐ **1068 das Bein** 다리

(복수형) die Beine

Beugen Sie Ihr rechtes Bein! 오른쪽 다리를 구부려 보세요!

· beugen 구부리다 · recht- 오른쪽의

신체

□□ **1069 die Brust** 가슴

(복수형) die Brüste

Kopf hoch! Brust raus!

고개를 들고! 가슴을 펴!

□□ **1070 der Finger** 손가락

(복수형) die Finger

Er macht keinen Finger krumm.

그는 손가락 하나 까딱하지 않고 있어.

Lass die Finger davon!

손대지 마!

· krumm 구부러진

🍺 **TIPP**

손가락 관련 단어

Daumen 엄지 | **Zeigefinger** 가리키는 손가락[검지] | **Mittelfinger** 가운뎃손가락[중지] | **Ringfinger** 반지 끼는 손가락[약지] | **Kleiner Finger** 새끼 손가락[소지]

□□ **1071 der Fuß** 발

(복수형) die Füße

Solange du deine Füße unter meinen Tisch stellst, machst du, was ich sage.

네 발이 내 테이블 아래 있는 한, 내가 말하는 것을 해라.
(*경제적인 도움을 받고 있는 자녀에게 부모가 하는 말.)

□□ **1072 das Gelenk** 관절

(복수형) die Gelenke

Mein Handgelenk ist verstaucht.

손목이 삐었어.

· s. Handgelenk(e) 손목   · sich³ verstauchen 삐다

□□ **1073 das Gesicht** 얼굴

(복수형) die Gesichter

Warum machst du so ein langes Gesicht?

왜 그리 실망한 표정이냐? [직역 : 왜 그리 길다란 얼굴을 만드냐?]

❶ 다음에 해당하는 의미를 찾아 연결해 보세요.

01 das Gesicht – die Gesichter ·   · ❶ 팔

02 das Bein – die Beine ·   · ❷ 발

03 der Arm – die Arme ·   · ❸ 얼굴

04 der Fuß – die Füße ·   · ❹ 다리

❷ 다음 단어의 의미를 우리말로 써 보세요.

05 das Herz(ens,en)   09 das Auge – die Augen

06 der Knochen – die Knochen   10 der Finger – die Finger

07 die Lunge – die Lungen   11 das Blut – die Blute

08 der Magen – die Mägen   12 der Bauch – die Bäuche

❸ 우리말을 독일어로 써 보세요.

13 가슴   17 간

14 장   18 근육

15 뇌   19 신경

16 정신, 영혼   20 관절

정답 01 ③ 02 ④ 03 ① 04 ② 05 심장, 마음 06 뼈 07 폐 08 위 09 눈 10 손가락 11 피 12 배
13 die Brust – die Brüste 14 der Darm – die Därme 15 das Gehirn – die Gehirne 16 der
Geist 17 die Leber – die Lebern 18 der Muskel – die Muskeln 19 der Nerv – die Nerven
20 das Gelenk – die Gelenke

02

금보다 중요한

신체 · 건강 ❷

☐☐ **1074 das Haar**   머리카락

(복수형) **die Haare**

Schneiden Sie bitte die Haare kurz.

머리를 짧게 잘라 주세요.

Ich habe mir die Haare schneiden lassen.

이발했어.

· schneiden 자르다

☐☐ **1075 der Hals**   목

(복수형) **die Hälse**

Ich habe seit zwei Tagen Halsschmerzen.

이틀 전부터 목이 아파요.

☐☐ **1076 die Hand**   손

(복수형) **die Hände**

Ich habe zwei linke Hände.

난 손재주가 없어요. [직역 : 난 왼손이 두 개예요.]

☐☐ **1077 die Haut**   피부

(복수형) **die Häute**

Er liegt auf der faulen Haut.

(숙어) 그는 빈둥거리며 지낸다.

· faul 썩은

TIPP

예문을 직역하면 "그는 썩은 (짐승) 가죽 위에 누워 있어"입니다. 타키투스의 「게르마니아」라는 책을 보면, 옛날 게르만인들은 곰 가죽 위에서 쉬었다고 합니다. 그런데 게으름 피우며 지내다 보면, 자기가 누워 있는 곳이 썩을 줄도 모르고 계속 누워 있는 것에서 온 표현입니다.

☐☐ 1078 **das Knie** 무릎

(복수형) die Knie | Ich fiel auf die Knie. | 난 무릎을 꿇었다.

☐☐ 1079 **der Kopf** 머리

(복수형) die Köpfe | Mach dir keinen Kopf! | 걱정하지 마라!

☐☐ 1080 **der Körper** 몸

(복수형) die Körper | Sie zitterte am ganzen Körper/Leib. | 그녀는 온몸을 떨었다.

> **TIPP**
> 신체 부위 관련 단어
> Backe/Wange 뺨 | Kinn 턱 | Bart 수염 | Braue 눈썹 | Stirn 이마 | Ellenbogen/Ellbogen 팔꿈치 | Knöchel 발목 | Bauchnabel 배꼽 | Taille 허리

☐☐ 1081 **die Lippe** 입술

(복수형) die Lippen | Sie hat die Lippen zusammengepresst. | 그녀는 입술을 꽉 다물었다.

· zusammenpressen 꽉 다물다

☐☐ 1082 **der Mund** 입

(복수형) die Münder | Mach den Mund zu! = Halt die Klappe! | 입 다물어!

· zumachen 닫다 · e. Klappe(n) 개폐식 뚜껑, 입(경어)

☐☐ 1083 **der Nacken** 목덜미

(복수형) die Nacken | Ich habe einen schlimmen Ausschlag am Nacken. | 목덜미에 심한 발진이 생겼어요.

· schlimm 심한 · r. Ausschlag(¨e) 발진

☐☐ 1084 **der Nagel**   손톱, 못

(복수형) die Nägel   Ich muss mir die Nägel schneiden.
                                                          손톱을 잘라야겠다.

☐☐ 1085 **die Nase**   코

(복수형) die Nasen   Mir läuft die Nase.   콧물이 흘러요

                                    Meine Nase ist nachts verstopft.   밤에 코가 막혀요

                   · **laufen** 걷다, (액체가) 흐르다   · **nachts** 밤에   · **verstopfen** 막다, 막히다

D-Satz   Ich habe von ihm die Nase voll.   그 남자라면 질색이야. [직역 : 그에 대해 코가 꽉 찼어.]

☐☐ 1086 **das Ohr**   귀

(복수형) die Ohren   Sie flüsterte mir etwas ins Ohr.
                                                        그녀는 내게 귓속말을 해 주었다.

                                                               · **flüstern** 속삭이다

☐☐ 1087 **der Po**   엉덩이(아어: Popo)

(복수형) die Pos   Ich habe kleine Pickel am Po!
                                                    엉덩이에 작은 뾰루지가 생겼어요!

                                                       · r. **Pickel(-)** 뾰루지, 여드름

TIPP
사실 엉덩이를 뜻하는 표준어는 **Gesäß/Hintern**입니다. **Popo**는 아어이며, **Arsch**는 속어입니다. 그런데
일상에서 **Popo**의 축약형인 **Po**를 가장 많이 사용합니다.

☐☐ 1088 **der Rücken**   등

(복수형) die Rücken   Ich lag auf dem Rücken.   난 등을 대고 누워 있었어.

1089 **die Schulter** 어깨

(복수형) die Schultern

Er hat mit der Schulter/den Schultern gezuckt.

그는 어깨를 으쓱거렸다.

· zucken 급격히 움직이다, 움찔하다

1090 **der Sinn** 감각(보통 복수), 견해, 의미(단수)

(복수형) die Sinne

Dafür hat sie einen sechsten Sinn.

그것에 대해 그녀는 여섯 번째 감각을 가지고 있다. (관용어, 직관(예감)이 뛰어난 사람을 일컫는 말)

> **TIPP**
> Sinn 관련 단어
> Unsinn 무의미, 넌센스 | Wahnsinn 광기, 미침 | sinnvoll 합리적인 | sinnlos 무의미한

신체

1091 **der Zahn** 이, 치아

(복수형) die Zähne

Hast du einen Zahnstocher? Ich habe da was zwischen den Zähnen. 이쑤시개 있어? 잇새에 뭐가 꼈어.

· r. Zahnstocher(-) 이쑤시개

1092 **der Zeh / die Zehe** 발가락

(복수형) die Zehen

Stell dich auf die Zehenspitzen! 발가락 끝으로 서 봐!

· e. Zehenspitze(n) 발가락 끝

1093 **die Zunge** 혀

(복수형) die Zungen

Das Fleisch zergeht auf der Zunge!

이 고기는 혀 위에서 살살 녹아!

· s. Fleisch(x) 고기 · zergehen 녹다

D-Satz Mir liegt das auf der Zunge.

그것(단어나 명칭)이 생각날 듯 말 듯해. [직역 : 그건 내 혀 위에 있어.]

❶ 다음에 해당하는 의미를 찾아 연결해 보세요.

01 der Kopf – die Köpfe   •   • ❶ 목덜미

02 der Körper – die Körper •   • ❷ 머리

03 der Rücken – die Rücken •   • ❸ 몸

04 der Nacken – die Nacken •   • ❹ 등

❷ 다음 단어의 의미를 우리말로 써 보세요.

05 das Knie – die Knie

09 die Nase – die Nasen

06 die Lippe – die Lippen

10 der Po – die Pos

07 der Sinn – die Sinne

11 der Zeh/die Zehe – die Zehen

08 der Nagel – die Nägel

12 die Zunge – die Zungen

❸ 우리말을 독일어로 써 보세요.

13 머리카락

17 입

14 목

18 귀

15 손

19 어깨

16 피부

20 이, 치아

정답 01 ② 02 ③ 03 ④ 04 ① 05 무릎 06 입술 07 감각(보통 복수), 견해, 의미(단수) 08 손톱, 못 09 코 10 엉덩이 11 발가락 12 혀 13 das Haar – die Haare 14 der Hals – die Hälse 15 die Hand – die Hände 16 die Haut – die Häute 17 der Mund – die Münder 18 das Ohr – die Ohren 19 die Schulter – die Schultern 20 der Zahn – die Zähne

03 금보다 중요한
신체 · 건강 ❸

☐☐ **1094 die Atmung** 호흡

(복수형) 없음

Seine Atmung wird schwächer.

그의 호흡이 점점 약해지고 있어요.

☐☐ **1095 das Aufstoßen** 트림

(복수형) 없음

Nach dem Essen muss ich immer aufstoßen.

식후에 늘 트림이 나와요.

☐☐ **1096 der Durst** 목마름

(복수형) 없음

Ich habe Durst, gib mir etwas zu trinken!

목말라. 마실 것 좀 줘!

☐☐ **1097 das Gähnen** 하품

(복수형) 없음

Er gähnt und reibt die Augen.

그는 하품을 하며 눈을 비빈다.

TIPP

그 외 생리 현상 관련 단어

schnarchen 코를 골다 | furzen 방귀를 뀌다 | niesen 재채기를 하다 | Schluckauf haben 딸꾹질하다

☐☐ **1098 der Hunger** 배고픔

(복수형) 없음

Hast du Hunger? – Ja, ich habe heute noch nichts gegessen. 배고파? – 응, 오늘 아직 아무것도 못 먹었어.

1099 der Schleim 가래

(복수형) die Schleime

Ich habe ständig Schleim im Hals.

목에 항상 가래가 껴 있어요.

· ständig 항상

1100 der Schweiß 땀

(복수형) 없음

Der Schweiß rann mir von der Stirn.

이마에서 땀이 흘러내렸다.

· rinnen (천천히) 흐르다

1101 der Speichel 침

(복수형) 없음

Beim Schlafen läuft mir der Speichel aus dem Mund.

잠을 잘 때 입에서 침이 흘러요.

· schlafen 자다

1102 der Stuhlgang 대변(아어: Kaka / Kacka)

(복수형) 없음

Ich habe seit 3 Tagen keinen Stuhlgang.

3일 동안 변을 못 봤어요.

TIPP

Scheiße

비속어로 Scheiße라고 하는데, '제기랄' 정도의 의미를 담은 욕으로 쓰입니다.

1103 die Träne 눈물(보통 복수)

(복수형) die Tränen

Ich bin zu Tränen gerührt. 눈물이 날 정도로 감동받았다.

· rühren 휘젓다, 감동시키다

1104 **der Urin**   소변(아어: Pipi)(보통 단수)

(복수형) **die Urine**

Sie müssen jetzt einen Urintest machen.

지금 소변 검사를 하셔야 합니다.

1105 **die Verdauung**   소화

(복수형) 없음

Ein Glas warmes Wasser regt die Verdauung an.

따뜻한 물 한 컵은 소화를 촉진시킨다.

· s. Glas("er) 유리(단수), 유리컵 · anregen 활발하게 하다

1106 **die Entzündung**   염증

(복수형) **die Entzündungen**

Sie haben eine chronische Darmentzündung.

만성 장염입니다.

· chronisch 만성의, 지속적인

1107 **die Erkältung**   감기

(복수형) **die Erkältungen**

Ich glaube, du hast keine Erkältung, sondern eine Allergie.   넌 감기에 걸린 건 아니고 알레르기가 있는 것 같아.

Ich bin erkältet.   나 감기에 걸렸어.

1108 **die Ernährung**   영양 섭취

(복수형) **die Ernährungen**

Die Gesundheit hängt sehr eng mit der Ernährung zusammen.   건강은 영양 섭취와 매우 밀접한 관계가 있다.

· e. Gesundheit(x) 건강 · zusammenhängen mit + D D와 관련되다

1109 **das Fieber**   열(보통 단수)

(복수형) **die Fieber**

Er hat 40 Grad Fieber!   그는 열이 40도예요!

· r. Grad(e) 정도, 학위, 온도

☐ ☐ **1110 der Husten** 기침(보통 단수)

(복수형) die Husten

Haben Sie etwas gegen Husten? 기침약이 있나요?

☐ ☐ **1111 die Krankheit** 병

(복수형) die Krankheiten

Der Arzt beobachtet den Verlauf der Krankheit.

의사가 병의 경과를 살펴보고 있다.

· beobachten 주의 깊게 바라보다, 관찰하다 · r. Verlauf(ˇe) 경과

🍺 **TIPP**

병의 증상과 관련된 단어

Allergie 알레르기 | Ausschlag 발진 | Blase 수포, 방광 | Durchfall 설사 | Erbrechen 구토 | Grippe 독감 | Heimweh 향수병 | Immunsystem 면역 체계 | Infektionen 감염 | Krampf 경련 | Juckreiz 가려움 증 | Krebs 암 | Schnupfen 코감기 | Schwindel 현기증 | Stechen 따끔함 | Sucht 중독 | Übelkeit 메스꺼움 | Verstauchung 삠 | Verstopfung 변비

☐ ☐ **1112 der Schmerz** 통증

(복수형) die Schmerzen

Was fehlt Ihnen? – Ich habe Bauchschmerzen.

어디가 아프세요? – 배가 아파요.

· fehlen 없다, 빠지다 · r. Bauchschmerz(en) 복통

☐ ☐ **1113 die Verletzung** 부상

(복수형) die Verletzungen

Die Verletzung ist zum Glück nicht so schlimm.

다행히 부상이 그리 심하진 않습니다.

· zum Glück 다행히

☐ ☐ **1114 die Wunde** 상처

(복수형) die Wunden

Muss die Wunde genäht werden?

상처를 꿰매야 하나요?

· nähen 꿰매다

❶ 다음에 해당하는 의미를 찾아 연결해 보세요.

01 die Atmung ·   · ❶ 소화

02 das Aufstoßen ·   · ❷ 하품

03 das Gähnen ·   · ❸ 트림

04 die Verdauung ·   · ❹ 호흡

❷ 다음 단어의 의미를 우리말로 써 보세요.

05 der Durst ....

06 der Hunger ....

07 der Schleim – die Schleime

....

08 der Speichel

....

09 die Träne – die Tränen

....

10 die Entzündung – die Entzündungen

....

11 die Erkältung – die Erkältungen

....

12 die Ernährung – die Ernährungen

....

❸ 우리말을 독일어로 써 보세요.

13 땀 ....

14 대변 ....

15 소변 ....

16 열 ....

17 기침 ....

18 병 ....

19 통증 ....

20 부상 ....

정답 01 ④ 02 ③ 03 ② 04 ① 05 목마름 06 배고픔 07 가래 08 침 09 눈물 10 염증 11 감기 12 영양 섭취
13 der Schweiß 14 der Stuhlgang 15 der Urin – die Urine 16 das Fieber – die Fieber
17 der Husten – die Husten 18 die Krankheit – die Krankheiten 19 der Schmerz – die
Schmerzen 20 die Verletzung – die Verletzungen

04 금보다 중요한
신체 · 건강 ❹

☐☐ **1115 der Arzt / die Ärztin**   의사

(복수형)
남 die Ärzte
여 die Ärztinnen

Bitte geh zum Arzt und lass dich untersuchen!

제발 의사한테 가서 진찰 좀 받아 봐!

· **untersuchen** 조사하다, 진찰하다

🍺 **TIPP**

가정의(Hausarzt)

위급한 상황이 아니면 보통 제일 먼저 가정 의학과를 찾아갑니다. 의사는 먼저 증상(Symptom)을 파악하고, 진료/진찰(Behandlung/Untersuchung)을 한 후, 진단(Diagnose)을 내리고 처방전(Rezept)을 써 줍니다.

☐☐ **1116 das Krankenhaus**   (종합) 병원

(복수형) **die Krankenhäuser**

Ich werde meine Oma im Krankenhaus besuchen.

병원에 계시는 할머니를 방문하려고 해.

🍺 **TIPP**

그 외 관련 단어

Krankenschwester 간호사 | Krankenversicherung/Krankenkasse 의료 보험 |
Krankenwagen 구급차 | Krankenschein 진단서

*참고로 **Krankenhaus**는 입원할 정도로 심한 병에 걸렸을 때 가는 (종합)병원이고, 보통은 **Praxis** (개인 병원)에 갑니다. 대학 병원은 **Universitätsklinikum**이라고 합니다.

☐☐ **1117 der Patient / die Patientin**   환자

(복수형)
남 (en, en)
여 die Patientinnen

Die Krankenschwestern betreuen nachts die Patienten.

간호사들은 밤에 환자들을 돌본다.

· e. **Krankenschwester(n)** 간호사   · **betreuen** 돌보다

☐☐ 1118 **die Spritze**   주사기

(복수형) die Spritzen

Ich habe eine Spritze in den Po bekommen.

엉덩이에 주사를 맞았어요.

☐☐ 1119 **der Termin**   (공적인) 방문 약속

(복수형) die Termine

Ich möchte einen Termin vereinbaren.

방문 예약을 잡고 싶습니다.

· vereinbaren 합의하다

TIPP

Termin과 함께 오는 동사

1) machen/abmachen/ausmachen/vereinbaren 약속을 정하다
2) verschieben 연기하다
3) einhalten/wahrnehmen 지키다
4) absagen 취소하다

☐☐ 1120 **die Untersuchung**   조사, 진찰

(복수형) die Untersuchungen

Ich muss eine Untersuchung machen lassen.

진료를 받아야 합니다. (*좀 더 정확한 병명을 알기 위한 검사)

☐☐ 1121 **die Apotheke**   약국

(복수형) die Apotheken

Entschuldigung, gibt es hier in der Nähe eine
Apotheke?   실례합니다만, 근처에 약국이 있나요?

· in der Nähe 근처에

☐☐ 1122 **das Medikament**   약

(복수형) die Medikamente

Das Medikament ist rezeptfrei.

이 약은 처방전이 필요 없다.

· rezeptfrei 처방전이 필요 없는

신체

☐ ☐ 1123 **das Pflaster** 반창고

(복수형) die Pflaster

Kleben Sie das Wärmepflaster auf die
Schmerzstelle! 파스를 환부에 붙이세요!

· s. Wärmepflaster(-) 파스 · kleben 붙이다 · e. Schmerzstelle(n) 환부

☐ ☐ 1124 **die Salbe** 연고

(복수형) die Salben

Tragen Sie die Wundsalbe einmal täglich auf!
하루에 한 번 이 연고를 바르세요!

· auftragen (크림 등을) 바르다, 위임하다

☐ ☐ 1125 **die Tablette** 알약

(복수형) die Tabletten

Lösen Sie eine Tablette in Wasser auf!
알약을 물에 녹이세요!

· auflösen 녹이다

☐ ☐ 1126 **der Tropfen** 물약, 방울

(복수형) die Tropfen

Ich habe jeden Abend 20-25 Tropfen
eingenommen. 매일 저녁 20~25 방울을 먹었어요.

☐ ☐ 1127 **der Verband** 붕대

(복수형) die Verbände

Soll ich Ihnen einen neuen Verband anlegen?
새 붕대로 갈아 드릴까요?

· anlegen 갖다 대다, 갖다 붙이다

❶ 다음에 해당하는 의미를 찾아 연결해 보세요.

01 die Salbe – die Salben • • ❶ 알약

02 die Tablette – die Tabletten • • ❷ 물약, 방울

03 der Tropfen – die Tropfen • • ❸ 반창고

04 das Pflaster – die Pflaster • • ❹ 연고

❷ 다음 단어의 의미를 우리말로 써 보세요.

05 der Patient(en, en)   09 die Spritze – die Spritzen

06 die Untersuchung – die Untersuchungen   10 der Krankenwagen – die Krankenwagen

07 die Apotheke – die Apotheken   11 der Krankenschein – die Krankenscheine

08 die Krankenkasse – die Krankenkassen   12 die Praxis – die Praxen

❸ 우리말을 독일어로 써 보세요.

13 의사   17 (종합)병원

14 (공적인) 방문 약속   18 처방전

15 약   19 진통제

16 붕대   20 간호사

정답 01 ④ 02 ① 03 ② 04 ③ 05 환자 06 조사, 진찰 07 약국 08 의료 보험 09 주사기 10 구급차 11 진단서 12 (개인) 병원 13 der Arzt – die Ärzte 14 der Termin – die Termine 15 das Medikament – die Medikamente 16 der Verband – die Verbände 17 das Krankenhaus – die Krankenhäuser 18 das Rezept – die Rezepte 19 das Schmerzmittel – die Schmerzmittel 20 die Krankenschwester – die Krankenschwestern

05마디

사람 · 관계

01 뭐라고 부를까
사람 · 관계

☐☐ **1128 das Baby** 아기

(복수형) **die Babys**　　　Dein Baby ist so süß!　　　네 아기가 너무 귀엽다!

· süß 예쁜, 귀여운, 달콤한

🍺 **TIPP**
아기 관련 단어
das neugeborene Baby 갓난아이 | **Säugling** 젖먹이

☐☐ **1129 der/die Erwachsene** 어른

(복수형) **(n, n)**　　　Du bist als 18-jähriger offiziell kein Kind mehr, sondern ein Erwachsener.

너는 열여덟 살이니 정말로 더는 아이가 아닌 어른이야.

· offiziell 공식의

☐☐ **1130 die Frau** 여자, 아내

(복수형) **die Frauen**　　　Meine Frau ist schwanger.　　　아내가 임신했어요.

· schwanger 임신한

☐☐ **1131 der Herr** 신사

(복수형) **(en, en)**　　　Meine Damen und Herren.　　　숙녀 신사 여러분.

· Dame(n) 숙녀

명사

1132 **der/die Jugendliche** 청소년

(복수형) (n, n)

Die Jugendlichen halten Freundschaft für besonders wichtig. 청소년은 우정을 특히 중요하게 여긴다.

· e. Freundschaft(en) 우정

1133 **der Junge** 소년

(복수형) (n, n)

Die Jungen spielen mit einem Ball.

소년들이 공을 가지고 놀고 있다.

1134 **das Kind** 아이, 자녀

(복수형) die Kinder

Kleine Kinder, kleine Sorgen - große Kinder, große Sorgen. (속담) 아이가 어리면 작은 걱정, 아이가 크면 큰 걱정

· e. Sorge(n) 걱정

1135 **das Mädchen** 소녀

(복수형) die Mädchen

Die Mädchen haben drei Stunden lang miteinander geplaudert. 소녀들은 3시간 동안 수다를 떨었다.

· e. Stunde(n) 시간 · plaudern 수다를 떨다

☐☐ 1136 **die Leute** (복수) 사람들

„Die großen Leute verstehen nie etwas von selbst."

"큰 사람들(어른)은 어떤 것도 스스로 이해하지 못하지."(생텍쥐페리의 ≪어린 왕자≫ 중)

· **verstehen** 이해하다 · **von selbst** 스스로

☐☐ 1137 **der Mann** 남자, 남편

(복수형) **die Männer**

Herr Hoffmann ist ein weiser Mann.

호프만 씨는 현명한 남자이다.

TIPP

부부간 호칭

보통 '남편'을 **Mann**(남자), '아내'를 **Frau**(여자)라고 하며, 때론 문맥상 **Partner/Partnerin**이라고도 할 수 있습니다. 서로를 부를 때는 **Schatz**(보물)와 같은 애칭을 사용합니다.

☐☐ 1138 **der Mensch** 사람

(복수형) (en, en)

Ich möchte was mit Menschen machen.

나는 사람들과 같이 하는 일을 (직업으로) 원해.

☐☐ 1139 **die Person** 사람, 등장인물

(복수형) **die Personen**

Eintritt pro Person : 5 Euro 사람당 입장료 : 5유로

· **r. Eintritt(e)** 입장, 입장료

☐☐ 1140 **der Bruder** 형제

(복수형) **die Brüder**

Mein großer Bruder arbeitet als Professor für Pädagogik. 내 형은 교육학 교수로 일하고 있다.

1141 der Cousin / die Cousine　　　　　　　사촌

(복수형)
🔵 die Cousins
🔴 die Cousinen

Mein Cousin und meine Cousine besuchen mich morgen.　　　사촌이 내일 방문해.

1142 die Ehe　　　　　　　　　　　　　혼인, 부부

(복수형) die Ehen

Die Ehe wurde geschieden.　　그 부부는 이혼했어.

· sich scheiden lassen 이혼하다

1143 die Eltern (복수)　　　　　　　　　　부모

Ich vermisse meine Eltern.　　부모님이 보고 싶다.

· vermissen 그리워하다, 없음을 깨닫다

1144 das Enkelkind　　　　　　　　　　　손주

(복수형) die Enkelkinder

Die Enkelkinder sind zu Besuch.　손주들이 방문한다.

· e. Großeltern 조부모(복수)

1145 die Familie　　　　　　　　　　　　가족

(복수형) die Familien

Ich möchte mehr Zeit mit meiner Familie verbringen.　　　가족과 더 많은 시간을 보내고 싶어.

🔖 TIPP

Schwieger–, Stief–
본인의 결혼으로 인해 새로이 형성되는 가족 관계에는 Schwieger–를 붙이고(◉ Schwiegervater 시아버지/장인), 재혼으로 형성되는 관계에는 Stief를 붙입니다(◉ Stiefkind 남편/아내의 이전 자녀).

☐☐ 1146 **die Geschwister** (복수)　　　　　　　　　　　　　형제자매

Wie viele Geschwister hast du? - Ich habe nur einen älteren(großen) Bruder.

형제가 몇 명이니? – 형(오빠)만 한 명 있어.

☐☐ 1147 **die Mutter**　　　　　　　　　　　　어머니(아어: die Mama(s))

(복수형) die Mütter

Mein Vater war ein Lehrer und meine Mutter war eine Krankenschwester.

아버지는 선생님이셨고, 어머니는 간호사셨습니다.

Meine Großmutter mütterlicherseits weiß viele Dinge.　　　　　　외할머니께서는 많은 것을 알고 계신다.

· e. Großmutter(¨) 할머니 (아어: e. Oma(s))

🍺TIPP

친가 vs 외가

Großvater, Großmutter는 친가, 외가 둘 다 뜻할 수 있는데, 보통은 문맥을 보고 구분합니다. 하지만 언어적으로 구분할 필요가 있을 때는 **väterlicherseits**(아버지 쪽의, 친가의), **mütterlicherseits**(어머니 쪽의, 외가의)을 사용합니다.

☐☐ 1148 **der Neffe**　　　　　　　　　　　　　　　　　남자 조카

(복수형) (n, n)

Mein Neffe ist geboren und ich werde Tante!

조카가 태어나서 고모[이모]가 되었어!

· gebären 낳다

☐☐ 1149 **die Nichte**　　　　　　　　　　　　　　　　　여자 조카

(복수형) die Nichten

Meine Nichte Ji-Won sieht Ihrem Papa sehr ähnlich.　　　　　　조카인 지원은 그녀의 아빠와 매우 닮았다.

· Jm ähnlich sehen Jm과 닮다

명사

1150 **der Onkel**   부모님의 남자 형제

(복수형) die Onkel

Mein Onkel hat sehr viel Humor.

나의 삼촌은 매우 재미있다.

· r. Humor(x) 유머

1151 **die Schwester**   자매

(복수형) die Schwestern

Sie ist meine jüngere(kleine) Schwester.

그녀는 내 여동생이다.

1152 **der Sohn**   아들

(복수형) die Söhne

Johannes ist mein ältester Sohn.

요하네스는 제 첫째 아들입니다.

1153 **die Tante**   부모님의 여자 형제

(복수형) die Tanten

Als ich klein war, hat meine Tante auf mich
aufgepasst.   내가 어렸을 때 고모(이모)가 날 돌봐 주었다.

· aufpassen auf + A (아이나 물건 등을) 돌보다

1154 **die Tochter**   딸

(복수형) die Töchter

Sie ist meine einzige Tochter.   그녀는 제 외동딸입니다.

1155 **der Vater**   아버지(아어: der Papa(s))

(복수형) die Väter

Der Vater ernährt eher zehn Kinder als zehn
Kinder einen Vater.

(속담) 한 아버지가 열 명의 자녀는 부양해도 열 명의 자녀는 한 아버지를 봉양하지 못한다.

Mein Großvater wohnt in einem Altersheim.

할아버지께서는 양로원에서 사신다.

· ernähren 먹이다, 부양하다   · r. Großvater(") 할아버지 (아어: r. Opa(s))   · s. Altersheim(e) 양로원

☐☐ **1156 der/die Verwandte** 친척

(복수형) **(n, n)**

Er ist ein entfernter Verwandter von mir.

그는 나의 먼 친척이다.

· entfernt 멀리 떨어진

☐☐ **1157 der/die Bekannte** 지인

(복수형) **(n, n)**

Ich habe mich mit den Bekannten verabredet.

지인과 만날 약속을 했다.

· sich verabreden mit Jm Jm과 만날 것을 약속하다

☐☐ **1158 die Beziehung** 관계

(복수형) **die Beziehungen**

Ich bin in einer Beziehung. 사귀는 사람 있어.

☐☐ **1159 der Feind / die Feindin** 적, 원수

(복수형)
⒨ **die Feinde**
⒲ **die Feindinnen**

Der Feind meines Feindes ist mein Freund.

내 적의 적은 내 친구이다.

☐☐ **1160 der Freund / die Freundin** 친구

(복수형)
⒨ **die Freunde**
⒲ **die Freundinnen**

Seid ihr zusammen? – Nein! Er ist nicht mein Freund, sondern ein Freund von mir.

너희 사귀니? – 아니! 그는 내 남자 친구가 아니고 남자 사람 친구야.

· zusammensein 함께 있다. 사귀다

☐☐ **1161 der Gast / die Gästin** 손님

(복수형)
⒨ **die Gäste**
⒲ **die Gästinnen**

Du bist heute Abend mein Gast.

오늘 저녁에 너는 내 손님이야!(*아무것도 하지 말고 있으라는 뜻)

명사

1162 der Nachbar / die Nachbarin

이웃

(복수형)
(n, n)
die Nachbarinnen

Mein Nachbar hört täglich abends so laut Musik!

이웃이 매일 저녁 시끄럽게 음악을 들어요!

· täglich 매일

1163 das Paar

커플

(복수형) die Paare

Wir sind jetzt ein Paar. 이제부터 우리 사귀는 겁니다.

Ich habe mir ein Paar neue Schuhe gekauft.

새 신발을 한 켤레 샀어요.

· r. Schuh(e) 신발 · kaufen 사다

TIPP

'신발 두 켤레(zwei Paar Schuhe)' 처럼, Paar가 '짝을 이룬 두 개'를 의미할 때에는 복수형이 없습니다.

1164 das Verhältnis

관계, 상황, 상태(복수)

(복수형) die Verhältnisse

Er hat ein gutes Verhältnis zu seinen Eltern.

그는 부모님과 관계가 좋다.

❶ 다음에 해당하는 의미를 찾아 연결해 보세요.

01 der Mann – die Männer	•	• ❶ 사람, 등장 인물
02 der Mensch(en, en)	•	• ❷ 사람
03 die Person – die Personen	•	• ❸ 사람들
04 die Leute(복수)	•	• ❹ 남자, 남편

❷ 다음 단어의 의미를 우리말로 써 보세요.

05 das Kind – die Kinder

09 die Mutter – die Mütter

06 der Bruder – die Brüder

10 die Tochter – die Töchter

07 die Familie – die Familien

11 der Vater – die Väter

08 die Geschwister(복수)

12 der Freund – die Freunde

❸ 우리말을 독일어로 써 보세요.

13 아기

17 소녀

14 어른

18 부모

15 여자, 아내

19 자매

16 소년

20 아들

정답 01 ④ 02 ② 03 ① 04 ③ 05 아이, 자녀 06 형제 07 가족 08 형제자매 09 어머니 10 딸 11 아버지 12 친구 13 das Baby – die Babys 14 der/die Erwachsene(n, n) 15 die Frau – die Frauen 16 der Junge(n, n) 17 das Mädchen – die Mädchen 18 die Eltern(복수) 19 die Schwester – die Schwestern 20 der Sohn – die Söhne

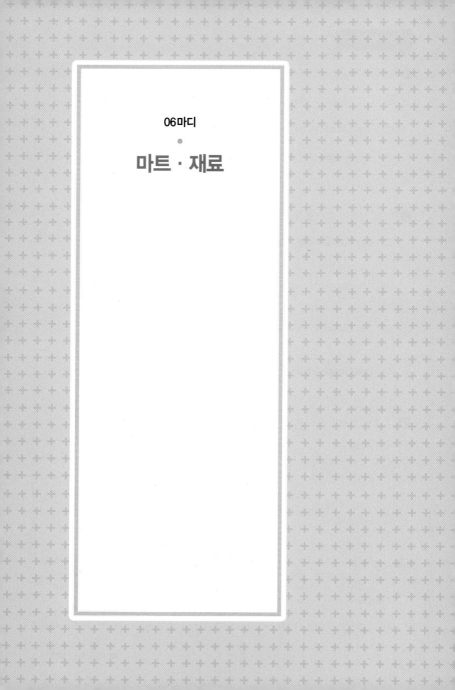

06마디

마트 · 재료

01

(즐거운 장보기)

마트 · 재료 ①

☐☐ **1165 die Dose** 　　　　　　　　　　　　　　통, 통조림

(복수형) die Dosen 　　　Der Dosenöffner ist abgebrochen!

통조림 따개가 부러졌어요!

· r. Öffner(-) 따개　· abbrechen 꺾어 떼다, 부러지다

☐☐ **1166 die Flasche** 　　　　　　　　　　　　　　병

(복수형) die Flaschen 　　Eine Flasche Wasser und zwei Gläser, bitte.

물 한 병과 잔 두 개 주세요.

· s. Wasser(-) 물

☐☐ **1167 die Kasse** 　　　　　　　　　　　　계산대, 매표소

(복수형) die Kassen 　　Zahlen Sie bitte an der Kasse! 계산대에서 계산하세요!

TIPP

영수증을 나타내는 단어
Kassenbon, Kassenbeleg, Kassenzettel, Quittung이 있고, 이 단어들 간에 큰 의미 차이는 없습니다.

☐☐ **1168 der Kasten** 　　　　　　　　　　　　　　상자

(복수형) die Kästen 　　Kannst du einen Kasten Bier mitbringen?

맥주 한 상자 사 올 수 있어?

· mitbringen 가져오다, 사서 가져오다

1169 **das Lebensmittel**   식품

(복수형) die Lebensmittel

Man kann koreanische Lebensmittel online bestellen.

온라인으로 한국 식품을 주문할 수 있어.

1170 **der Markt**   시장

(복수형) die Märkte

Die Supermärkte sind sonntags geschlossen.

슈퍼마켓은 매주 일요일에 문을 닫는다.

• r. Supermarkt(¨e) 슈퍼마켓   • schließen 닫다, 닫히다

1171 **die Tüte**   종이봉투, 비닐봉지

(복수형) die Tüten

Kann ich bitte eine Tüte haben?

봉투 하나 받을 수 있을까요?

☐☐ **1172 die Ware** | 상품, 물품

(복수형) **die Waren**

Die Ware geht weg wie warme Semmeln.

(관용어) 그 물건은 불티나게 팔린다. [직역 : 그 물건은 따뜻한 빵처럼 가 버린다.]

· **weggehen** 가 버리다 · **e. Semmel(x)** 젬멜[흰 밀가루빵]

🍺 **TIPP**
상품 관련 단어
Angebot 상품 | **Artikel** 상품, 물품 | **Schnäppchen** 특가 상품 | **Aktion** 행사 중인 상품 |
Sonderangebot 특별 상품

☐☐ **1173 das Getreide** | 곡물

(복수형) **die Getreide**

Die wichtigste Getreideart in Deutschland ist
Weizen. 밀은 독일에서 가장 중요한 곡물이다.

· **e. Art(en)** 종류, 특성 · **r. Weizen(-)** 밀

🍺 **TIPP**
곡물 관련 단어
Bohne 콩 | **Erbse** 완두콩 | **Erdnuss** 땅콩 | **Linse** 편두, 렌즈 모양의 콩 | **Mais** 옥수수 | **Marone** 밤
(*Kastanie는 식용이 아닙니다.) | **Walnuss** 호두

☐☐ **1174 das Korn** | 낟알

(복수형) **die Körner**

Auch ein blindes Huhn findet mal ein Korn.

(속담) 눈먼 닭도 한 번은 낟알을 찾는다.

· **blind** 눈먼 · **s. Huhn(¨er)** 닭

🍺 **TIPP**
Vollkorn 관련 단어 (*겨를 떼지 않은 곡물에 Vollkorn이 붙습니다.)
Vollkornbrot 통밀 빵 | **Vollkornmehl** 통밀 | **Vollkornreis** (= **Naturreis**) 현미

명사

1175 **das Mehl** | 밀가루, 가루(보통 단수, 종류를 나타낼 때 복수)

(복수형) die Mehle

Wenn der Teig zu klebrig ist, fügen Sie mehr Mehl hinzu! 만약 반죽이 너무 질면, 밀가루를 더 넣으세요!

· r. Teig(e) 반죽 · klebrig 끈적끈적한

1176 **der Reis** | 쌀

(복수형) die Reise

Wir, d.h. fast alle Koreaner, kochen den Reis mit einem Reiskocher.

우리, 즉 거의 모든 한국인은 전기밥솥으로 밥을 짓는다.

· Reiskocher(-) 전기밥솥

1177 **die Brühe** | 육수

(복수형) die Brühen

Die Brühe ist oft teurer als der Braten.

육수가 구운 고기보다 더 비싸다. (속담, 배보다 배꼽이 더 크다.)

· r. Braten(-) 구운 고기

1178 **der Fisch** | 물고기

(복수형) die Fische

Fischers Fritz fischt frische Fische.

어부인 프리츠 씨는 신선한 물고기를 잡는다.

· r. Fischer(-) 어부, 낚시꾼 · fischen 물고기를 잡다

TIPP

재말놀이(Zungenbrecher)
'간장 공장 공장장은 강 공장장이고 된장 공장 공장장은 공 공장장이다.'와 같이 빨리 발음하기 힘든 문장을
독일어로는 Zungenbrecher(혀 부수기)라고 합니다.

TIPP

물고기 및 해조류 관련 단어
Algenblatt 김 | Dorade 도미 | Forelle 송어 | Hering 청어 | Lachs 연어 | Miesmuschel 홍합 |
Oktopus 문어 | Seetang 미역 등의 해조류 | Shrimp/Garnele 새우 | Thunfisch 참치 | Tintenfisch 오징어

☐☐ 1179 **das Fleisch** 고기

(복수형) 없음

Ich bin kein Vegetarier, ich mag Fleisch!

난 채식주의자가 아니야, 고기를 좋아해!

· r. Vegetarier(-) 채식주의자

TIPP

Fleisch 관련 단어

Hähnchenfleisch 닭고기 | Schweinefleisch 돼지고기 | Rindfleisch 소고기 | Hackfleisch 다진 고기

☐☐ 1180 **das Hähnchen** 어린 닭(영계)

(복수형) die Hähnchen

Ich brate ein ganzes Hähnchen im Ofen.

오븐에 닭 한 마리를 굽고 있어.

· braten (고기를) 굽다, (기름에) 붓다 · r. Ofen(-) 오븐

TIPP

닭고기 관련 단어

Hähnchenbrust 닭 가슴살 | Hähnchenkeule 닭 다리 | Hähnchenschenkel 닭 넓적다리 | Hähnchenflügel 닭 날개 | Huhn 닭 | Hahn 수탉 | Henne 암탉 | Küken 병아리

☐☐ 1181 **das Rind** 소

(복수형) die Rinder

Sie züchten Rinder.

그들은 소를 키운다.

· · züchten 사육하다

TIPP

소고기 관련 단어

Hohe Rippe 채끝살 | Filet 안심 | Bulle 수소 | Kuh 암소 | Kalb 송아지 | Ochse 거세우

TIPP

„Könnten Sie bitte die Hohe Rippe in 1 mm dicke Scheiben schneiden?"
"채끝살을 1 mm(두께)로 썰어 주실 수 있으세요?"
불고기용으로 얇게 썰어 달라고 할 때 쓸 수 있는 문장입니다. 다만, 독일은 고기를 얇게 썰어 먹지 않아 정육점에 이렇게 부탁을 해도 잘 들어주지 않는 경우가 많습니다.

명사

1182 **das Schwein** 돼지

(복수형) **die Schweine**

Schwein gehabt! 운이 좋았어! [직역 : 돼지를 가졌어!]

* Pech gehabt! 운이 나빴어! [직역 : 아스팔트를 가졌어!]

TIPP

돼지고기 관련 단어

Schweinenacken 목살 | **Schweineschinken** 허벅살 | **Salami** 살라미 | **Speck** 베이컨

1183 **die Wurst** 소시지

(복수형) **die Würste**

Die Würstchen sind schon mal fertig.

소시지가 다 구워졌다.

D-Satz Das ist mir Wurst. 뭐든 딱히 상관없어. [직역 : 내겐 소시지와 같아.]

❶ 다음에 해당하는 의미를 찾아 연결해 보세요.

01 das Mehl – die Mehle   •   • ❶ 상품 · 물품

02 der Reis – die Reise   •   • ❷ 식품

03 das Lebensmittel – die Lebensmittel •   • ❸ 밀가루

04 die Ware – die Waren   •   • ❹ 쌀

❷ 다음 단어의 의미를 우리말로 써 보세요.

05 die Dose – die Dosen

06 die Flasche – die Flaschen

07 die Kasse – die Kassen

08 die Tüte – die Tüten

09 das Getreide – die Getreide

10 die Brühe – die Brühen

11 das Rind – die Rinder

12 das Hähnchen – die Hähnchen

❸ 우리말을 독일어로 써 보세요.

13 상자

14 시장

15 낟알

16 물고기

17 고기

18 돼지

19 소시지

20 삼겹살

정답 01 ③ 02 ④ 03 ② 04 ① 05 통조림 06 병 07 계산대, 매표소 08 종이봉투, 비닐봉지 09 곡물
10 육수 11 소 12 어린 닭(영계) 13 der Kasten – die Kästen 14 der Markt – die Märkte
15 das Korn – die Körner 16 der Fisch – die Fische 17 das Fleisch 18 das Schwein –
die Schweine 19 die Wurst – die Würste 20 der Schweinebauch – die Schweinebäuche

02 즐거운 장보기

마트 · 재료 ❷

☐☐ **1184 der Apfel** 사과

(복수형) die Äpfel

Ich habe in den sauren Apfel gebissen.

신 사과를 먹었어요. (관용어, 하기 싫은 일을 억지로 할 때)

• **sauer** 신 • **beißen** 깨물다

☐☐ **1185 die Birne** 배

(복수형) die Birnen

Die Birne tut dem Magen gut. 배는 위에 좋다.

• **r. Magen(ˮ)** 위

🍺 **TIPP**

둥근 모양의 한국 배와는 달리 독일 배는 전구 모양으로 생겼습니다. 그래서 전구를 **Glühbirne**라고 합니다.

☐☐ **1186 die Erdbeere** 딸기

(복수형) die Erdbeeren

Die Erdbeeren schmecken nach nichts.

이 딸기는 아무 맛도 안 나요.

🍺 **TIPP**

Beere 관련 단어

Heidelbeere 블루베리 | Himbeere 라즈베리

☐☐ **1187 das Gemüse** 채소

(복수형) die Gemüse

Mein Kind will kein Gemüse essen!

아이가 채소를 안 먹으려고 해요!

1188 die Kartoffel 　　　　　　　　　　　　　　　　　　　　　　감자

(복수형) die Kartoffeln 　　Ich schäle die Kartoffeln. 　　　감자 껍질을 깎고 있어.

　　　　　　　　　　　　　　　　　　　　　　　　· **schälen** 껍질을 벗기다

1189 der Kohl 　　　　　　　　　　　　　　　양배추(보통 단수, 종류를 나타낼 때 복수)

(복수형) die Kohle 　　„Kimchi" ist normalerweise ein scharf eingelegter
　　　　　　　　　　Chinakohl. 　　　　　　　'김치'는 일반적으로 맵게 절인 배추이다.

　　· **r. Chinakohl(-)** 배추 　· **scharf** 날카로운, 매운 　· **einlegen** 절이다

1190 der Lauch 　　　　　　　　　　　　　　　　　　　　　　파, 대파

(복수형) die Lauche 　　Soll ich den Lauch in Ringe schneiden?

　　　　　　　　　　　　　　　　　　　　　　파를 둥글게 자를까요?

　　　　　　　　　　　　　　　　　　　　　　　　· **r. Ring(e)** 원

1191 das Obst 　　　　　　　　　　　　　　　　　　　　　　과일

(복수형) 없음 　　Als Nachtisch esse ich gerne Obst.

　　　　　　　　　　　　　　　　　　　　후식으로 과일을 즐겨 먹는다.

　　　　　　　　　　　· **r. Nachtisch(x)** 후식, 디저트 　· **essen** 먹다

☐☐ 1192 **der Salat** | 샐러드용 채소, 샐러드, 엉망진창

(복수형) die Salate

Da habe ich den Salat! (숙어) 난처하게 되었군!

[직역 : 난 샐러드를 가지고 있어.]

TIPP

샐러드? 엉망진창?

예문을 직역하면 직역하면 "난 샐러드를 가지고 있어."입니다. 그런데 샐러드에 여러가지 야채가 뒤섞여 있듯이 이 'Salat'에는 '혼란, 엉망진창'이라는 뜻도 있습니다.

☐☐ 1193 **die Traube** | 포도

(복수형) die Trauben

Was magst du lieber, Trauben oder Kirschen?

포도와 체리 중 어느 것을 더 좋아하니?

· e. Kirsche(n) 체리

☐☐ 1194 **die Zwiebel** | 양파

(복수형) die Zwiebeln

Meine Augen tränen, wenn ich Zwiebeln schneide. 양파를 자를 때면 눈물이 난다.

· s. Auge(n) 눈 · tränen 눈물이 나다

☐☐ 1195 **der Essig** | 식초(보통 단수, 종류를 나타낼 때 복수)

(복수형) die Essige

Ich habe den Salat mit Essig und Olivenöl angemacht. 샐러드에 식초와 올리브유를 뿌렸어요.

· s. Öl(e) 기름. 식용유 · anmachen 섞어 넣다. 자극하다

1196 **das Gewürz** 양념, 조미료

(복수형) **die Gewürze**

Welches Gewürz hast du verwendet?

어떤 조미료를 썼니?

· **verwenden** 사용하다

TIPP
조미료 관련 단어
Ingwer 생강 | Pfeffer 후추 | Senf 겨자 | Zimt 계피

1197 **der Honig** 꿀(보통 단수, 종류를 나타낼 때 복수)

(복수형) **die Honige**

Die Bienen haben ihre Waben mit Honig gefüllt.

벌들이 벌집에 꿀을 채웠다.

· e. **Biene(n)** 벌 · e. **Wabe(n)** 벌집

1198 **das Salz** 소금(보통 단수, 화학 영역에서 복수)

(복수형) **die Salze**

Würzen Sie mit Salz und Pfeffer!

소금과 후추로 간을 맞추세요!

· **würzen** 양념하다, 간을 맞추다 · r. **Pfeffer(-)** 후추

1199 **die Soße** 소스

(복수형) **die Soßen**

Bitte ohne Soße! 소스는 빼 주세요!

1200 **der Zucker** 설탕, 당뇨(보통 단수, 종류를 나타낼 때 복수)

(복수형) **die Zucker**

Ich bin ja nicht aus Zucker.

비 좀 맞아도 괜찮아. [직역: 난 설탕으로 만들어지지 않았어.]

묘사

☐☐ 1201 **das Eis** 얼음, 아이스크림

(복수형) 없음

Ich stehe auf dünnem Eis.

나는 살얼음판 위에 서 있어. (관용어, 위험에 처해 있음을 나타냄.)

TIPP

Eis 관련 단어

Eistüte 아이스크림 콘 | Eiswürfel 얼음 | Eiskaffee 커피 아이스크림(커피 위에 아이스크림과 크림을 얹은 것으로, 일반적으로 알고 있는 아이스커피와는 다름)

☐☐ 1202 **der Keks** 과자

(복수형) die Kekse

Wer hat eigentlich meine Kekse gegessen?

도대체 누가 내 과자를 먹었지?

· **eigentlich** 도대체, 본래의

TIPP

과자 관련 단어

Gebäck 구워 만든 과자 | Plätzchen 비스킷

☐☐ 1203 **der Kuchen** 케이크

(복수형) die Kuchen

Ich backe einen Kuchen/eine Torte.

난 케이크를 구웠다.

· e. Torte(n) 쇼트케이크

☐☐ 1204 **die Süßigkeit** 단것

(복수형) die Süßigkeiten

Iss keine Süßigkeiten vor einer Mahlzeit!

식사 전에 단것을 먹지 마라!

· e. Mahlzeit(en) 식사

TIPP

초콜릿(Schokolade), 사탕(Bonbon) 등과 같은 달콤한 간식류를 일컬어 **Süßigkeit**라고 합니다.

1205 **das Ei** 달걀

(복수형) die Eier

Willst du ein gekochtes Ei oder ein Spiegelei?

삶은 달걀을 원하니, 아니면 달걀프라이를 원하니?

• s. Spiegelei(er) 달걀프라이

1206 **der Käse** 치즈

(복수형) die Käse

Es gibt rund 5000 verschiedene Käsesorten.

치즈 종류는 약 5,000여 개이다.

• rund 약, 둥근 • e. Sorte(n) 종류, 품목

1207 **die Marmelade** 잼

(복수형) die Marmeladen

Möchtest du Butter oder Marmelade auf deinem Brot?

빵에 버터나 잼 (발라) 먹을래?

• e. Butter(x) 버터

1208 **die Milch** 우유(보통 단수, 전문 영역에서만 복수)

(복수형) die Milche

Möchtest du Zucker oder Milch dazu?

(커피에) 설탕이나 우유 넣을래?

1209 **das Öl** 기름, 식용유(보통 단수, 종류를 나타낼 때 복수)

(복수형) die Öle

Denk bitte daran, Olivenöl zu kaufen!

올리브유 사는 거 잊지 마!

• denken 생각하다

명사

❶ 다음에 해당하는 의미를 찾아 연결해 보세요.

01 der Apfel – die Äpfel   ·   · ❶ 포도

02 die Birne – die Birnen   ·   · ❷ 사과

03 die Erdbeere – die Erdbeeren ·   · ❸ 배

04 die Traube – die Trauben   ·   · ❹ 딸기

❷ 다음 단어의 의미를 우리말로 써 보세요.

05 der Kuchen – die Kuchen

09 der Essig – die Essige

06 das Ei – die Eier

10 der Honig – die Honige

07 die Marmelade – die Marmeladen

11 das Salz – die Salze

08 die Milch – die Milche

12 der Zucker – die Zucker

❸ 우리말을 독일어로 써 보세요.

13 채소

17 양파

14 감자

18 양념, 조미료

15 과일

19 과자

16 샐러드용 채소, 샐러드

20 얼음, 아이스크림

정답 01 ② 02 ③ 03 ④ 04 ① 05 케이크 06 달걀 07 잼 08 우유 09 식초 10 꿀 11 소금 12 설탕
13 das Gemüse – die Gemüse 14 die Kartoffel – die Kartoffeln 15 das Obst 16 der Salat
– die Salate 17 die Zwiebel – die Zwiebeln 18 das Gewürz – die Gewürze 19 der Keks
– die Kekse 20 das Eis

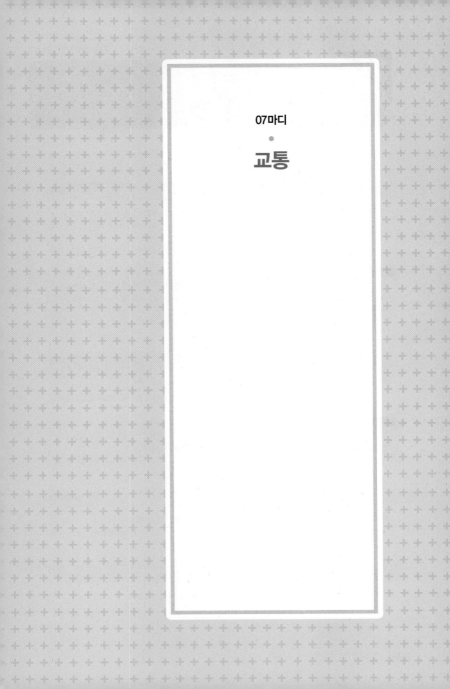

07마디

교통

01 교통
이동할 때 필요한

☐☐ **1210 das Auto** 자동차

(복수형) das Autos

Das Auto fuhr rückwärts und stieß an(gegen) eine Laterne.
그 차는 후진하다가 가로등을 박았어요.

· stoßen 부딪치다, 밀치다, 찌르다 · e. Laterne(n) 가로등

TIPP
'자동차'를 나타내는 말로 Auto뿐만 아니라 Wagen도 많이 사용됩니다. 독일 자동차 회사인 Volkswagen [직역 : 국민차]의 이름에도 쓰이지요. 하지만 Wagen은 Kinderwagen(유모차), Einkaufswagen(쇼핑 카트) 등에서 알 수 있듯이 끌어서 이동할 수 있는 것도 포함됩니다.

☐☐ **1211 der Bahnhof** (기차)역

(복수형) die Bahnhöfe

Ich verstehe nur Bahnhof.
기차역밖에 이해하지 못하겠어. (관용어, 전혀 이해하지 못했을 때 사용)

TIPP
한국에서는 Hof를 맥줏집으로 생각하는데, Hof의 원래 뜻은 '마당' 또는 '궁전'입니다. 일상생활에서는 Hauptbahnhof(중앙역), Bauernhof(농장), Friedhof(묘지)라는 단어가 자주 쓰입니다.

☐☐ **1212 die Bremse** 브레이크

(복수형) die Bremsen

Die Bremse funktioniert nicht.
브레이크가 작동하지 않아요.

☐☐ **1213 der Bus** 버스

(복수형) die Busse

Wann fährt der letzte Bus ab?
마지막 버스는 언제 출발하나요?

1214 **das Flugzeug** 비행기

(복수형) **die Flugzeuge**

Das Flugzeug landet um 18:00 Uhr auf dem Flughafen Berlin Tegel.

이 비행기는 오후 6시에 베를린 테겔 공항에 착륙합니다.

· landen 착륙하다 · r. Flughafen(¨) 공항

TIPP

Zeug(물건, 물체) 관련 단어

Fahrzeug 모든 탈것 | Feuerzeug 라이터 | Spielzeug 장난감 | Werkzeug 도구

1215 **das Gleis** 레일

(복수형) **die Gleise**

Der Zug kommt auf (dem) Gleis 4 an.

기차가 4번 선로에 도착하고 있습니다.

*독일은 기차가 들어오는 곳을 Bahnsteig(플랫폼)이 아니라 Gleis(선로)로 표현합니다.

1216 **die Haltestelle** (버스) 정류장

(복수형) **die Haltestellen**

Treffen wir uns an der Haltestelle?

정류장에서 만날까?

· sich treffen mit Jm Jm을 만나다

1217 **die Linie** 노선, 선

(복수형) **die Linien**

Die Linie 2 fährt zum Hauptbahnhof.

2번 노선은 중앙역으로 갑니다.

1218 **das Rad** 바퀴, 자전거

(복수형) **die Räder**

Das Rad des Wagens knarrt. 자동차 바퀴가 삐걱거려요.

Das ist wie Fahrrad fahren. Das verlernt man nicht.

그건 자전거를 타는 것과 같아. 한번 배우면 잊혀지지 않지.

· r. Wagen(-) 수레, 자동차 · knarren 삐걱거리다 · verlernen 배운 것을 잊다

1219 **der Reifen**

타이어

(복수형) die Reifen

Ich möchte die Reifen wechseln.

타이어를 바꾸고 싶어요.

(*여름용 타이어를 겨울용 타이어로 바꾸거나 그 반대의 경우에 쓰임)

· wechseln 바뀌다, 바꾸다

1220 **der Schaffner / die Schaffnerin**

(기차·버스) 승무원, 차장

(복수형)
🔵 die Schaffner
🔴 die Schaffnerinnen

Der Schaffner fragt: Ist hier noch jemand
zugestiegen?

승무원이 '여기에 또 누가 승차했나요?'라고 묻고 있다.

· zusteigen (정류장에서) 승차하다

1221 **das Schiff**

배

(복수형) die Schiffe

Das Schiff liegt im Hafen.

항구에 배가 정박해 있다.

· r. Hafen(˝) 항구

1222 **das Schild**

표지판, 문패

(복수형) die Schilder

Ich habe kein Schild gesehen.

난 어떤 표지판도 보지 못했어요.

1223 **der Sicherheitsgurt**

안전띠

(복수형) die Sicherheitsgurte

Bitte legen Sie den Sicherheitsgurt an!
= Bitte schnallen Sie sich an!

안전띠를 착용해 주세요.

· sich anschnallen 안전띠를 매다

1224 **der Stau**

교통 체증

(복수형) die Staus, die Staue

Die Autos stehen im Stau.

교통 체증 때문에 차가 서 있다.

1225 **der Verkehr**　　　　　　　　　교통(보통 단수, 전문 영역에서만 복수)

(복수형) die Verkehre　　Der Verkehr fließt.　　　　교통이 원활하다.

1226 **die Verspätung**　　　　　　　　　　　　　연착

(복수형) die Verspätungen　　Der Zug hat 10 Minuten Verspätung.

기차가 10분 연착되었다.

1227 **der Zug**　　　　　　　　　　　　　　　기차

(복수형) die Züge　　Planmäßig kommt der Zug um 17 Uhr an.

기차는 오후 5시에 도착할 예정입니다.

• planmäßig 계획에 따라, 예정대로

🔖 TIPP
기차 관련 단어
S-Bahn(Schnellbahn) 고속 철도 | Straßenbahn 트램(도로 위로 다니는 전철) | U-Bahn 지하철 |
Bahnsteig 승강장

🔖 TIPP
그 외 접두사 + Zug/Ziehung 명사 (* 동사 ziehen에서 나온 명사)
1) r. Abzug("e) 공제, 배출
2) r. Anzug("e) 정장
3) r. Aufzug("e) 엘리베이터
4) r. Auszug("e) 이사 나감, (방에서) 나옴, 추출물, (통장에서) 뽑아낸 부분
5) r. Bezug("e) 덮개, (침대) 커버
6) r. Einzug("e) 이사 들어감
7) r. Umzug("e) 이사, 행렬
8) e. Beziehung(en) 관계

1228 **die Ampel**　　　　　　　　　　　　　　신호등

(복수형) die Ampeln　　Stop! Die Ampel ist rot!　　멈춰! 신호등이 빨간불이야!

1229 der Blitzer

교통 법규 위반 단속 카메라

(복수형) **die Blitzer**

Dort steht ein neuer Blitzer.

거기에 새 교통 법규 위반 단속 카메라가 있어.

□ □ **1230 der Fußgänger / die Fußgängerin**

보행자

(복수형)
🔵 **die Fußgänger**
🔴 **die Fußgängerinnen**

Ein Fußgänger überquert die Fahrbahn auf dem Zebrastreifen.

보행자가 횡단보도를 건너고 있다.

· e. Fahrbahn(en) 차도 · r. Zebrastreifen(-) 횡단보도 · überqueren 횡단하다

□ □ **1231 die Straße**

도로

(복수형) **die Straßen**

Die Straße ist so eng, dass ich nicht wenden kann.

도로가 너무 좁아서 유턴할 수 없어.

· wenden (방향을) 돌리다

🍺 TIPP

도로 관련 단어
Autobahn 고속 도로 | Fahrbahn 차도 | Kreisverkehr 로터리, 환상 교차로 | Kreuzung 교차로 |
Einbahnstraße 일방통행로

□ □ **1232 die Tankstelle**

주유소

(복수형) **die Tankstellen**

Wir müssen bei der nächsten Tankstelle tanken.

다음 주유소에서 기름을 넣어야만 해.

· tanken 주유하다

□ □ **1233 der Zebrastreifen**

횡단보도

(복수형) **die Zebrastreifen**

Achte auf die Kinder, die auf den Zebrastreifen laufen!

횡단보도로 뛰어나오는 아이들을 조심해!

· s. Zebra(s) 얼룩말 · r. Streifen(-) 선, 줄무늬 · achten auf + A A를 주의하다

☐☐ **1234 die Abfahrt** 출발

(복수형) die Abfahrten　　Ich bin zur Abfahrt bereit.　　출발할 준비가 됐어.

· bereit sein 준비된

☐☐ **1235 die Ankunft** 도착

(복수형) die Ankünfte　　Ich freue mich auf deine Ankunft.

네가 곧 도착해서 기뻐. / 네가 도착하길 고대하고 있어.

> **TIPP**
> 그 외 접두사 + Kunft 명사 (* 동사 kommen에서 나온 명사)
> Auskunft 정보, 안내 | Zukunft 미래

☐☐ **1236 die Auskunft** 정보, 안내(소)

(복수형) die Auskünfte　　Wer gibt mir Auskunft?　　누구에게 물어봐야 하죠?

☐☐ **1237 die Fahrkarte** 차표, 승차권

(복수형) die Fahrkarten

Ich möchte eine Fahrkarte nach Leipzig (kaufen).
– Einfache Fahrt oder hin und zurück?

라이프치히행 표를 사려고 합니다. – 편도요, 왕복이요?

· einfache Fahrt 편도　· hin und zurück 왕복으로

> **TIPP**
> Fahr 관련 단어
> Fahrgast/Passagier 승객 | Fahrkarte/Ticket 차표, 승차권 | Fahrplan 운행 시간표

명사

❶ 다음에 해당하는 의미를 찾아 연결해 보세요.

01 die Ankunft – die Ankünfte   •
     • ❶ 정보, 안내(소)

02 die Auskunft – die Auskünfte   •
     • ❷ 도착

03 die Verspätung – die Verspätungen   •
     • ❸ 교통 체증

04 der Stau – die Staus, die Staue   •
     • ❹ 연착

❷ 다음 단어의 의미를 우리말로 써 보세요.

05 das Auto – das Autos

09 das Rad – die Räder

06 die Haltestelle – die Haltestellen

10 die Straße – die Straßen

07 die Linie – die Linien

11 der Zebrastreifen – die Zebrastreifen

08 die Ampel – die Ampeln

12 die Fahrkarte – die Fahrkarten

❸ 우리말을 독일어로 써 보세요.

13 (기차)역

17 기차

14 버스

18 배

15 비행기

19 표지판, 문패

16 레일

20 교통

정답 01 ② 02 ① 03 ④ 04 ③ 05 자동차 06 (버스) 정류장 07 노선, 선 08 신호등 09 바퀴, 자전거
10 도로 11 횡단보도 12 차표, 승차권 13 der Bahnhof – die Bahnhöfe 14 der Bus – die Busse
15 das Flugzeug – die Flugzeuge 16 das Gleis – die Gleise 17 der Zug – die Züge
18 das Schiff – die Schiffe 19 das Schild – die Schilder 20 der Verkehr – die Verkehre

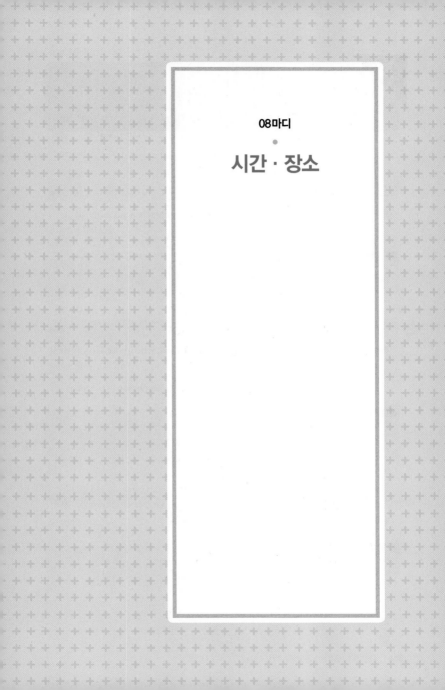

08마디

시간·장소

시간을 지배하는 자

시간

🎧 **2-08-01.mp3**

☐ ☐ **1238 der Abend** | 저녁

(복수형) **die Abende**

(Ich wünsche dir) Einen schönen Abend!

좋은 저녁 시간 보내!

🍺**TIPP**

헤어질 때 인사

Tschüss, Ciao, schönen Tag noch 등으로 인사합니다.

☐ ☐ **1239 die Gegenwart** | 현재

(복수형) **없음**

Vergiss die Vergangenheit, lebe in der Gegenwart!

과거를 잊고 현재를 살아라!

· **vergessen** 잊다   · **leben** 살다

🍺**TIPP**

과거와 미래를 나타내는 단어

1) **Vergangenheit** 과거 🔁 **vergehen** 경과하다

2) **Zukunft** 미래 🔁 **zukommen** 접근해 오다

☐ ☐ **1240 das Jahr** | 해, 년

(복수형) **die Jahre**

Ein frohes neues Jahr!   새해 복 많이 받아!

🍺**TIPP**

계절(Jahreszeit) 관련 단어

Frühling 봄 | **Sommer** 여름 | **Herbst** 가을 | **Winter** 겨울

☐☐ 1241 **die Minute** 분

(복수형) die Minuten

In wenigen Minuten geht's los.

몇 분 후에 출발해[시작해].

· **losgehen** 출발하다, 시작하다

☐☐ 1242 **der Moment** 짧은 순간

(복수형) die Momente

Einen Moment, bitte! 잠시만요!

☐☐ 1243 **der Monat** 월

(복수형) die Monate

Am Ende des Monats kommt sie zurück.

월말에 그녀가 돌아온다.

· **zurückkommen** 되돌아오다

TIPP
월을 나타내는 단어
Januar 1월 | Februar 2월 | März 3월 | April 4월 | Mai 5월 | Juni 6월 | Juli 7월 | August 8월 |
September 9월 | Oktober 10월 | November 11월 | Dezember 12월

☐☐ 1244 **der Morgen** 아침

(복수형) die Morgen

Ich habe dich heute Morgen angerufen, aber
konnte dich nicht erreichen.

오늘 아침에 너한테 전화했는데, 연락이 안 되더라.

· **anrufen** 전화하다 · **erreichen** (연락이) 닿다, 도달하다, 성취하다.

☐☐ 1245 **die Nacht** 밤

(복수형) die Nächte

Die Nacht ist noch jung. 아직 초저녁이야.

명사

□ □ 1246 **die Sekunde** 초

(복수형) **die Sekunden**

Die Uhr geht auf die Sekunde genau.

그 시계는 정확하다. [직역 : 그 시계는 초 단위로 정확하게 간다.]

・ **auf die Sekunde** 정확하게, 정각 ・ **genau** 정확한, 바로

□ □ 1247 **die Stunde** 시간

(복수형) **die Stunden**

Es dauert eine Stunde. 한 시간 걸린다.

□ □ 1248 **der Tag** 낮, 날, 일

(복수형) **die Tage**

Der wievielte Tag ist heute? 오늘이 며칠이죠?

Welcher Tag ist heute? 오늘이 무슨 요일이죠?

TIPP

Tag 관련 단어

Mittag(e) 정오 | **Werktag** 평일 | **Alltag** 일상, 평일 | **Feiertag** 공휴일

TIPP

요일 관련 단어

Sonntag 일 (Sonne 해) | **Montag** 월 (Mond 달) | **Dienstag** 화 (Dienst 근무) | **Mittwoch** 수 (Mitte 한 주의 중간) | **Donnerstag** 목 (Donner 천둥) | **Freitag** 금 (frei 자유로운) | **Samstag** 토 (Sabbath 안식일) – **Sonnabend** 토(해의 날 전 저녁 (북부))

□ □ 1249 **die Uhr** 시, 시계

(복수형) **die Uhren**

Wie viel Uhr ist es? 지금 몇 시예요?

= Wie spät ist es?

1250 die Woche 주

(복수형) die Wochen

Ab nächster Woche habe ich 2 Wochen Urlaub.

다음 주부터 2주간 휴가야.

Schönes Wochenende! 좋은 주말 보내세요!

· r. Urlaub(e) 휴가 · s. Wochenende(n) 주말

1251 die Zeit 시, 시간

(복수형) die Zeiten

Hast du einen Moment Zeit? 잠시 시간 있어?

Die Zeit rennt mal wieder. (관용어) 시간 참 빠르네.

TIPP

Zeit 관련 단어

Freizeit 자유 시간(단수), 수련회 | Hochzeit 결혼, 결혼식 | Jahreszeit 계절 | Mahlzeit 식사 시간 | Probezeit 수습 기간

1252 die Zukunft 미래(보통 단수)

(복수형) die Zukünfte

Niemand weiß, was die Zukunft bringen wird.

미래에 무슨 일이 일어날지는 아무도 모른다.

(미래가 무엇을 가져다줄지는 아무도 모른다.)

장소

❶ 다음에 해당하는 의미를 찾아 연결해 보세요.

01 der Morgen – die Morgen •　　　　• ❶ 시, 시계

02 die Stunde – die Stunden •　　　　• ❷ 시간

03 die Zeit – die Zeiten　•　　　　　• ❸ 아침

04 die Uhr – die Uhren　•　　　　　　• ❹ 시, 시간

❷ 다음 단어의 의미를 우리말로 써 보세요.

05 die Minute – die Minuten　　09 die Freizeit - die Freizeiten

　　------------------------　　　　------------------------

06 die Sekunde – die Sekunden　10 die Hochzeit-die Hochzeiten

　　------------------------　　　　------------------------

07 die Vergangenheit - die Vergangenheiten　11 der Werktag – die Werktage

　　------------------------　　　　------------------------

08 die Woche – die Wochen　　12 das Wochenende – die Wochenenden

　　------------------------　　　　------------------------

❸ 우리말을 독일어로 써 보세요.

13 저녁　------------------　　17 월　------------------

14 현재　------------------　　18 밤　------------------

15 해, 년　------------------　　19 낮, 날, 일　------------------

16 짧은 순간　------------------　　20 미래　------------------

정답 **01** ③　**02** ②　**03** ④　**04** ①　**05** 분　**06** 초　**07** 과거　**08** 주　**09** 자유시간　**10** 결혼식　**11** 평일　**12** 주말
13 der Abend – die Abende　**14** die Gegenwart　**15** das Jahr – die Jahre　**16** der Moment
– die Momente　**17** der Monat – der Monate　**18** die Nacht – die Nächte　**19** der Tag –
die Tage　**20** die Zukunft – die Zukünfte

02

공간을 지배하는 자

장소

☐☐ 1253 **der Bereich**

영역, 범위

(복수형) die Bereiche

Ich arbeite im sozialen Bereich.

나는 사회 분야에서 일하고 있다.

· sozial 사회의

🍺 **TIPP**

Bereich vs Bezirk

Bereich는 장소뿐만 아니라 영역을 의미하는 모든 경우에 쓸 수 있는 일반적인 개념이지만, Bezirk은 장소, 특히 도시 또는 나라의 한 영역을 의미합니다.

☐☐ 1254 **die Ecke**

모퉁이, 모서리

(복수형) die Ecken

Gehen Sie rechts um die Ecke!

저 모퉁이에서 오른쪽으로 가세요!

· rechts 오른쪽으로

☐☐ 1255 **das Loch**

구멍

(복수형) die Löcher

Er hat ein Loch in die Wand gebohrt.

그는 벽에 구멍을 하나 냈다.

· e. Wand(˝e) 벽 · bohren 뚫다, 구멍을 내다

☐☐ 1256 **die Lücke**

틈, 빈 곳

(복수형) die Lücken

Welches Verb passt in alle Lücken?

모든 빈칸에 어울리는 동사는 어떤 것일까요?

· s. Verb(en) 동사 · passen + D (시간, 옷, 상황 등이) D에 맞다

☐ ☐ **1257 der Ort** 장소

(복수형) **die Orte** Direkt vor Ort 현장에서 바로

☐ ☐ **1258 der Platz** 광장, 자리

(복수형) **die Plätze** Sie dürfen Platz nehmen. 자리에 앉으셔도 됩니다.

🍺 TIPP
Platz 관련 단어
Marktplatz 장터 | Parkplatz 주차장 | Sitzplatz 좌석 | Spielplatz 놀이터

☐ ☐ **1259 der Rand** 가장자리, 외곽

(복수형) **die Ränder** Darf ich am Straßenrand kurz halten?

도로변에 잠시 멈춰도 될까요?

☐ ☐ **1260 die Region** 지방, 지역

(복수형) **die Regionen** Aus der Region

[상품에 붙어 있는 문구] 그 지역에서 (생산된 상품입니다.)

🍺 TIPP
Region vs Gebiet vs Gegend
이 세 단어에 내용적인 차이는 없고, 어떤 문맥에서 더 자주 사용하는 정도의 차이만 있습니다.

In der Region um Stuttgart gibt es Weinbau. 슈투트가르트 지방에서는 포도를 재배한다.
Das Gebiet um Stuttgart ist als Bauplatz begehrt. 슈투트가르트 지역은 건축 부지로 수요가 있다.
Ich kenne die Gegend um Stuttgart genau. 난 슈투트가르트 지역을 잘 알고 있지.

☐ ☐ **1261 die Seite** 면, 옆구리, 쪽

(복수형) **die Seiten** Ich stehe auf deiner Seite.

(관용어) 난 네 편이야. [직역 : 난 네 옆에 서 있어.]

☐☐ 1262 **das Dorf** | 마을

(복수형) **die Dörfer**

Die Welt ist ein Dorf! 세상 참 좁다! (세상은 한 마을과 같아.)

· e. Welt(x) 세계, 지구

🍺 **TIPP**
Dorf가 들어간 이름
Düsseldorf 뒤셀도르프(뒤셀강이 흐르는 마을) | Waldorf 발도어프

☐☐ 1263 **die Heimat** | 고향(보통 단수)

(복수형) **die Heimaten**

Deutschland ist meine zweite Heimat.

독일은 나의 제 2의 고향이다.

☐☐ 1264 **das Land** | 나라, 주, 땅(단수), 시골(단수)

(복수형) **die Länder**

Andere Länder, andere Sitten.

(속담) 나라가 다르면 풍습도 다르다.

· e. Sitte(n) 관습, 풍습

🍺 **TIPP**
Land가 들어간 나라 이름과 합성명사
Deutschland 독일 | Finnland 핀란드 | Griechenland 그리스 | Irland 아일랜드 | Island 아이슬란드 |
Niederlande 네덜란드 | Russland 러시아 | Ausland 외국 | Bundesland 연방 주

☐☐ 1265 **das Reich** | 제국, 나라

(복수형) **die Reiche**

England gehört zum Staat 'des Vereinigten
Königreichs'. 잉글랜드는 영국에 속한다.

· gehören Jm Jm의 것이다 · vereinigen 하나로 하다, 결합하다

🍺 **TIPP**
Reich가 들어간 나라 이름
Frankreich 프랑스 | Österreich 오스트리아 | Vereinigtes Königreich 영국

명사

1266 **der Staat** 나라, 국가

(복수형) die Staaten

Die Vereinigten Staaten von Amerika

미합중국 (*United States of America)

Der Staat muss seine Bürger schützen.

국가는 자국민을 보호해야만 한다.

· r. Bürger(-) 국민 · schützen 보호하다

1267 **die Stadt** 도시

(복수형) die Städte

Aus welcher Stadt kommst du? 어느 도시에서 왔니?

🐑 **TIPP**

Stadt 관련 단어

Hauptstadt 수도 | Landeshauptstadt 주도 | Innenstadt 시내, 도심 | Altstadt 구시가지

1268 **die Bäckerei** 빵집, 제과점

(복수형) die Bäckereien

„Kamps" ist eine der größten Bäckereiketten
Deutschlands. '캄프스'는 독일에서 가장 큰 제과점 체인이다.

· e. Kette(n) 사슬, 체인점

1269 **die Buchhandlung** 서점

(복수형) die Buchhandlungen

Hermann Hesse hat in der Buchhandlung
und dem Antiquariat J. J. Heckenhauer in
Tübingen gearbeitet.

헤르만 헤세는 튀빙엔에 있는 서점이자 헌책방인 J. J. 헤켄하우어에서 일했다.

· s. Antiquariat(e) 헌책방

1270 **der Friseur / die Friseurin**   미용실, 미용사

(복수형)
🔵 die Friseure
🔴 die Friseurinnen

Warst du beim Friseur?   미용실에 갔었어?

1271 **der Laden**   상점, 사업

(복수형) die Läden

Der Laden läuft.   (관용어) 사업[일]이 잘되어 간다.

• **laufen** 진행 중이다. 걷다. 달리다

1272 **die Metzgerei**   정육점

(복수형) die Metzgereien

Die Metzgerei Kiesinger wird in dritter
Generation geführt.   키징어 정육점은 3대째 운영 중이다.

• **führen** 운영하다. 안내하다. 이끌다   • e. Generation(en) 세대. 1대

1273 **der Optiker / die Optikerin**   안경점, 안경사

(복수형)
🔵 die Optiker
🔴 die Optikerinnen

Ich habe einen Sehtest beim Optiker gemacht.
안경점에서 시력 검사를 받았다.

• r. Sehtest(s) 시력 검사

명사

❶ 다음에 해당하는 의미를 찾아 연결해 보세요.

01 das Loch – die Löcher ・   ・❶ 가장자리, 외곽

02 das Land – die Länder ・   ・❷ 마을

03 der Rand – die Ränder ・   ・❸ 구멍

04 das Dorf – die Dörfer ・   ・❹ 나라, 주

❷ 다음 단어의 의미를 우리말로 써 보세요.

05 die Ecke – die Ecken   09 die Heimat – die Heimaten

06 die Region – die Regionen   10 die Bäckerei – die Bäckereien

07 die Seite – die Seiten   11 der Laden – die Läden

08 die Lücke – die Lücken   12 die Metzgerei – die Metzgereien

❸ 우리말을 독일어로 써 보세요.

13 영역, 범위   17 나라, 국가

14 장소   18 도시

15 광장, 자리   19 미용실, 미용사

16 제국, 나라   20 안경점, 안경사

정답 01 ③ 02 ④ 03 ① 04 ② 05 모퉁이, 모서리 06 지방, 지역 07 면, 옆구리, 쪽 08 틈, 빈 곳 09 고향
10 빵집, 제과점 11 상점, 사업 12 정육점 13 der Bereich – die Bereiche 14 der Ort – die Orte
15 der Platz – die Plätze 16 das Reich – die Reiche 17 der Staat – die Staaten 18 die
Stadt – die Städte 19 der Friseur – die Friseure 20 der Optiker – die Optiker

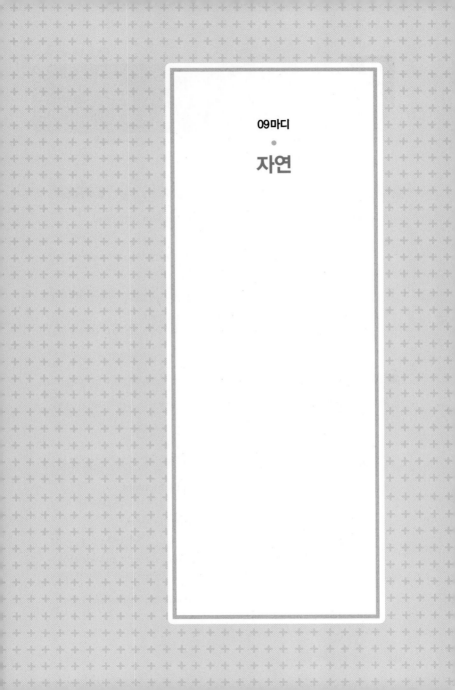

09마디

자연

01 동물, 식물, 날씨

자연 ❶

☐☐ 1274 **der Boden** | 땅, 지면, 바닥

(복수형) die Böden

Am Boden wimmelt es von Ameisen!

바닥에 개미가 우글거려요!

• e. Ameise(n) 개미 • **wimmeln** 우글거리다

☐☐ 1275 **das Eisen** | 철(단수), 철제 도구

(복수형) die Eisen

Er fasst ein heißes Eisen an.

(관용어) 그는 위험한 일에 손을 댄다. [직역 : 그는 뜨거운 철에 손을 댄다.]

• **anfassen** (의도적으로) 손대다

🍺 **TIPP**

금속 관련 단어

Stahl 강철 | **Schrott** 고철 | **Aluminium** 알루미늄 | **Blei** 납 | **Kupfer** 구리 | **Magnesium** 마그네슘 |
Zink 아연

☐☐ 1276 **die Erde** | 흙, 땅, 지구

(복수형) die Erden

Er füllt Erde in den Blumentopf.

그는 화분에 흙을 채운다.

In Japan bebte erneut die Erde.

일본에서 땅이 다시 흔들렸다.

Die Erde ist nicht rund, sie sieht aus wie eine
Kartoffel! 지구는 둥글지 않고, 감자처럼 생겼어.

• r. Blumentopf("e) 화분 • **beben** 흔들리다 • **erneut** 다시 • **aussehen** ~처럼 보이다

1277 das Feld　　　　　　　　　　　　　　들, 밭, 활동 범위

(복수형) die Felder

Ein Bauer arbeitet auf dem Feld.

농부 한 명이 밭에서 일하고 있다.

· r. Bauer(n, n) 농부　· arbeiten 일하다

1278 das Feuer　　　　　　　　　　　　　　불(단수), 표지등

(복수형) die Feuer

Ein gebranntes Kind scheut das Feuer.

(속담) 화상을 입어 본 아이가 불을 조심한다.

· brennen 타다, 따갑다　· scheuen 두려워하다, 기피하다

1279 das Gold　　　　　　　　　　　　　　　　　금

(복수형) 없음

Reden ist Silber, Schweigen ist Gold.

(격언) 말은 은이고, 침묵은 금이다.

· s. Silber(x) 은　· schweigen 침묵하다

1280 der Himmel　　　　　　　　　　　　　하늘(보통 단수)

(복수형) die Himmel

Der Himmel ist bewölkt.　　하늘이 구름으로 덮여 있다.

= Der Himmel ist mit Wolken bedeckt.

· e. Wolke(n) 구름　· bedecken 덮다

1281 das Holz　　　　　　　　　　　　　목재(단수), 목제품

(복수형) die Hölzer

Er zündet mit einem Streichholz eine Kerze an.

그는 성냥으로 초에 불을 붙이고 있다.

· anzünden 불을 붙이다　· s. Streichholz("er) 성냥

1282 **die Insel** 섬

(복수형) **die Inseln**

Die Insel „Dokdo" gehört zu Korea.

독도는 한국에 속한다.

1283 **die Kohle** 석탄, 숯

(복수형) **die Kohlen**

Er sitzt auf heißen Kohlen.

그는 뜨거운 숯 위에 앉아 있다. (관용어. 안절부절못할 때)

TIPP

Kohle 관련 단어

Steinkohle 석탄 | **Holzkohle** 목탄, 숯

1284 **das Licht** 빛(단수), 램프

(복수형) **die Lichter**

Das Licht blendet mich.

빛에 눈이 부시다.

· **blenden** 눈이 부시게 하다

1285 **die Luft** 공기(보통 단수)

(복수형) **die Lüfte**

Ich brauche frische Luft!

신선한 공기가 필요해!

1286 **der Mond** 달

(복수형) **die Monde**

Der Vollmond ist aufgegangen.

보름달이 떴다.

1287 **die Natur** 자연(단수), 고유한 특성

(복수형) **die Naturen**

Ich bin gerne in der Natur unterwegs.

나는 자연 속에 있는 것을 즐긴다.

Das liegt in der Natur der Sache.

당연한 거야. [직역 : 그게 그 사건의 특성이야.]

· **unterwegs** 도중에, 집 밖에   · **e. Sache(n)** 사물, 사건

TIPP
자연 관련 단어
Bach 개울 | Felsen 바위 | Flamme 불꽃 | Hügel 언덕 | Rasen 잔디, 잔디밭 | Schlamm 진흙 |
Umwelt 환경 | Wüste 사막

1288 **der Sand**　　　　　　　　　　모래(보통 단수, 전문 영역에서만 복수)

(복수형) die Sande

Die Kinder spielen im Sand.

아이들이 모래에서 놀고 있다.

1289 **der Schatten**　　　　　　　　　　그늘, 그림자

(복수형) die Schatten

Komm in den Schatten!　　　그늘로 들어와!

1290 **die Sonne**　　　　　　　　　　해

(복수형) die Sonnen

Die Sonne scheint.　　　해가 난다.
= Es ist sonnig.

D-Satz　Auf(Nach) Regen folgt Sonnenschein.
비 온 뒤에 햇살이 온다. (고생 끝에 낙이 온다.)

1291 **der Stein**　　　　　　　　　　돌

(복수형) die Steine

Ich bin heute Morgen über einen Stein gestolpert.
나 오늘 아침에 돌에 걸려서 넘어질 뻔했어/넘어졌어.

· **stolpern** 비틀거리다/걸려 넘어지다

1292 **der Stern**　　　　　　　　　　별

(복수형) die Sterne

Am Himmel leuchten die Sterne.
하늘에 별이 빛나고 있다.

· **leuchten** 빛나다, 비추다

1293 **der Strom** 전류, 흐름, (큰) 강

(복수형) **die Ströme**

Der Strom ist ausgefallen.

전기가 나갔다.

1294 **der Strand** 해변

(복수형) **die Strände**

Ich möchte am Strand liegen und die Sonne genießen.

해변에 누워 일광욕도 하고 싶다.

· **genießen** 누리다

1295 **die Welt** 세계, 세상

(복수형) **die Welten**

So etwas hat die Welt noch nicht gesehen.

세상은 그런 것을 본 적이 없다. (관용어, 무엇인가 놀랄 만한 새로운 것을 봤을 때)

1296 **die Wolke** 구름

(복수형) **die Wolken**

Die Wolken ziehen so schnell vorbei.

구름이 매우 빠르게 지나가고 있다.

❶ 다음에 해당하는 의미를 찾아 연결해 보세요.

01 das Holz – die Hölzer   •

02 das Licht – die Lichter   •

03 der Strom – die Ströme   •

04 die Welt – die Welten   •

• ❶ 세계, 세상

• ❷ 전류, 흐름, (큰) 강

• ❸ 빛, 램프

• ❹ 목재, 목제품

❷ 다음 단어의 의미를 우리말로 써 보세요.

05 der Boden – die Böden

06 die Erde – die Erden

07 das Feuer – die Feuer

08 der Himmel – die Himmel

09 die Kohle – die Kohlen

10 die Natur – die Naturen

11 der Schatten – die Schatten

12 die Sonne – die Sonnen

❸ 우리말을 독일어로 써 보세요.

13 들, 밭, 활동 범위

14 금

15 섬

16 공기

17 달

18 모래

19 돌

20 별

정답 01 ④ 02 ③ 03 ② 04 ① 05 땅, 지면, 바닥 06 흙, 땅, 지구 07 불, 표지등 08 하늘 09 석탄, 숯 10 자연, 고유한 특성 11 그늘, 그림자 12 해 13 das Feld – die Felder 14 das Gold 15 die Insel – die Inseln 16 die Luft– die Lüfte 17 der Mond – die Monde 18 der Sand – die Sande 19 der Stein – die Steine 20 der Stern – die Sterne

02

동물, 식물, 날씨

자연 ❷

☐☐ 1297 **die Ente**　　　　　　　　　　　　오리

(복수형) die Enten

Die Enten schwimmen auf dem Bach.

오리들이 개울에서 수영하고 있다.

· schwimmen 수영하다

☐☐ 1298 **die Feder**　　　　　　　　　　　　깃털

(복수형) die Federn

Der Vogel sträubt seine Federn.

그 새는 깃털을 곤두세웠다.

· sträuben 곤두세우다

☐☐ 1299 **der Flügel**　　　　　　　　　　날개, 그랜드 피아노

(복수형) die Flügel

Der Vogel schlägt mit den Flügeln.

그 새가 날갯짓한다.

☐☐ 1300 **der Frosch**　　　　　　　　　　　개구리

(복수형) die Frösche

Die Frösche quaken sehr laut.

개구리들이 매우 시끄럽게 꽥꽥거리며 울고 있다.

· quaken (개구리, 오리 등이) 꽥꽥 울다　· laut 크게

☐☐ 1301 **der Hase**　　　　　　　　　　　　토끼

(복수형) (n, n)

Er ist ein alter Hase.

그는 나이 든 토끼다. (관용어, 그는 노련한 전문가다.)

· alt 나이 든, 오래된

TIPP
Hase는 소설 《이상한 나라의 앨리스》에 나오는 토끼처럼 큰 토끼를 말하고, 보통 집에서 키우는 작은 토끼는 **Kaninchen**이라고 합니다. 보훔(bochum)과 같은 도시의 공원에서는 **Kaninchen**이 뛰노는 모습을 볼 수 있습니다.

☐☐ 1302 **das Horn**   뿔

(복수형) **die Hörner**

Die Ziege hat mich mit den Hörnern gestoßen.

그 염소가 뿔로 나를 찔렀어요.

· e. Ziege(n) 염소

☐☐ 1303 **der Hund**   개

(복수형) **die Hunde**

Ich gehe mit dem Hund Gassi.   개와 산책하려고 해.

· Gassi gehen 개를 데리고 산책하다

☐☐ 1304 **die Katze**   (암)고양이

(복수형) **die Katzen**

Die Katze kommt angeschlichen.

고양이가 살금살금 다가오고 있다.

· angeschlichen kommen 살금살금 다가오다

D-Satz   Ich habe einen Kater.   아, 머리야. (술 먹은 이튿날)
*r. Kater(-) 수고양이, 숙취

☐☐ 1305 **der Löwe**   사자

(복수형) **(n, n)**

Der Löwe brüllt und der Wolf heult.

사자는 포효하고, 늑대는 울고 있다.

· brüllen 포효하다 · heulen 하울링하다

TIPP
맹수/육식 동물(Raubtier) 관련 단어
Tiger 호랑이 | Bär 곰 | Wolf 늑대

☐☐ 1306 **die Maus**   생쥐

(복수형) Mäuse

Ist die Katze aus dem Haus, tanzen die Mäuse
auf dem Tisch.

고양이가 집을 떠나니 생쥐가 책상 위에서 춤을 춘다.
(속담, 호랑이 없는 골에 토끼가 왕 노릇 한다.)

· e. Katze(n) 고양이 · tanzen 춤추다

☐☐ 1307 **das Pferd**   말

(복수형) die Pferde

Er reitet auf einem Pferd.   그가 말을 타고 있어요.

· reiten (말을) 타다

☐☐ 1308 **der Schwanz**   꼬리

(복수형) die Schwänze

Ich bin versehentlich der Katze auf den
Schwanz getreten.   실수로 고양이 꼬리를 밟았어.

· versehentlich 실수로 · treten 밟다, 발을 내딛다

☐☐ 1309 **die Taube**   비둘기

(복수형) die Tauben

Besser ein Spatz in der Hand als eine Taube auf
dem Dach.   손 안에 있는 참새가 지붕 위에 있는 비둘기보다 낫다.
(속담, 크지만 불확실한 것보다는 작지만 확실한 것이 낫다는 의미)

· r. Spatz(en, en) 참새

☐☐ 1310 **das Tier**   동물

(복수형) die Tiere

Was ist dein Lieblingstier?   제일 좋아하는 동물이 뭐니?

· Liebling(s) + A 제일 좋아하는 A

1311 **das Vieh** 가축

(복수형) 없음

Er hat seinem Vieh Futter gegeben.

그는 그의 가축에게 사료를 주었다.

· s. Futter(x) 사료, 모이

1312 **der Vogel** 새

(복수형) die Vögel

Die Vögel bauen ihre Nester in einem Baum.

새들이 나무에 둥지를 틀고 있다.

· bauen (건물을) 짓다　· s. Nest(er) 둥지　· r. Baum("e) 나무

D-Satz Hast du einen Vogel? 너 미쳤어? [직역 : 네 머리에 새가 들었니?]

1313 **die Biene** 벌

(복수형) die Bienen

Die Biene hat mich gestochen! 벌에 쏘였어요!

· stechen 찌르다

(복수형) die Fliegen

Eine Fliege summt auf und ab im Zimmer.

파리 한 마리가 방에서 이리저리 윙윙거리고 있다.

· **summen** 윙윙거리다   · **auf und ab** 이리저리

□ □ 1315 **das Insekt**   곤충

(복수형) die Insekten

Manche Wissenschaftler meinen, Insekten seien die Nahrung der Zukunft.

몇몇 학자들은 곤충이 미래의 양식이 될 것이라고 말한다.

· **r. Wissenschaftler(-)** 학자   · **e. Nahrung(en)** 양분, 양식

□ □ 1316 **die Mücke**   모기

(복수형) die Mücken

Du machst aus einer Mücke einen Elefanten!

오버하지 매

[직역 : 넌 모기 한 마리를 코끼리 한 마리로 만들고 있어!]

□ □ 1317 **die Spinne**   거미

(복수형) die Spinnen

Die Spinne hat mehr Angst vor dir also du vor ihr.   네가 거미를 무서워하는 것보다 거미가 널 더 무서워할걸.

□ □ 1318 **der Wurm**   벌레

(복수형) die Würmer

Der getretene Wurm krümmt sich.

벌레도 밟으면 꿈틀거린다. (속담, 지렁이도 밟으면 꿈틀한다.)

· **sich kümmern** 구부러지다

TIPP

벌레/곤충 관련 단어
Ameise 개미 | **Käfer** 딱정벌레 | **Marienkäfer** 무당벌레 | **Libelle** 잠자리 | **Regenwurm** 지렁이 |
Schmetterling 나비 | **Zecke** 진드기

❶ 다음에 해당하는 의미를 찾아 연결해 보세요.

01 das Horn – die Hörner •   • ❶ 뿔

02 der Vogel – die Vögel •   • ❷ 벌레

03 die Spinne – die Spinnen •   • ❸ 새

04 der Wurm – die Würmer •   • ❹ 거미

❷ 다음 단어의 의미를 우리말로 써 보세요.

05 die Ente – die Enten

09 der Schwanz – die Schwänze

06 der Flügel – die Flügel

10 die Taube – die Tauben

07 die Katze – die Katzen

11 die Biene – die Bienen

08 das Pferd – die Pferde

12 die Fliege – die Fliegen

❸ 우리말을 독일어로 써 보세요.

13 깃털

17 사자

14 개구리

18 생쥐

15 토끼

19 동물

16 개

20 가축

정답 01 ① 02 ③ 03 ④ 04 ② 05 오리 06 날개, 그랜드 피아노 07 (암)고양이 08 말 09 꼬리 10 비둘기 11 벌 12 파리 13 die Feder – die Federn 14 der Frosch – die Frösche 15 der Hase(n, n) 16 der Hund – die Hunde 17 der Löwe(n, n) 18 die Maus – Mäuse 19 das Tier – die Tiere 20 das Vieh

03 동물, 식물, 날씨

자연 ③

☐☐ 1319 **der Ast** 가지

(복수형) die Äste

Ein Vogel sitzt auf einem Ast.

새 한 마리가 가지 위에 앉아 있어.

☐☐ 1320 **der Baum** 나무

(복수형) die Bäume

Die Blätter fallen von den Bäumen.

잎이 나무에서 떨어진다.

· fallen 떨어지다

☐☐ 1321 **das Blatt** 잎, 종이

(복수형) die Blätter

Ich nehme kein Blatt vor den Mund.

나는 직설적인 편이야.
[직역 : 나는 잎으로 입을 가리지 않는다.]

☐☐ 1322 **die Blume** 꽃

(복수형) die Blumen

Die Blumen sind aufgeblüht. 꽃이 피었다.

· aufblühen 꽃피다

☐☐ 1323 **der Dorn** 가시

(복수형) die Dornen

Keine Rose ohne Dornen. 가시가 없는 장미는 없다.
(격언, 아무리 좋아보이는 것도 단점이 있는 법이다.)

☐☐ **1324 die Frucht** 　　　　　　　　　　　　　　**열매**

(복수형) **die Früchte**

An der Frucht erkennt man den Baum.

열매를 보면 나무를 알지.

(격언, 말과 행동을 통해 그 사람이 어떤 사람인지 안다.)

· **erkennen** (사람·사물의 상태) 알다, 인지하다

☐☐ **1325 das Gras** 　　　　　　　　　　　　　　**풀**

(복수형) **die Gräser**

Schafe fressen Gras und Heu.

양들은 풀과 건초를 먹는다.

· **s. Schaf(e)** 양　· **s. Heu(x)** 건초

TIPP

Hast du Gras? 대마초 가지고 있어?

문맥상 풀이 아니라 대마초를 뜻할 수 있습니다. 대마초를 피우는 것이 독일에서 합법은 아니지만 간혹 대마초를 피우는 대학생들이 있는데요. 대마초를 피운다라고 할 때는 담배와 같이 **rauchen** 동사를 쓰입니다.

☐☐ **1326 der Stamm** 　　　　　　　　　　　　　**(나무) 줄기, 종족**

(복수형) **die Stämme**

Der Apfel fällt nicht weit vom Stamm.

사과는 줄기에서 멀리 떨어지지 않는다.

(속담, 자녀는 부모를 닮는다는 의미로, 부전자전)

· **r. Apfel(˝)** 사과　· **weit** 넓은, 먼

☐☐ **1327 der Strauß** 　　　　　　　　　　　　　　**꽃다발**

(복수형) **die Sträuße**

Im Blumenladen kaufte er einen Strauß Rosen.

그는 꽃집에서 장미 한 다발을 샀다.

· **r. Laden(˝)** 상점　· **e. Rose(n)** 장미

TIPP

동음이의어

r. Strauß(¨e) 꽃다발	r. Strauß(e) 타조
e. Bank(¨e) 벤치	e. Bank(en) 은행
r. Kiefer(e) 턱	e. Kiefer(n) 유럽 소나무
s. Schloss(¨er) 성	s. Schloss(¨er) 자물쇠
e. Schlange(n) 뱀	e. Schlange(n) 긴 행렬, 장사진

☐☐ **1328 die Wurzel** 뿌리

(복수형) **die Wurzeln**

Die Pflanze hat schon Wurzeln getrieben.

이 식물은 이미 뿌리를 내렸다.

· e. Pflanze(n) 식물 · treiben 몰다, 열중하다

☐☐ **1329 der Zweig** 잔가지

(복수형) **die Zweige**

Ich werde auf keinen grünen Zweig kommen.

난 실패할 거야.
[직역 : 난 녹색 가지(성장 또는 무성함을 비유)에 이르지 못할 거야.]

☐☐ **1330 der Blitz** 번개

(복수형) **die Blitze**

Der Blitz traf das Haus. 그 집은 번개에 맞았다.

☐☐ **1331 der Donner** 천둥

(복수형) **die Donner**

Der Donner rollt. 천둥이 치고 있어.

· rollen 구르는 소리를 내다, 굴리다

1332 **der Hagel**   우박

(복수형) 없음

Am Sonntag drohen kräftige Gewitter mit
Starkregen und Hagel.

일요일에 폭우와 우박을 동반한 악천후가 올 것입니다.

· **kräftig** 힘 센, 강한 · **s. Gewitter(-)** 악천후 · **r. Starkregen(x)** 폭우

TIPP

독일에는 Gewitter, Unwetter, Schlechtwetter, Sauwetter 등 악천후를 나타내는 단어가 많습니다.
좋지 않은 날씨로 예측 불가능한 독일 날씨와 관련이 있지 않을까 합니다.

1333 **das Klima**   기후

(복수형) die Klimata

Das Klima ändert sich.   기후가 변하고 있다.

1334 **der Nebel**   안개(보통 단수)

(복수형) die Nebel

Dichter Nebel hängt über der Stadt.

도시에 짙은 안개가 끼었다.

· **dicht** 조밀한, 빽빽한

1335 **der Regen**   비(보통 단수)

(복수형) die Regen

Es regnet heftig. Ich muss meinen
Regenschirm mitnehmen.

비가 무섭게 오네. 우산을 가져가야겠다.

· **regnen** 비가 오다 · **heftig** 격렬한 · **r. Regenschirm(e)** 우산 · **mitnehmen** 가져가다

1336 **der Schnee**   눈

(복수형) 없음

Der Schnee fällt (in dicken Flocken) vom
Himmel!   하늘에서 눈(함박눈)이 내린다!
= Es schneit!

· **e. Flocke(n)** 눈송이, 털 뭉치 · **schneien** 눈이 오다

1337 **der Sturm**

폭풍

(복수형) die Stürme

Der Sturm wütet.
= Es stürmt heftig.

폭풍이 몰아친다.

· **wüten** 분노하다   · **stürmen** 폭풍이 치다

1338 **der Tau**

이슬

(복수형) 없음

In der Nacht war viel Tau gefallen.

밤사이 이슬이 많이 내렸다.

1339 **die Temperatur**

온도

(복수형) die Temperaturen

Heute ist es den ganzen Tag sonnig. Die
Temperatur beträgt über 30 Grad.

오늘은 온종일 해가 난다. 온도가 30도가 넘는다.

· **betragen** (액수가) ~이다

1340 **das Wetter**

날씨(단수), 악천후

(복수형) die Wetter

Wie ist das Wetter heute? - Der Wetterbericht
meldet Regen.

오늘 날씨 어때요? – 일기 예보에서는 비가 온대요.

· r. **Wetterbericht(e)** 일기 예보   · **melden** 알리다, 신고하다

D-Satz   Der April macht was er will.   4월은 자기가 하려는 것을 한다.

*독일의 4월 날씨가 제멋대로인 것을 나타내는 표현입니다.

1341 **der Wind**

바람

(복수형) die Winde

Es weht ein Wind.

바람이 분다.

· **wehen** 바람이 불다

❶ 다음에 해당하는 의미를 찾아 연결해 보세요.

01 der Ast – die Äste   •   • ❶ 가시

02 der Zweig – die Zweige •   • ❷ 풀

03 der Dorn – die Dornen •   • ❸ 가지

04 das Gras – die Gräser •   • ❹ 잔가지

❷ 다음 단어의 의미를 우리말로 써 보세요.

05 die Blume – die Blumen

09 der Regen – die Regen

06 der Donner – die Donner

10 der Schnee

07 der Hagel

11 der Tau

08 der Nebel – die Nebel

12 die Temperatur – die Temperaturen

❸ 우리말을 독일어로 써 보세요.

13 번개

17 날씨, 악천후

14 나무

18 (나무) 줄기, 종족

15 폭풍

19 꽃다발

16 열매

20 바람

정답 01 ③ 02 ④ 03 ① 04 ② 05 꽃 06 천둥 07 우박 08 안개 09 비 10 눈 11 이슬 12 온도
13 der Blitz – die Blitze 14 der Baum – die Bäume 15 der Sturm – die Stürme
16 die Frucht – die Früchte 17 das Wetter – die Wetter 18 der Stamm – die Stämme
19 der Strauß – die Sträuße 20 der Wind – die Winde

01

인간을 도와주는

도구

☐☐ 1342 **der Bleistift** 연필

(복수형) **die Bleistifte**

Ich habe alle Bleistifte angespitzt.

연필을 모두 뾰족하게 깎았다.

· **anspitzen** 연필을 뾰족하게 깎다

TIPP

필기도구 관련 단어

Filzstift 사인펜 | **Buntstift** 색연필 | **Wachsmalstift** 크레용 | **Füller** 만년필 | **Pinsel** 붓

☐☐ 1343 **das Heft** 노트, 공책

(복수형) **die Hefte**

Das Heft ist weder liniert, noch kariert.

이 노트는 줄도 없고, 격자 무늬도 아니다.

· **liniert** 선이 그어진 · **kariert** 격자 무늬의

☐☐ 1344 **der Kugelschreiber** 볼펜(약어: Kuli)

(복수형) **die Kugelschreiber**

Der Kugelschreiber gefällt mir. 이 볼펜은 마음에 든다.

· **e. Kugel(n)** 구, 공 모양

☐☐ 1345 **der/das Laptop** 노트북

(복수형) **die Laptops**

Ich überprüfe meinen Laptop auf Viren.

노트북 바이러스 검사를 하고 있어요.

· **überprüfen** 검사하다 · **r./s. Virus(en)** 바이러스

명사

□ □ **1346 das Papier** 종이

(복수형) die Papiere

Hole dir ein weißes Blatt Papier!

하얀 종이를 한 장 가져와!

□ □ **1347 die Schere** 가위

(복수형) die Scheren

Schere, Stein, Papier! 가위바위보! [직역 : 가위, 돌, 종이!]

□ □ **1348 die Tastatur** 키보드, (피아노) 건반

(복수형) die Tastaturen

Ich habe Wasser über meine Tastatur gekippt!

키보드에 물을 쏟았어요!

· **kippen** 기울이다

□ □ **1349 der Zettel** 메모지

(복수형) die Zettel

Gib mir bitte einen Zettel und einen Bleistift!

메모지랑 연필 좀 줴!

TIPP

사무용품 관련 단어

Aufkleber 스티커 | **Gummiband** 고무줄 | **Hefter** 서류 꽂이/스테이플러 | **Heftzwecke** 압정 |
Klammer 집게, 클립 | **Kleber** 풀 | **Klebeband** 접착테이프 | **Klebefilm** 셀로판테이프 | **Lineal** 자 |
Locher 펀치 | **Magnet** 자석 | **Mäppchen** 필통 | **Maßband** 줄자 | **Ordner** 서류철 | **Radiergummi**
지우개 | **Stempel** 도장 | **Tacker** 스테이플러 | **Tinte** 잉크

□ □ **1350 das Brett** 널빤지

(복수형) die Bretter

Am schwarzen Brett hängen die Ergebnisse
der Klausuren aus. 게시판에 필기시험 결과가 게시되어 있다.

· **aushängen** 게시되다 · s. **Ergebnis(se)** 결과 · e. **Klausur(en)** 필기시험

☐☐ 1351 **der Faden** 실

(복수형) **die Fäden**

Jetzt habe ich den Faden verloren!

지금 실을 잃어버렸어! (관용어, 이야기의 맥락을 잃어버렸을 때)

· verlieren 잃다

☐☐ 1352 **der Draht** 전선, 철사

(복수형) **die Drähte**

Soll ich den roten oder den blauen Draht durchschneiden?

(영화에서 폭탄을 제거할 때) 빨간 선을 잘라야 할까, 파란 선을 잘라야 할까?

· durchschneiden 절단하다

☐☐ 1353 **der Geldbeutel** 지갑

(복수형) **die Geldbeutel**

Ich habe meinen Geldbeutel verloren.

지갑을 잃어버렸어요.

🍺 TIPP

Beutel vs Sack

둘 다 물건을 넣을 수 있는 주머니를 말하지만, Beutel은 Geldbeutel에서 알 수 있듯 '크기가 작은 것'을 말합니다. 반면 Sack은 Rucksack(배낭), Schlafsack(침낭), Gelbsack(노란 자루 : 재활용 쓰레기 봉투)처럼 '크기가 큰 자루'를 나타냅니다. 참고로 동전을 넣는 작은 지갑은 Portemonnaie라고 합니다.

☐☐ 1354 **das Gerät** 도구, 기구

(복수형) **die Geräte**

Wozu dient das Gerät? 이것은 무엇에 쓰는 도구인가요?

☐☐ 1355 **der Hammer** 망치

(복수형) **die Hämmer**

Das ist der Hammer! (관용어) 굉장하다! / 대박!

명사

(복수형) die Kalender

Den Tag muss ich mir im Kalender rot
anstreichen! 그날은 달력에 빨간색으로 표시해 두어야 해!

· anstreichen 표시하다, 밑줄 치다

□ □ 1357 **der Kamm** 빗

(복수형) die Kämme

Wo liegt der Kamm? Ich muss mir die Haare
kämmen. 빗 어딨어? 머리 빗어야 돼.

· kämmen (머리) 빗질하다

TIPP
Kamm vs Bürste
Kamm은 '참빗'을 의미한다면, Bürste는 '브러시 빗'을 의미합니다. 참고로 Bürste의 일차적인 의미는 '솔'
로 Zahnbürste는 '칫솔'입니다.

□ □ 1358 **der Karton** 판지, 두꺼운 종이 상자

(복수형) die Kartons

Ich habe den letzten Umzugskarton ausgepackt.
마지막 이삿짐 상자를 풀었다.

· r. Umzug(¨e) 이사, 행렬 · auspacken 포장을 풀다, 짐을 풀다

□ □ 1359 **die Kerze** (양)초

(복수형) die Kerzen

Puste die Kerzen aus! 초를 불어서 꺼라!

· auspusten 불어서 끄다

□ □ 1360 **der Korb** 바구니

(복수형) die Körbe

Er hat einen Korb bekommen.
그는 퇴짜맞았다. (관용어, 그는 바구니를 받았다.)

☐☐ 1361 **die Leine** 밧줄

(복수형) **die Leinen**

Hier, nimm mal meinen Hund an die Leine.

Aber greife fest zu, sonst haut er ab!

여기 개, 목줄 좀 잡아 줘. 꽉 움켜쥐지 않으면 개가 달아날 거야!

· **nehmen zugreifen** 움켜쥐다 · **abhauen** 달아나다

☐☐ 1362 **die Leiter** 사다리

(복수형) **die Leitern**

Ich hole (mir) eine Leiter. 사다리 가져올게.

☐☐ 1363 **die Matte** 매트, 돗자리, 깔개

(복수형) **die Matten**

Der Raum war mit Matten ausgelegt.

그 방은 매트가 깔려 있다.

· **auslegen** 깔다, 해석하다

☐☐ 1364 **die Nadel** 바늘

(복수형) **die Nadeln**

Ich habe mich mit einer Nadel gestochen.

바늘에 찔렸어요.

☐☐ 1365 **der Schlauch** 호스, 튜브

(복수형) **die Schläuche**

Ich stehe auf dem Schlauch.

(관용어) 어찌할 바를 모르겠어.

1366 **der Schlüssel** 열쇠

(복수형) die Schlüssel

Hast du meinen Schlüssel vielleicht irgendwo gesehen?
혹시 내 열쇠를 어딘가에서 본 적 있니?

· irgendwo 어딘가에서

1367 **die Schnur** 끈

(복수형) die Schnüre

Er hat das Paket sorgfältig mit einer Schnur umwickelt.
그는 끈으로 소포를 꼼꼼히 묶었다.

· sorgfältig 꼼꼼한, 주의 깊은 · umwickeln 동여매다

1368 **die Stange** 막대기, 길쭉한 물건(맥주잔 등)

(복수형) die Stangen

In der Hand hält er eine lange Stange.
그는 손에 긴 막대를 잡고 있다.

> **TIPP**
> 막대 관련 단어
> 1) r. Stock(¨e) 보통 목재로 만든 막대 (📎 몽둥이, 가지 등)
> 2) r. Stab(¨e) 딱딱한 재료로 만든 길고 얇고 둥근 막대 (📎 창살, 목동 지팡이 등)
> 3) e. Stange(n) Stab과 모양은 같지만, 보통 Stab보다 긴 막대 (📎 식물 지지대)

1369 **die Vase** 꽃병

(복수형) die Vasen

Die Vase steht auf dem Tisch. 탁자 위에 꽃병이 있다.

1370 **der Wecker** 자명종

(복수형) die Wecker

Ich habe den Wecker auf 5 Uhr gestellt.
5시로 자명종을 맞추었다.

1371 **das Werkzeug** | 도구, 공구

(복수형) **die Werkzeuge**

Mir fehlt das passende Werkzeug.

적합한 도구가 없다.

TIPP

공구 관련 단어

Hammer 망치 | Zange 펜치 | Nagel 못 | Schraube 나사, 못 | Schraubenbolzen 볼트 |
Schraubenmutter 너트 | Schraubenzieher 드라이버

1372 **das Zelt** | 천막, 텐트

(복수형) **die Zelte**

Das Zirkuszelt ist aufgeschlagen.

서커스 천막이 설치되었다.

1373 **der/das Zubehör** | 부속품

(복수형) **die Zubehöre**

Ich habe das Zubehör verloren.

그 부속품을 잃어버렸어요.

❶ 다음에 해당하는 의미를 찾아 연결해 보세요.

01 der Faden – die Fäden ・ ・❶ 열쇠

02 die Kerze – die Kerzen ・ ・❷ 실

03 die Nadel – die Nadeln ・ ・❸ (양)초

04 der Schlüssel – die Schlüssel ・ ・❹ 바늘

❷ 다음 단어의 의미를 우리말로 써 보세요.

05 der Kugelschreiber - die Kugelschreiber

09 das Brett – die Bretter

06 die Schere – die Scheren

10 der Geldbeutel – die Geldbeutel

07 die Tastatur – die Tastaturen

11 der Hammer – die Hämmer

08 der Zettel – die Zettel

12 der Kalender – die Kalender

❸ 우리말을 독일어로 써 보세요.

13 연필

17 전선, 철사

14 노트, 공책

18 도구, 기구

15 노트북

19 빗

16 종이

20 사다리

정답 01 ② 02 ③ 03 ④ 04 ① 05 볼펜 06 가위 07 키보드, (피아노) 건반 08 메모지 09 널빤지 10 지갑
11 망치 12 달력 13 der Bleistift - die Bleistifte 14 das Heft - die Hefte 15 der/das Laptop
- die Laptops 16 das Papier - die Papiere 17 der Draht - die Drähte 18 das Gerät -
die Geräte 19 der Kamm - die Kämme 20 die Leiter - die Leitern

02

맵시를 책임지는

의복

☐☐ 1374 **der Anzug** 정장

(복수형) die Anzüge

Ich möchte diesen Anzug reinigen lassen.

이 양복을 드라이클리닝 하려고요.

· **reinigen** 깨끗하게 하다

☐☐ 1375 **die Brille** 안경

(복수형) die Brillen

Ein Brillenbügel ist abgebrochen.

안경다리 한 쪽이 부러졌어요.

· **r. Bügel(-)** 안경다리, 옷걸이

☐☐ 1376 **der Gürtel** 허리띠

(복수형) die Gürtel

Ich muss den Gürtel enger schnallen.

허리띠를 졸라 매야 한다. (관용어, 절약을 나타냄.)

· **schnallen** (허리띠 등을) 매다

☐☐ 1377 **das Hemd** 셔츠

(복수형) die Hemden

Ich muss mein Hemd bügeln.

아직 셔츠를 더 다려야 해.

· **bügeln** 다림질하다

☐☐ 1378 **die Hose** 바지

(복수형) die Hosen

Die Hose ist zu eng. 이 바지는 너무 껴요.

명사

1379 **der Hut** (챙이 달린) 모자

(복수형) **die Hüte**

Bitte nehmen Sie Ihren Hut ab!

모자를 벗어 주십시오!

· **abnehmen** (모자, 안경 등을) 벗다

1380 **die Jacke** 재킷

(복수형) **die Jacken**

Kann ich diese Jacke anprobieren?

이 재킷을 입어 봐도 되나요?

· **anprobieren** (잘 맞나) 입어 보다

1381 **das Kleid** 원피스, 드레스, 치마, 옷(복수)

(복수형) **die Kleider**

Sie trägt ein schlichtes Kleid.

그녀는 수수한 원피스를 입고 있다.

· **tragen** (옷을) 입고 있다, 옮기다 · **schlicht** 소박한, 단순한

TIPP

옷 관련 단어

Kleidung 한 벌의 옷(일상어: **Klamotte**) | **Bluse** 블라우스 | **Helm** 헬멧 | **Jeans** 청바지 | **Krawatte** 넥타이 | **Mütze** 챙 없는 모자, 비니 | **Pullover** 스웨터 (약어 : **Pulli**) | **Schal** 숄 | **Stiefel** 장화 | **Strumpf** 양말 | **T-shirt** 티셔츠 | **Weste** 조끼

1382 **der Knopf** 단추, 버튼

(복수형) **die Knöpfe**

Der Knopf ist abgegangen. 단추가 하나 떨어졌다.

· **abgehen** 떨어지다, 가 버리다, 벗어나다

1383 **der Mantel** 외투, 코트

(복수형) **die Mäntel**

Ich suche einen weiten und warmen Mantel.

헐렁하고 따뜻한 코트를 찾고 있어요.

☐☐ **1384 der Rock**　　　　　　　　　　　　　　　　　　　　**치마, 스커트**

（복수형）die Röcke　　　　　Sie trägt einen langen bunten Rock.

　　　　　　　　　　　　　　　　그녀는 길고 알록달록한 스커트를 입고 있다.

☐☐ **1385 der Rucksack**　　　　　　　　　　　　　　　　　　　　**배낭**

（복수형）die Rucksäcke　　　Kannst du mal kurz auf meinen Rucksack
aufpassen?　　　　　　　　　내 배낭 좀 잠시 봐 줄 수 있어?

☐☐ **1386 der Schmuck**　　　　　　　　　　　　　**장식(단수), 장식품**

（복수형）die Schmucke　　　Sie trägt sehr teuren Schmuck.

　　　　　　　　　　　　　　　　그녀는 매우 비싼 장신구를 차고 다닌다.

☐☐ **1387 der Schuh**　　　　　　　　　　　　　　　　　　　　**신발**

（복수형）die Schuhe　　　　Warte auf mich! Ich schnüre mir die Schuhe.

　　　　　　　　　　　　　　　　기다려! 나 신발 끈 묶고 있어.

　　　　　　　　　　　　　　　· **schnüren** (끈 등으로) 매다

☐☐ **1388 die Socke**　　　　　　　　　　　　　**짧은 양말(대개 복수)**

（복수형）die Socken　　　　Ich habe ein Loch in der Socke.　　양말에 구멍이 났다.

　　　　　　　　　　　　　　　· s. **Loch(˝er)** 구멍

☐☐ **1389 die Tasche**　　　　　　　　　　　　　　　　　**가방, 주머니**

（복수형）die Taschen　　　　Kannst du mir die Tasche abnehmen?

　　　　　　　　　　　　　　　　이 가방 좀 들어 줄 수 있어?

　　　　　　　　　　· **abnehmen** (도움을 주기 위해) 받아 들다, (살을) 빼다

명사

(복수형) die Unterwäschen

Ich wasche meine Unterwäsche getrennt von anderen Kleidungstücken.

나는 속옷과 다른 옷들을 따로 빨다.

· getrennt von + D D와 따로　· s. Kleidungstück(e) 낱낱의 옷

❶ 다음에 해당하는 의미를 찾아 연결해 보세요.

01 das Kleid – die Kleider • • ❶ 재킷

02 die Kleidung – die Kleidungen • • ❷ 치마, 스커트

03 der Rock – die Röcke • • ❸ 원피스, 치마, 옷

04 die Jacke – die Jacken • • ❹ 한 벌의 옷

❷ 다음 단어의 의미를 우리말로 써 보세요.

05 die Brille – die Brillen

06 der Gürtel – die Gürtel

07 die Hose – die Hosen

08 der Pullover – die Pullover

09 der Mantel – die Mäntel

10 die Socke – die Socken

11 die Tasche – die Taschen

12 die Unterwäsche – die Unterwäschen

❸ 우리말을 독일어로 써 보세요.

13 정장

14 셔츠

15 (챙이 달린) 모자

16 단추, 버튼

17 배낭

18 장식, 장식품

19 신발

20 (챙 없는) 모자, 비니

정답 01 ③ 02 ④ 03 ② 04 ① 05 안경 06 허리띠 07 바지 08 스웨터 09 외투, 코트 10 짧은 양말(대개 복수) 11 가방, 주머니 12 속옷 13 der Anzug – die Anzüge 14 das Hemd – die Hemden 15 der Hut – die Hüte 16 der Knopf – die Knöpfe 17 der Rucksack – die Rucksäcke 18 der Schmuck – die Schmucke 19 der Schuh – die Schuhe 20 die Mütze – die Mützen

11마디
·
계약 · 행정

01

(아무져야 할 때)

계약 · 행정 ❶

☐☐ 1391 **die Adresse** | 주소

(복수형) **die Adressen**

Was ist deine Adresse? 주소가 어떻게 되나요?
= Wie lautet Ihre Anschrift?

· lauten ~라는 내용이다 · e. Anschrift(en) 주소

🍺 TIPP
주소 관련 단어
Straße 길 | Hausnummer 집 번호, 번지 | PLZ Postleitzahl 우편번호 | Stadt 도시

☐☐ 1392 **das Alter** | 나이

(복수형) **die Alter**

Komm' du erstmal in mein Alter.
내 나이가 되면 알게 될 거야. [직역 : 먼저 내 나이로 와 봐.]

☐☐ 1393 **der Familienstand** | 혼인 관계

(복수형) 없음

Bitte geben Sie Ihren Familienstand an!
당신의 혼인 관계를 알려 주세요!

· e. Familie(n) 가족 · r. Stand(x) 현황, 서기 · angeben 알리다, 보고하다

🍺 TIPP
혼인 관계 관련 단어
ledig 독신의 | verheiratet 결혼한 | geschieden 이혼한 | verwitwet 홀아비의/과부의

명사

1394 **der Geburtstag** | 생일

(복수형) **die Geburtstage**

Wann hast du Geburtstag?

네 생일이 언제니?

· e. Geburt(en) 출생

🍺 **TIPP**

생일 축하 노래 〈Alles Gute zum Geburtstag〉 가사

Zum Geburtstag viel Glück!
Zum Geburtstag viel Glück!
Zum Geburtstag alles Gute!
Zum Geburtstag viel Glück!
*우리가 아는 그 생일 축하 노래와 같은 반주입니다.

1395 **das Geschlecht** | 성별

(복수형) **die Geschlechter**

Welches Geschlecht hat mein Baby? Junge oder Mädchen?

제 아기의 성별은 무엇인가요? 남자아이예요, 여자아이예요?

· s. Baby(s) 아기 · r. Junge(n, n) 소년 · s. Mädchen(-) 소녀

🍺 **TIPP**

공식 서류에서의 성별

계약서 등에서 성별을 체크하는 항목에는 Geschlecht(성별)라고 쓰여 있지만, 종종 Anrede(호칭)라고 쓰인 경우도 있습니다. 공식적인 서류에서는 남자는 männlich(남성의), 여자는 weiblich(여성의)라고 합니다.

1396 **die Nummer** | 번호

(복수형) **die Nummern**

Was ist deine Handynummer?

핸드폰 번호가 뭐예요?

· e. Nummer(n) 번호

🍺 **TIPP**

휴대 전화가 아닌 유선 통신망을 Festnetz이라고 합니다. 집 전화를 생각하면 쉽습니다.

☐☐ 1397 **der Name** 이름

(복수형) (ns, n)

Was ist dein Name? - Mein Name ist Sarah.

이름이 뭐야? – 내 이름은 사라야.

☐☐ 1398 **der Antrag** 신청, 신청서

(복수형) die Anträge

Ich möchte einen Antrag auf Kindergeld stellen.

자녀 수당을 신청하려고 합니다.

• s. Kindergeld(er) 자녀 수당

🍺 TIPP

그외 접두사 + Trag 명사 (*동사 tragen에서 나온 명사)
1) r. Auftrag(¨e) 지시, 주문
2) r. Betrag(¨e) 액수
3) r. Beitrag(¨e) 회비, 기여, 기고문
4) r. Eintrag(¨e) 기입, 기입된 글(메모)
5) r. Vortrag(¨e) 강연
6) r. Vertrag(¨e) 계약

☐☐ 1399 **die Bewerbung** 지원, 지원서

(복수형) die Bewerbungen

Meine Bewerbung wurde abgelehnt.

내 지원이 거절되었다.

• ablehnen 거절하다

☐☐ 1400 **die Kündigung** 해약 고지

(복수형) die Kündigungen

Wenn man nicht vor der Kündigungsfrist von 3 Monaten kündigt, verlängert sich der Vertrag automatisch.

해약 고지 기간 3개월 전에 취소하지 않으면 계약이 자동으로 연장됩니다.

• e. Frist(en) 기한 • verlängern 연장하다 • automatisch 자동으로

1401 **das Mitglied** 회원

(복수형) die Mitglieder

Ich möchte Mitglied im Verein werden.

그 협회의 구성원이 되고 싶습니다.

· r. Verein(e) 협회

1402 **die Unterschrift** 서명

(복수형) die Unterschriften

Es fehlt nur noch Ihre Unterschrift.

오직 당신의 서명만 남았습니다.

1403 **der Vertrag** 계약

(복수형) die Verträge

Unterschreiben Sie bitte den Vertrag!

이 계약서에 서명해 주세요!

· unterschreiben 서명하다

TIPP

Vertrag와 함께 오는 동사
machen/abschließen 계약을 맺다 | erfüllen 이행하다 | kündigen 취소하다

1404 **die Beglaubigung** 공증

(복수형) die Beglaubigungen

Mit der amtlichen Beglaubigung wurde bestätigt,
dass das Original mit der Kopie
übereinstimmt.

관청의 공증으로 원본과 사본이 같다는 것이 확인되었다.

· amtlich 관청의 · bestätigen 확인하다 · übereinstimmen 일치하다

1405 **die Bescheinigung** 증명서, 확인서

(복수형) die Bescheinigungen

Die vorliegende Bescheinigung wurde ausgestellt.

앞에 놓여 있는 증명서가 교부되었습니다.

· vorliegen (제출되어) 있다 · ausstellen 교부하다, 전시하다

TIPP

증명서 관련 단어

r. Ausweis(e) (신원) 증명서 (**®** Personalausweis 신분증, 주민등록증)

r. Schein(e) (종이/카드로 된 공식) 증명서 (**®** Führerschein 운전면허증)

e. Urkunde(n) (보통 관청 발급) 증서, 증거 서류 (**®** Geburtsurkunden 출생증명서)

s. Zeugnis(se) (시험, 졸업 등의) 증명서 (**®** TestDaF-Zeugnis TestDaF어학 시험 증명서)

□□ 1406 **das Dokument**   문서

(복수형) **die Dokumente**   Schicken Sie uns Ihre Dokumente per Post!

문서를 우리에게 우편으로 보내세요!

· **schicken** 보내다   · **e. Post(en)** 우편

□□ 1407 **das Formular**   서식용지

(복수형) **die Formulare**   Füllen Sie bitte das Formular aus!

이 서식을 기입하십시오!

· **ausfüllen** 기입하다

□□ 1408 **die Unterlage**   서류(보통 복수)

(복수형) **die Unterlagen**   Ich wollte mich erkundigen, ob Sie meine
Bewerbungsunterlagen erhalten haben.

제 지원 서류를 받으셨는지 문의드립니다.

· **sich erkundigen nach + D** D에 대해 문의하다   · **e. Bewerbungsunterlagen**(복수) 지원 서류

❶ 다음에 해당하는 의미를 찾아 연결해 보세요.

01 der Antrag – die Anträge ·   · ❶ 계약

02 der Vertrag – die Verträge ·   · ❷ 신청, 신청서

03 der Betrag – die Beträge ·   · ❸ 회비, 기여, 기고문

04 der Beitrag – die Beiträge ·   · ❹ 액수

❷ 다음 단어의 의미를 우리말로 써 보세요.

05 die Adresse – die Adressen

06 das Alter – die Alter

07 die Unterlage – die Unterlagen

08 das Dokument – die Dokumente

09 die Kündigung – die Kündigungen

10 die Bewerbung – die Bewerbungen

11 die Beglaubigung – die Beglaubigungen

12 die Bescheinigung – die Bescheinigungen

❸ 우리말을 독일어로 써 보세요.

13 번호

14 이름

15 서식용지

16 회원

17 생일

18 성별

19 서명

20 (신원) 증명서

정답 01 ② 02 ① 03 ④ 04 ③ 05 주소 06 나이 07 서류 08 문서 09 해약 고지 10 지원, 지원서
11 공증 12 증명서, 확인서 13 die Nummer – die Nummern 14 der Name(ns, n) 15 das
Formular – die Formulare 16 das Mitglied – die Mitglieder 17 der Geburtstag –
die Geburtstage 18 das Geschlecht – die Geschlechter 19 die Unterschrift – die
Unterschriften 20 der Ausweis – die Ausweise

아무저야 할 때

계약 · 행정 ❷

☐☐ **1409 die Anmeldung** | 전입 신고

(복수형) die Anmeldungen

Wo bekomme ich die Formulare für die Anmeldung? 전입 신고서를 어디서 받을 수 있지요?

☐☐ **1410 der Aufenthalt** | 체류

(복수형) die Aufenthalte

Ich möchte meine Aufenthaltserlaubnis verlängern. 체류 허가를 연장하려고 합니다.

🔊 TIPP

체류 허가 신청

보통 비자를 신청한다고 하는데, 엄밀히 말하면 비자가 아닙니다. 비자는 입국 후 90일까지 머물 수 있는 (관광) 체류 허가증입니다. 하지만 양국간의 무비자협정으로, 한국인은 독일에 비자 없이 90일 동안 머물 수 있습니다. 체류 허가(Aufenthaltserlaubnis)는 오페어, 어학, 학업, 직업, 가족 동반 이렇게 5가지가 있습니다. 체류증(Aufenthaltstitel)을 신청하기 위해 신청서(Antragsformular), 여권(Pass), 사진(Passfoto), 집 계약서(Mietvertrag), 의료보험증서(Krankenversicherungsbescheinigung), 목적에 따라 학생이면 학교 입학 증명서(Immatrikulationsbescheinigung), 직장인이면 직업 계약서(Arbeitsvertrag) 등의 서류가 필요합니다. 그리고 재정에 관한 증명서가 필요한데, 재정보증서(Verpflichtungserklärung)나 Sperrkonto(제한 계좌, 통장에 돈을 미리 입금해 놓고 매달 720유로까지 뺄 수 있는 계좌)를 준비하는 것입니다. 경우에 따라 최근 6개월 계좌 내역서(Kontoauszug)가 필요하기도 합니다. 그리고 가상 증명서(Fiktionsbescheinigung)라는 것이 있는데, 서류 등 준비가 미흡할 때 짧은 기간 임시로 발급되는 체류 허가증입니다.

☐☐ **1411 der Hausmeister / die Hausmeisterin** | 건물 관리인

(복수형)
🔵 die Hausmeister
🔴 die Hausmeisterinnen

Hast du keinen Schlüssel? - Nein, leider nicht. Ich rufe den Hausmeister an. 열쇠 없어? – 응, 없어. 건물 관리인에게 전화해야겠다.

1412 die Kaution 보증금

(복수형) die Kautionen
Der Vermieter verlangt eine Kaution von drei
Monatsmieten. 집주인은 세 달치 보증금을 요구한다.

· r. Vermieter(-) 집주인 · verlangen 요구하다

□ □ **1413 die Miete** 집세

(복수형) die Mieten
Ich zahle 300 Euro Miete monatlich.
매달 300유로의 집세를 내고 있어.

· monatlich 매달

TIPP
집세에는 크게 두 가지 유형이 있습니다. 첫 번째는 기본 집세(**Kaltmiete**)와 물, 난방, 전기세 등의 추가 집세
(**Nebenkosten**)를 따로 분리해서 정하는 경우입니다. 이 경우에는 계약 시 임의로 추가 집세를 정하여 매달
내되, 1년마다 자기가 쓴 양에 따라 정산을 합니다. 두 번째는 기본 집세와 추가 집세를 하나로 합쳐서 내는 경
우(**Warmmiete**)입니다. 이 경우는 따로 정산하는 것이 없습니다. 그 외에도 집을 계약하면, 그 집에 대해 방
송 분납금(**Rundfunkbeitrag**)을 내라는 하는 편지가 옵니다. 만일 **WG**(셰어 하우스)로 산다면, 그중 한 명
만 내면 됩니다. 참고로 '세입자'를 **Mieter**, '집주인'을 **Vermieter**라고 합니다.

□ □ **1414 der Brief** 편지

(복수형) die Briefe
Ich möchte diesen Brief als Einschreiben
schicken. 이 편지를 등기로 부치려고 합니다.

· s. Einschreiben(-) 등기

TIPP
Brief 관련 단어
Briefkasten 우체통 | Briefmarke 우표

□ □ **1415 das Paket** (큰) 소포

(복수형) die Pakete
Ich gehe mein Paket beim Zoll abholen.
소포를 가지러 세관에 가고 있어.

· r. Zoll("e) 세관 · abholen 가지러 가다, 마중 나가다

TIPP
보통 2Kg 이하의 봉투는 **Brief**(편지), 2kg 이하의 상자는 **Päckchen**(작은 소포), 2kg 이상의 상자는 **Paket**(큰 소포)라고 합니다. 우편 요금은 무게와 크기에 따라 달라집니다.

1416 **die Post**   우체국

(복수형) **die Posten**

Kannst du bitte das Päckchen zur Post bringen?

이 소포 좀 우체국에 가져다줄 수 있니?

TIPP
Post 관련 단어
Postamt 우체국 | **Postkarte** 엽서 | **Postleitzahl PLZ** 우편 번호 | **Postbote** 우편배달부

1417 **die Sendung**   발송, 발송품

(복수형) **die Sendungen**

Mit einer Sendungsnummer können Sie Ihr Paket online verfolgen.

송장 번호로 소포를 인터넷상에서 추적할 수 있습니다.

· e. **Sendungsnummer(n)** 송장 번호   · **verfolgen** 추적하다, 박해하다

1418 **der Umschlag**   봉투

(복수형) **die Umschläge**

Ein frankierter Rückumschlag liegt bei.

우표가 붙여진 회신용 편지 봉투가 동봉되어 있습니다.

· **frankieren** 우표를 붙이다   · **beiliegen** 동봉되어 있다

1419 **die Bank**   은행

(복수형) **die Banken**

Ich habe kein Geld auf der Bank.

은행에 예금된 돈이 없어.

1420 **das Konto** 계좌

(복수형) **die Konten**

Ich möchte ein Konto eröffnen.

계좌를 개설하려고 합니다.

Der Betrag wird von Ihrem Konto abgebucht.

이 금액이 당신의 계좌에서 차감됩니다.

· eröffnen (계좌 등을) 개설하다 · r. Betrag(¨e) 액수 · abbuchen 차감하다

1421 **die Währung** 화폐

(복수형) **die Währungen**

Der Euro ist die Währung der Europäischen
Union.

유로는 EU의 화폐다.

1422 **der Zins** 이자

(복수형) **die Zinsen**

Die Zinsen werden noch lange niedrig bleiben.

금리가 오랫동안 낮게 유지될 것이다.

❶ 다음에 해당하는 의미를 찾아 연결해 보세요.

01 der Brief – die Briefe ·　　　　　· ❶ 편지

02 das Paket – die Pakete ·　　　　　· ❷ 엽서

03 das Päckchen – die Päckchen ·　　　· ❸ (작은) 소포

04 die Postkarte – die Postkarten ·　　　· ❹ (큰) 소포

❷ 다음 단어의 의미를 우리말로 써 보세요.

05 die Miete – die Mieten　　　　09 die Anmeldung – die Anmeldungen

06 die Kaution – die Kautionen　　10 der Hausmeister – die Hausmeister

07 die Währung – die Währungen　　11 die Sendung – die Sendungen

08 der Mieter – die Mieter　　　　12 das Einschreiben – die Einschreiben

❸ 우리말을 독일어로 써 보세요.

13 은행 ....　　17 체류 ....

14 계좌 ....　　18 봉투 ....

15 이자 ....　　19 우체통 ....

16 우체국 ....　　20 우표 ....

정답 01 ① 02 ④ 03 ③ 04 ② 05 집세 06 보증금 07 화폐 08 세입자 09 전입 신고 10 건물 관리인 11 발송, 발송품 12 등기 13 die Bank – die Banken 14 das Konto – die Konten 15 der Zins – die Zinsen 16 die Post – die Posten 17 der Aufenthalt – die Aufenthalte 18 der Umschlag – die Umschläge 19 der Briefkasten – die Briefkästen 20 der Briefmarke – die Briefmarken

12마디

·

그 밖의 중요 명사

01

내 생각은 이래

그 밖의 중요 명사 ❶

□□ **1423 der Ball** 공

(복수형) **die Bälle**

Ich muss den Ball aufpumpen.

공에 공기를 넣어야 한다.

· aufpumpen 펌프로 공기를 넣다

□□ **1424 der Film** 영화

(복수형) **die Filme**

Ich habe gestern einen lustigen Film gesehen.

어제 재미있는 영화를 한 편 봤어.

· lustig 재미있는

□□ **1425 das Hobby** 취미

(복수형) **die Hobbys**

Welche Hobbys hast du? - Schreiben, Musik hören und Spazierengehen.

취미가 뭐야? – 글쓰기, 음악 감상 그리고 산책이야.

□□ **1426 das Instrument** 도구, 악기

(복수형) **die Instrumente**

Kannst du ein Instrument spielen?

악기를 연주할 수 있어?

TIPP

악기 관련 단어

Geige 바이올린 | Gitarre 기타 | Klavier 피아노 | Orgel 오르간 | Schlagzeug 드럼 | Trommel 북

das Konzert

콘서트, 연주회

(복수형) die Konzerte

Das Leben ist kein Wunschkonzert.

살면서 원하는 것을 다 가질 수는 없지.

[직역 : 인생은 리퀘스트 콘서트(관객이 요청하는 노래를 부르는 콘서트)가 아니야.]

1428 **das Lied**

노래

(복수형) die Lieder

Das Lied gefällt mir sehr gut.

이 노래가 매우 마음에 드는데요.

1429 **die Musik**

음악

(복수형) die Musiken

Der Ton macht die Musik.

톤이 음악을 만든다. (관용어, 말의 내용뿐만 아니라 어투가 중요하다.)

• r. Ton(¨e) 음, 톤

1430 **die Niederlage**

패배

(복수형) die Niederlagen

Wir haben eine Niederlage erlitten. 우리는 패했다.

• erleiden 감수하다, (해를) 입다

1431 **das Schwimmen**

수영

(복수형) 없음

Leider kann ich nicht schwimmen.

유감스럽게도 난 수영을 못 해.

1432 **der Sieg**

(경기, 전쟁 등의) 승리

(복수형) die Siege

Der Sieg ist teuer bezahlt.

승리의 대가는 비쌌다.

• bezahlen 지불하다

☐☐ **1433 der Sport**　　　　　　　　　　　　운동(보통 단수, 종류를 나타낼 때 복수)

(복수형) die Sporte

Welchen Sport treibst du am liebsten?

어떤 운동을 가장 좋아하니?

Ich habe mich beim Sport verletzt.

운동하다가 다쳤어.

· sich verletzen 다치다

TIPP
운동 관련 단어
Fußball 축구 | Baseball 야구 | Basketball 농구 | Handball 핸드볼 | Badminton 배드민턴 |
Bowling 볼링 | Tennis 테니스 | Schlitten 썰매 | Ski 스키

☐☐ **1434 der Tanz**　　　　　　　　　　　　　　　　　춤, 댄스

(복수형) die Tänze

Der Schuhplattler ist ein bayerischer Tanz.

슈플라틀러는 바이에른의 춤이다.

☐☐ **1435 der Artikel**　　　　　　　　　　　기사, 물품, (언어)관사

(복수형) die Artikel

Heute habe ich einen interessanten Artikel
gelesen.　　　　　　　　　　　오늘 흥미로운 기사를 읽었다.

· interessant 흥미로운　· lesen 읽다

☐☐ **1436 das Buch**　　　　　　　　　　　　　　　　　책

(복수형) die Bücher

Er holt sein Buch heraus und beginnt zu lesen.

그는 자기 책을 꺼내서 읽기 시작했다.

· herausholen 끄집어내다, 데리고 나오다

TIPP
책 관련 단어
Seite 쪽 | Inhalt 내용 | Inhaltsverzeichnis 목차 | Vorwort 서문 | Fußnote 각주 | Index, Verzeichnis
색인 | Literatur 참고 도서 | Anhang 부록 | Auflage 판 | Veröffentlichung 출판물 | Verlag 출판사

1437 **der Buchstabe** 철자

(복수형) **(n, n)**

C ist der dritte Buchstabe. C는 세 번째 철자이다.

Buchstabieren Sie bitte Ihren Namen!

이름을 철자로 말해 주세요!

· r. Name(ns, n) 이름 · buchstabieren 철자로 말하다

1438 **der Inhalt** 내용(물)

(복수형) **die Inhalte**

Fassen Sie den Inhalt zusammen! 내용을 요약하세요!

· zusammenfassen 요약하다, 통합하다

TIPP
Inhalt vs Gehalt
Inhalt가 책의 표면적인 내용이라면, Gehalt는 그 책이 담고 있는 사상적 또는 정신적 가치에 해당되는 내용입니다. 모든 책은 내용(Inhalt)을 가지고 있지만, 별 내용(Gehalt)이 없을 수도 있습니다.

1439 **die Literatur** 서적(단수), 문학

(복수형) **die Literaturen**

Literatur hilft dir, deinen Horizont zu erweitern.

문학은 너의 시야를 넓히는 데 도움을 줄거야.

· r. Horizont(e) 시야, 지평선 · erweitern 넓히다

TIPP
문학 관련 단어
Gedicht 시 | Krimi 범죄 소설 및 영화 | Märchen 동화 | Roman 소설

1440 **der Satz** 문장

(복수형) **die Sätze**

Den letzten Satz verstehe ich nicht.

마지막 문장이 이해가 안 된다.

TIPP

그 외 접두사 + Satz 명사

1) r. Absatz(¨e) 단락, 문단, (구두) 뒷굽

2) r. Ansatz(¨e) 조짐

3) r. Aufsatz(¨e) 논문

4) r. Einsatz(¨e) 배치, 투입

5) r. Ersatz(¨e) 대용품

6) r. Zusatz(¨e) 첨가물

1441 die Silbe 음절

(복수형) die Silben

Das Wort „Frankfurt" besteht aus zwei Silben.

단어 '프랑크푸르트'는 2음절로 구성된다.

· bestehen aus + D D로 구성되다

1442 die Tabelle 표, 목록

(복수형) die Tabellen

Siehe beiliegende Tabelle! 첨부된 표를 보세요!

1443 der Text 본문, 텍스트

(복수형) die Texte

Bitte korrigiere die Fehler im Text!

이 텍스트에서 틀린 부분이 있으면 고쳐 줘!

· korrigieren 교정하다 · r. Fehler(-) 잘못, 오류

1444 das Wort 단어

(복수형) die Wörter, die Worte

Ich habe das Wort im Wörterbuch nachgeschlagen.

그 단어를 사전에서 찾아봤어.

· s. Wörterbuch(¨er) 사전 · nachschlagen (책에서) 찾아보다

1445 die Zeitung 신문

(복수형) die Zeitungen

Was steht in der Zeitung? 신문에는 뭐라고 쓰여 있는데?

☐☐ 1446 **das Argument** 논거

(복수형) **die Argumente**

Ich verstehe seine Argumente, aber ich kann ihm nicht ganz zustimmen.

그의 논거를 이해하지만, 그에게 찬성할 수는 없다.

☐☐ 1447 **der Aspekt** 시각, 관점

(복수형) **die Aspekte**

Man kann das Thema unter verschiedenen Aspekten betrachten. 그 주제를 다양한 관점에서 볼 수 있다.

• betrachten 주의 깊게 바라보다

☐☐ 1448 **die Einsicht** 이해, 인식

(복수형) **die Einsichten**

Er zeigt für dieses Handeln keine Einsicht.

그는 이런 (잘못된) 행동에 대해 이해심이 없다.

TIPP

그 외 접두사 + Sicht/Sehen 명사 (* 동사 sehen에서 나온 명사)

1) e. Sicht(en) 시야, 관점 2) e. Absicht(en) 의도
3) e. Ansicht(en) 의견, 견해 4) e. Hinsicht(en) 관점
5) e. Nachsicht(x) 관용, 이해 6) e. Rücksicht(en) 배려(보통 단수)
7) e. Übersicht(en) 전망(단수만), 개요 8) e. Vorsicht(x) 조심, 주의
9) s. Aufsehen(x) 주목, 센세이션 10) s. Versehen(-) 실수

☐☐ 1449 **die Hinsicht** 관점

(복수형) **die Hinsichten**

In dieser Hinsicht hat er recht.

이러한 관점에서 그가 옳다.

• recht haben 옳다

☐☐ 1450 **die Idee** 생각

(복수형) die Ideen

Gute Idee! 좋은 생각인데!

Hast du eine Idee? (좋은) 생각 있어?

TIPP
keine Idee vs keine Ahnung
1) keine Idee 아이디어가 없다   2) keine Ahnung 모른다

☐☐ 1451 **die Kritik** 비평, 비판

(복수형) die Kritiken

Er kann keine Kritik vertragen. 그는 비판을 못 참는다.

Ich kritisiere nicht. 비판하는 게 아냐.

· **vertragen** 견디다, 참다, (음식 등이) 몸에 잘 받다   · **kritisieren** 비판하다, 비평하다

☐☐ 1452 **der Punkt** 점, 논점, 마침표

(복수형) die Punkte

In diesem Punkt stimme ich mit ihm überein.
이 (논)점에 있어서 나는 그와 일치한다.

Punkt! 끝! (관용어, 말이 끝났음을 말함.)

· **übereinstimmen** 일치하다

☐☐ 1453 **das Thema** 주제

(복수형) die Themen

Kein Thema. (관용어) 문제 없어. / 천만에.

☐☐ 1454 **die Theorie** 이론, 학설

(복수형) die Theorien

Diese Theorie ist noch umstritten.
이 이론은 여전히 의견이 분분하다.

· **umstritten** 의견이 분분한

명사

❶ 다음에 해당하는 의미를 찾아 연결해 보세요.

01 das Buch – die Bücher   •

02 das Lied – die Lieder   •

03 das Wort – die Wörter, die Worte •

04 der Buchstabe(n, n)   •

• ❶ 철자

• ❷ 책

• ❸ 노래

• ❹ 단어

❷ 다음 단어의 의미를 우리말로 써 보세요.

05 die Zeitung – die Zeitungen

06 der Artikel – die Artikel

07 die Idee – die Ideen

08 der Sieg – die Siege

09 die Niederlage – die Niederlagen

10 der Text – die Texte

11 der Punkt – die Punkte

12 das Thema – die Themen

❸ 우리말을 독일어로 써 보세요.

13 공

14 영화

15 춤, 댄스

16 음악

17 도구, 악기

18 문장

19 논거

20 내용(물)

02 그 밖의 중요 명사 ❷

내 생각은 이래

☐☐ 1455 **der Bewohner / die Bewohnerin** 주민, 거주자

(복수형)
🔵 die Bewohner
🔴 die Bewohnerinnen

Fast alle Bewohner versammelten sich auf
dem Marktplatz. 거의 모든 주민이 장터에 모였다.

· **sich versammeln** (장소에) 모이다 · r. **Marktplatz("e)** 장터

☐☐ 1456 **die Generation** 세대

(복수형) die Generationen

Meine Generation hat einen gewaltigen
Wechsel erlebt. 내 세대는 엄청난 변화를 경험했다.

· **gewaltig** 강력한, 대단한 · r. **Wechsel(e)** 변화, 변동 · **erleben** 경험하다

☐☐ 1457 **die Geschichte** 역사, 이야기

(복수형) die Geschichten

Die Geschichte Deutschlands beginnt mit der
Entstehung eines deutschen Königtums im 10.
Jahrhundert.

독일 역사는 10세기 독일 왕국의 형성과 함께 시작한다.

Das ist eine lange Geschichte. 말하자면 길어.

· e. **Entstehung(en)** 생성 · s. **Königtum(er)** 왕국

☐☐ 1458 **die Gesellschaft** 사회

(복수형) die Gesellschaften

Unsere Gesellschaft steht vor einer großen
Herausforderung. 우리 사회는 큰 도전에 직면해 있다.

· e. **Herausforderung(en)** 도전, 유발

☐ ☐ 1459 **das Gesetz** 법, 규정

(복수형) die Gesetze

Alle Menschen sind vor dem Gesetz gleich.

모든 사람은 법 앞에서 평등하다.

☐ ☐ 1460 **die Gruppe** 그룹

(복수형) die Gruppen

Gibt es eine Ermäßigung für Gruppen?

단체 할인이 있나요?

· e. Ermäßigung(en) 할인

☐ ☐ 1461 **der (Bundes)Kanzler / die (Bundes)Kanzlerin** 연방 수상

(복수형)
🔵 die (Bundes)Kanzler
🔴 die (Bundes)Kanzlerinnen

Das „Forbes" hat Kanzlerin Angela Merkel zur mächtigsten Frau der Welt gewählt.

'포브스'는 수상 앙겔라 메르켈을 세계에서 가장 영향력 있는 여성으로 선정했다.

· mächtig 힘 있는   · wählen 선택하다

🍺 **TIPP**

연방 수상 vs 대통령
독일의 국가 원수는 **Präsident**(대통령)입니다. 하지만 간접 선거에 의해 뽑힌 만큼 권한은 상징적이고 제한적입니다. 실제 권한은 직접 선거에 의해 뽑힌 **Kanzler**(연방 수상)가 갖고 있습니다.

☐ ☐ 1462 **der König / die Königin** 왕

(복수형)
🔵 die Könige
🔴 die Königinnen

Der König zwingt dem Volk neue Steuern auf.

왕은 백성들에게 새로운 세금을 부과한다.

· aufzwingen Jm A Jm에게 A를 강요하다   · s. Volk("er) 국민, 민족   · e. Steuer(n) 세금

☐☐ 1463 **der Krieg** 전쟁

(복수형) die Kriege

Der Krieg verwüstet das Land.

전쟁은 나라를 황폐하게 한다.

· verwüsten 황폐하게 하다 · s. Land("er) 나라

☐☐ 1464 **die Kultur** 문화

(복수형) die Kulturen

Ich möchte die deutsche Kultur erleben.

독일 문화를 경험하고 싶습니다.

☐☐ 1465 **die Industrie** 산업

(복수형) die Industrien

Die Autoindustrie ist für die Wirtschaft in
Süddeutschland von enormer Bedeutung.

자동차 산업은 남독일 경제에 엄청나게 중요하다.

· e. Wirtschaft(en) 경제 · enorm 엄청난 · e. Bedeutung(en) 의미

☐☐ 1466 **der/die Obdachlose** 노숙자

(복수형) (n, n)

Obdachlose betteln um Geld.

노숙자들이 돈을 구걸하고 있다.

· betteln 구걸하다

☐☐ 1467 **die Pflicht** 의무

(복수형) die Pflichten

Das ist meine Pflicht und mein Recht!

그것은 나의 의무이자 권리이다!

☐☐ 1468 **die Partei** 정당

(복수형) die Parteien

Jede Partei ist für das Volk da, und nicht für
sich selbst.   모든 정당은 자신이 아닌 국민을 위해 존재해야 한다.

· da sein 존재하다, 출석하다

명사

die Politik   정치, 정책

(복수형) die Politiken

Edmund Stoiber hat die Flüchtlingspolitik von
Angela Merkel kritisiert.

에드문트 슈토이버는 앙겔라 메르켈의 난민 정책을 비판했다.

· kritisieren 비판하다

1470 **das Recht**   법(단수), 옳음(단수), 권리

(복수형) die Rechte

Gewalt geht vor Recht.   (격언) 법보다 폭력이 앞선다.

1471 **die Regel**   규칙

(복수형) die Regeln

Kinder halten sich nicht an Regeln.

아이들은 규칙대로 행동하지 않는다.

In der Regel   보통, 일반적으로

· sich halten an A A에 따라 행동하다

1472 **die Regierung**   통치, 정부

(복수형) die Regierungen

(Die) Demokratie ist die Regierung des Volkes
durch das Volk für das Volk.

민주주의는 국민의, 국민에 의한, 국민을 위한 정부이다.

· e. Demokratie(n) 민주주의

1473 **die Religion**   종교

(복수형) die Religionen

Welcher Religion gehörst du an?   종교가 뭐예요?

· angehören + D D에 속하다

☐☐ 1474 **die Steuer** 세금

(복수형) die Steuern

Die Kfz-Steuer wird jährlich von Ihrem Konto
abgebucht. 자동차세는 매년 당신의 계좌에서 차감됩니다.

· Kfz(Kraftfahrzeug) 자동차 · jährlich 매년

☐☐ 1475 **der Streik** 파업

(복수형) die Streiks

Der Streik muss das letzte Mittel sein.

파업은 최후의 수단이어야 한다.

· letzt 마지막의 · s. Mittel(-) 수단, 방법

☐☐ 1476 **das System** 시스템, 체계, 조직

(복수형) die Systeme

Das Rentensystem in Deutschland wird nicht
mehr lange funktionieren.

독일의 연금 제도는 더는 제 기능을 발휘하지 못할 것이다.

· e. Rente(n) 연금 · funktionieren 작동하다

☐☐ 1477 **die Toleranz** 관용(단수), 허용 오차

(복수형) die Toleranzen

Wir brauchen religiöse Toleranz.

우리는 종교적 관용이 필요하다.

Nach Toleranzabzug 관용의 공제에 따라
(*속도위반 시 3km/h를 빼서 계산하는 것)

· religiös 종교적인 · r. Abzug("e) 공제, 배출

☐☐ 1478 **der Verein** 협회

(복수형) die Vereine

Ich bin aus dem Verein ausgetreten.

나는 그 협회를 탈퇴했다.

1479 **das Vergehen** 위반

(복수형) **die Vergehen**

Zu den leichten Vergehen gehören etwa
Veränderungen am Kennzeichen.

표지(자동차 번호) 변경은 경범죄에 속합니다.

· e. Veränderung(en) 변경 · s. Kennzeichen(-) 특징, 표시

1480 **das Volk** 민족, 국민

(복수형) **die Völker**

Wir sind das Volk. 우리가 (바로) 그 국민이다.

(* 1989~90년에 동독에 반대한 월요 시위의 슬로건)

1481 **die Vorschrift** 명령, 지시

(복수형) **die Vorschriften**

Beachten Sie bitte die Vorschriften!

지시를 주의하세요!

1482 **die Wirtschaft** 경제

(복수형) **die Wirtschaften**

Die deutsche Wirtschaft entwickelt sich
weiterhin positiv.

독일 경제는 여전히 긍정적으로 발전하고 있다.

· sich entwickeln 발전하다, 성장하다 · weiterhin 아직도 · positiv 긍정적인

❶ 다음에 해당하는 의미를 찾아 연결해 보세요.

01 die Generation – die Generationen •

• ❶ 법, 옳음, 권리

02 die Toleranz -die Toleranzen •

• ❷ 규칙

03 das Recht – die Rechte •

• ❸ 관용

04 die Regel – die Regeln •

• ❹ 세대

❷ 다음 단어의 의미를 우리말로 써 보세요.

05 der Bewohner – die Bewohner

09 die Religion – die Religionen

06 die Gruppe – die Gruppen

10 die Geschichte – die Geschichten

07 die Kultur – die Kulturen

11 die Gesellschaft – die Gesellschaften

08 die Industrie – die Industrien

12 das Volk – die Völker

❸ 우리말을 독일어로 써 보세요.

13 법, 규정

17 세금

14 왕

18 정당

15 전쟁

19 정치, 정책

16 협회

20 경제

정답 01 ④ 02 ③ 03 ① 04 ② 05 주민, 거주자 06 그룹 07 문화 08 산업 09 종교 10 역사, 이야기 11 사회 12 민족, 국민 13 das Gesetz – die Gesetze 14 der König – die Könige 15 der Krieg – die Kriege 16 der Verein – der Vereine 17 die Steuer – die Steuern 18 die Partei – die Parteien 19 die Politik – die Politiken 20 die Wirtschaft – die Wirtschaften

03 그 밖의 중요 명사 ❸

내 생각은 이래

□ □ **1483 die Absicht**   의도

(복수형) die Absichten

Entschuldigung. Es war nicht meine Absicht, Sie zu erschrecken.

죄송합니다. 의도적으로 놀라게 하려던 것은 아니었습니다.

· erschrecken 놀라게 하다

□ □ **1484 der Abstand**   간격, 거리

(복수형) die Abstände

Bitte Abstand halten!   거리를 유지하세요!

□ □ **1485 die Alternative**   대안, 양자택일

(복수형) die Alternativen

Es gibt keine andere Alternative.   다른 대안이 없다.

· Es gibt + A A가 있다

□ □ **1486 die Angst**   두려움

(복수형) die Ängste

Ich habe Angst vor der Prüfung.   시험이 두렵다.

Keine Angst!   두려워하지 마라!

· Angst haben vor + D D를 두려워하다

□ □ **1487 die Ausnahme**   예외

(복수형) die Ausnahmen

(Es gibt) Keine Regel ohne Ausnahme.

예외 없는 규칙은 없지.

· e. Regel(n) 규칙

🍺 TIPP

그 외 접두사 + **Nahme** 명사 (*동사 nehmen에서 나온 명사)

1) e. **Abnahme(n)** 검사, 구매, 감소
2) e. **Annahme(n)** (주는 것 · 제안 · 신청 등을) 받아들임, 추측
3) e. **Aufnahme(n)** (관계 · 토의 · 조사 · 일 등의) 시작, (환자 · 회원 등을) 받아들임
4) e. **Einnahme(n)** (약물의) 복용, 소득 전체
5) e. **Maßnahme(n)** 조치
6) e. **Zunahme(n)** 증가

☐☐ 1488 **die Bedingung**　　　　　　　　　　　　　　　(전제) 조건

(복수형) **die Bedingungen**　　　　Akzeptieren Sie unsere Bedingungen?

우리의 조건을 받아들이시나요?

☐☐ 1489 **das Beispiel**　　　　　　　　　　　　　　　　보기, 예

(복수형) **die Beispiele**　　　　Gib mir ein Beispiel!　　　　예를 하나 들어 봐!

Zum Beispiel　　　　예를 들자면

☐☐ 1490 **der Bescheid**　　　　　　　　　　　　　(회답으로서의) 정보

(복수형) **die Bescheide**　　　　Ich wollte dir Bescheid sagen/geben.

네게 알려 줄 게 있어.

☐☐ 1491 **das Bild**　　　　　　　　　　　　　　　　　　그림

(복수형) **die Bilder**　　　　Bitte sehen Sie sich die Bilder an!

이 그림들을 주의 깊게 보세요!

· **sich³ ansehen** (배워서 알기 위해) 주의 깊게 바라보다

1492 **der Blick**

(복수형) die Blicke

(흘긋) 봄, 시선

Ich habe mich auf den ersten Blick in sie verliebt.

첫눈에 그녀에게 반했어.

· sich verlieben in Jn Jn에게 반하다

1493 **der Charakter**

(복수형) die Charaktere

성격, 특징

Der Charakter des Menschen ist sein Schicksal.

(격언) 사람의 성격은 운명이다.

· r. Mensch(en, en) 사람 · s. Schicksal(e) 운명

1494 **die Datei**

(복수형) die Dateien

(전산) 자료

Kannst du gelöschte Dateien wiederherstellen?

삭제된 자료를 복구할 수 있어?

· wiederherstellen 원상 복구하다

1495 **der Dialekt**

(복수형) die Dialekte

사투리, 방언

Der Dialekt ist echt sehr schwer zu verstehen.

그 사투리는 정말 이해하기 어렵다.

1496 **das Ding**

(복수형) die Dinge

사건, 사물(이거·그거·저거)

Was ist denn das für ein Ding? 이건 뭐야?

1497 **die Disziplin**

(복수형) die Disziplinen

규율(단수), 끈기(단수), 학문 분야

Man braucht viel Disziplin, um eine Diät zu machen.

다이어트를 하려면 끈기가 강해야 한다.

☐☐ 1498 **der Durchschnitt** 평균

(복수형) **die Durchschnitte**

Im Durchschnitt brauche ich beim Joggen fast 6 Minuten pro Kilometer.

조깅할 때 난 평균적으로 1킬로미터당 약 6분이 걸린다.

☐☐ 1499 **der Effekt** 효과

(복수형) **die Effekte**

Im 3D Kino gibt es tolle Effekte.

3D 영화관에는 멋진 효과가 있다.

☐☐ 1500 **die Existenz** 존재(단수), 생활 토대

(복수형) **die Existenzen**

Die Existenz Gottes kann weder bewiesen noch widerlegt werden.

신의 존재는 증명될 수도 반박될 수도 없다.

· r. Gott("er) 신 · weder A noch B A도 B도 아닌 · widerlegen 반박하다

☐☐ 1501 **das Experiment** 실험

(복수형) **die Experimente**

Das Experiment ist gelungen. 실험은 성공했다.

· gelingen 성공하다

☐☐ 1502 **der Fall** 경우, 사정, 떨어짐

(복수형) **die Fälle**

Das ist nicht mein Fall. 그것은 내 일이 아니야.

Auf jeden Fall. 어떤 경우든

TIPP

그 외 접두사 + Fall/Fallen 명사(*동사 fallen에서 나온 명사)
1) r. Abfall("e) 쓰레기   2) r. Anfall("e) 발작
3) r. Brandfall("e) 화재   4) r. Durchfall("e) 설사
5) r. Gefallen(-) 호의   6) r. Notfall("e) 응급사항
7) r. Unfall("e) 사고   8) r. Zufall("e) 우연

명사

1503 **die Farbe** 색깔

(복수형) die Farben

Der Regenbogen hat sieben Farben.

무지개는 일곱 색깔이다.

· r. Regenbogen(˝) 무지개

1504 **der Fehler** 잘못, 오류

(복수형) die Fehler

Ich habe einen Fehler gemacht.

잘못(실수)을 하나 했어.

1505 **die Fläche** 평면, 평지

(복수형) die Flächen

Das Betreten der Eisfläche ist verboten.

얼음판에는 진입 금지입니다.

· betreten (발을) 들여 놓다 · verboten 금지된

1506 **die Flagge** 기, 깃발

(복수형) die Flaggen

Die Flagge Deutschlands wird Schwarz-Rot-
Gold genannt. 독일 국기는 검정-빨강-금색으로 불린다.

· nennen ~라고 부르다, 알려 주다

❶ 다음에 해당하는 의미를 찾아 연결해 보세요.

01 die Absicht – die Absichten ·   · ❶ 예외

02 die Ausnahme – die Ausnahmen ·   · ❷ 간격, 거리

03 der Abstand – die Abstände ·   · ❸ 사투리, 방언

04 der Dialekt – die Dialekte ·   · ❹ 의도

❷ 다음 단어의 의미를 우리말로 써 보세요.

05 die Bedingung – die Bedingungen

06 das Bild – die Bilder

07 der Fall – die Fälle

08 die Farbe – die Farben

09 der Fehler – die Fehler

10 die Fläche – die Flächen

11 die Flagge – die Flaggen

12 der Unfall – die Unfälle

❸ 우리말을 독일어로 써 보세요.

13 두려움

14 보기, 예

15 정보, 소식

16 (흘긋) 봄, 시선

17 (전산) 자료

18 효과

19 실험

20 평균

정답 01 ④ 02 ① 03 ② 04 ③ 05 (전제) 조건 06 그림 07 경우, 사정, 떨어짐 08 색깔 09 잘못, 오류 10 평면, 평지 11 기, 깃발 12 사고 13 die Angst – die Ängste 14 das Beispiel – die Beispiele 15 der Bescheid – die Bescheide 16 der Blick – die Blicke 17 die Datei – die Dateien 18 der Effekt – die Effekte 19 das Experiment – die Experimente 20 der Durchschnitt – die Durchschnitte

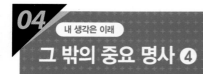

2-12-04.mp3

04 내 생각은 이래
그 밖의 중요 명사 ❹

☐☐ **1507 die Geduld** 인내심

(복수형) 없음

Bitte haben Sie einen Moment Geduld!
잠시만 인내심을 가지세요! (잠시만 참으세요!)

☐☐ **1508 das Geheimnis** 비밀

(복수형) die Geheimnisse

Das bleibt unser Geheimnis. 그거 비밀이야.

☐☐ **1509 die Gelegenheit** 기회

(복수형) die Gelegenheiten

Ich habe eine einmalige Gelegenheit/Chance
verpaßt. 나는 한 번뿐인 기회를 놓쳤다.

・ einmalig 오직 한 번뿐인 ・ verpassen 놓치다 ・ e. Chance(n) 기회, 찬스

☐☐ **1510 der Geruch** 냄새, 향기

(복수형) die Gerüche

Minjee liebt den Klang und den Geruch von
Regen. 민지는 비가 내리는 소리와 그 냄새를 좋아한다.

・ r. Klang(¨e) 소리, 울림

☐☐ **1511 der Geschmack** 취향, 맛

(복수형) die Geschmäcke

Das ist genau mein Geschmack. 그건 정확히 내 취향이야.

Das ist Geschmackssache. 그건 취향의 문제지.

☐☐ 1512 **die Gewohnheit**　　　　　　　　　　　　　습관

(복수형) **die Gewohnheiten**　　Es ist mir zur Gewohnheit geworden.

그것은 습관이 되었다.

☐☐ 1513 **das Gift**　　　　　　　　　　　　　　　　독

(복수형) **die Gifte**　　Alkohol ist Gift für dich.　　술은 네게 해롭다.

☐☐ 1514 **die Glocke**　　　　　　　　　　　　　　종

(복수형) **die Glocken**　　Die Glocke schlägt zwölf Uhr.　　종이 12시를 치고 있다.

☐☐ 1515 **der Glückwunsch**　　　　　　　　　　축하

(복수형) **die Glückwünsche**　　Herzlichen Glückwunsch zur Hochzeit!

결혼 축하해!

· e. Hochzeit(en) 결혼, 결혼식

☐☐ 1516 **der Gott**　　　　　　　　　　　　　　신

(복수형) **die Götter**　　Gott sei Dank!　　다행이야! [직역 : 신에게 감사를!]

☐☐ 1517 **der Grund**　　　　　　　　　　　이유, 땅(단수)

(복수형) **die Gründe**　　Ich habe keinen Grund zu klagen.

난 불평할 이유가 없다.

Im Grunde genommen…　　근본적으로…, 사실은…

· klagen 불평하다, 고통을 호소하다

☐☐ 1518 **der Hebel**　　　　　　　　레버, 손잡이, 지레

(복수형) **die Hebel**　　Im Notfall Hebel ziehen.　　비상시 손잡이를 당기세요

명사

1519 **die Katastrophe**　　　　　　　　　　　　　대참사

(복수형) **die Katastrophen**　　　Die Dreifachkatastrophe aus Tsunami,
Erdbeben und Atomunfall stürzte Japan ins
Chaos.

　　　　　　　　쓰나미, 지진, 원전 사고의 3중 대참사는 일본을 혼돈에 빠지게 했다.

> **TIPP**
> 자연 재해(Naturkatastrophe) 관련 단어
> Dürre 가뭄 | Überschwemmung 홍수 | Erdbeben 지진

1520 **der Knoten**　　　　　　　　　　　　　　　매듭

(복수형) **die Knoten**　　　Der Knoten ist geplatzt.

　　　　　　　　어려움을 극복하다/마침내 이해하다. [직역 : 매듭이 터졌다.]

1521 **der Konflikt**　　　　　　　　　　　　갈등, 논쟁

(복수형) **die Konflikte**　　　Konflikte werden gelöst.　　　갈등이 해소되었다.

　　　　　　　　　　　　　　　　　　• **lösen** 풀다. 해결하다. 느슨하게 하다

1522 **die Konsequenz**　　　　논리적 귀결(단수), 시종일관(단수), 결말

(복수형) **die Konsequenzen**　　　Er hat sein Ziel mit äußerster Konsequenz
verfolgt.　　　　　　　　그는 자신의 목표를 철저히 추구했다.

　　　　　　　　• s. Ziel(e) 목표, 목적　　• äußerst 극도로

1523 **der Kontakt**　　　　　　　　　　　　관계, 접촉

(복수형) **die Kontakte**　　　Er will keinen Kontakt zu anderen Menschen
haben.　　　　　　　그는 타인과 관계를 맺으려고 하지 않는다.

□□ 1524 **das Konzept** 구상, 콘셉트, 초안

(복수형) **die Konzepte**

Das ist ein interessantes Konzept, aber ich glaube, wir können es nicht umsetzen.

흥미로운 콘셉트이긴 한데, 그건 실행할 수 없을 것 같아.

□□ 1525 **die Kraft** 힘, 능력

(복수형) **die Kräfte**

Atomkraft? Nein, danke.

원자력? 정중히 사양합니다.(슬로건)

TIPP
힘 관련 단어
Macht 힘, 지배력 | Gewalt 힘, 폭력 | Stärke 육체적·정신적인 힘, 세력

□□ 1526 **die Kunst** 예술

(복수형) **die Künste**

Die Kunst ist zwar nicht das Brot, aber der Wein des Lebens.

예술은 우리에게 빵은 아니지만, 삶의 와인은 된다.

□□ 1527 **der Lärm** 소음

(복수형) 없음

Bitte keinen Lärm! 시끄럽게 하지 마세요!

TIPP
소음 관련 단어
Lärm/Krach 보통 크고 시끄러운 소음 | Geräusch 소음, 작은 소음

□□ 1528 **die Leistung** 수행, 성과, 성적

(복수형) **die Leistungen**

Er hat gute Leistungen erbracht.

그는 좋은 성과를 냈다.

· erbringen 결과를 가져오다

욕구(단수), 쾌락

(복수형) die Lüste

Hast du Lust auf einen Spaziergang? - Keine Lust.

산책하고 싶어? – 안 하고 싶어.

· die Lust haben auf + A A를 하고 싶다   · r. Spaziergang(˝e) 산책

❶ 다음에 해당하는 의미를 찾아 연결해 보세요.

01 die Gelegenheit – die Gelegenheiten •　　　• ❶ 인내심

02 die Gewohnheit – die Gewohnheiten •　　　• ❷ 하고 싶은 마음, 욕구

03 die Geduld　　　　　　　　　•　　　• ❸ 습관

04 die Lust – die Lüste　　　　　　•　　　• ❹ 기회

❷ 다음 단어의 의미를 우리말로 써 보세요.

05 der Hebel – die Hebel　　　　09 die Katastrophe – die Katastrophen

06 die Glocke – die Glocken　　　10 die Leistung – die Leistungen

07 der Gott – die Götter　　　　11 die Konsequenz – die Konsequenzen

08 der Grund – die Gründe　　　12 der Lärm

❸ 우리말을 독일어로 써 보세요.

13 힘, 능력　　　　　　　　　17 비밀

14 구상, 콘셉트　　　　　　　18 취향, 맛

15 갈등, 논쟁　　　　　　　　19 예술

16 관계, 접촉　　　　　　　　20 독

정답 01 ④ 02 ③ 03 ① 04 ② 05 레버, 손잡이, 지레 06 종 07 신 08 이유, 땅 09 대참사 10 수행, 성과, 성적 11 논리적 귀결(단수), 시종일관(단수), 결말 12 소음 13 die Kraft – die Kräfte 14 das Konzept – die Konzepte 15 der Konflikt – die Konflikte 16 der Kontakt – die Kontakte 17 das Geheimnis – die Geheimnisse 18 der Geschmack – die Geschmäcke 19 die Kunst – die Künste 20 das Gift – die Gifte

05 내 생각은 이래
그 밖의 중요 명사 ❺

☐☐ **1530 die Maschine** 기계

(복수형) die Maschinen

Wie funktioniert die Maschine?

이 기계는 어떻게 작동하지요?

☐☐ **1531 die Maßnahme** 조치

(복수형) die Maßnahmen

Diese Maßnahme ist dringend erforderlich.

이 조치가 절실히 필요합니다.

• dringend 긴급한, 간절히 • erforderlich 필요한, 필수의

☐☐ **1532 die Methode** 방법, 방식

(복수형) die Methoden

Die Methode gefällt mir nicht.

그 방식이 마음에 안 들어.

☐☐ **1533 das Mittel** 수단, 방법, 약품

(복수형) die Mittel

Mir war jedes Mittel recht.

나는 수단과 방법을 가리지 않았다.

☐☐ **1534 der Mut** 용기

(복수형) 없음

Wir müssen den Mut zur Lücke haben.

우리는 불완전해질 용기를 가져야만 해.

• e. Lücke(n) 틈, 결함

1535 **die Nachricht**   소식

(복수형) **die Nachrichten**

Ich habe eine gute und eine schlechte Nachricht.
Welche willst du zuerst hören?

좋은 소식 하나와 나쁜 소식 하나가 있어. 어떤 것부터 먼저 들을래?

1536 **die Not**   위기, 궁지

(복수형) **die Nöte**

In der Not schmeckt die Wurst auch ohne Brot.

(속담) 위기 상황에서 소시지는 빵이 없어도 맛있다.

TIPP

위기 관련 단어

Schwierigkeit 어려움, 곤란 | Schlamassel 곤경 | Krise 위기, 고비 | Chaos 혼돈 | Risiko 위험, 리스크

1537 **die Ordnung**   질서(보통 단수, 전문 영역에서만 복수)

(복수형) **die Ordnungen**

(lst) Alles in Ordnung?   괜찮아?

1538 **die Panne**   고장

(복수형) **die Pannen**

Ich hatte unterwegs eine Autopanne.

도중에 자동차가 고장 났어요.

1539 **das Problem**   문제

(복수형) **die Probleme**

Hast du ein Problem damit?   거기에 무슨 문제 있어?

1540 **die Sache**   사건, 사물

(복수형) **die Sachen**

Das ist meine Sache! Das geht dich nichts an!

그건 내 일이야. 너랑 상관없어!

· **angehen** 상관있다, 켜지다

Sache 합성 명사
Hauptsache 중심 사안 | Tatsache 사실 ⓐ tatsächlich 실제로 | Ursache 원인

☐ ☐ 1541 **der Schritt**　　　　　　　　　　　　　　　　　　걸음

(복수형) **die Schritte**　　　　Schritt **für** Schritt　　　　　한 걸음 한 걸음씩

　　　　　　　　　　　Die Technologie hat große Fortschritte gemacht.
　　　　　　　　　　　　　　　　　　　　과학 기술은 큰 발전을 이루었다.

　　　　　　　　　　　　　　　　　　　　• der Fortschritt(e) 진보, 발전

☐ ☐ 1542 **die Spur**　　　　　　　　　　　　　　　　발자국, 흔적, 차선

(복수형) **die Spuren**　　　　Ich folge deiner Spur.　　　나는 너의 발자국을 따라가고 있다.

　　　　　　　　　　　Fahren Sie auf der rechten Spur!
　　　　　　　　　　　　　　　　　　　　(운전) 오른쪽 차선으로 가세요!

☐ ☐ 1543 **die Stimmung**　　　　　　　　　　　　　　　　기분, 분위기

(복수형) **die Stimmungen**　　Ihre Stimmung hängt stark vom Wetter ab.
　　　　　　　　　　　　　　　　　　　　그녀의 기분은 날씨에 달렸다.

☐ ☐ 1544 **die Qualität**　　　　　　　　　　　　　　　　　　질

(복수형) **die Qualitäten**　　Qualität statt Quantität.　　　　　　양보단 질이지.

　　　　　　　　　　　　　　　　　　　　• e. Quantität(en) 양

☐ ☐ 1545 **der Rahmen**　　　　　　　　　　　　　　　　　틀, 프레임

(복수형) **die Rahmen**　　　　Das Bild hat einen hübschen Rahmen.
　　　　　　　　　　　　　　　　　　　　그 그림은 아름다운 액자에 들어 있다.

　　　　　　　　　　　　　　　　　　　　• hübsch 아름다운

☐☐ **1546 die Rolle** 역할, 원통

(복수형) die Rollen

Was spielt das für eine Rolle? 그게 뭐가 중요한데?

☐☐ **1547 die Ruine** 폐허, 잔재(복수)

(복수형) die Ruinen

Ich habe im Laufe der Reise die antike Ruinenstadt Pompeji besucht.

나는 여행 중에 폐허가 된 고대 도시 폼페이를 방문했다.

· im Lauf(e) + G G하는 중에 · antik 고대의

☐☐ **1548 der Schatz** 자기(파트너 애칭), 보물

(복수형) die Schätze

Wie gefällt dir mein neues Kleid, Schatz?

자기야, 내 새 원피스 마음에 들어?

· s. Kleid(er) 원피스, 드레스, 치마

☐☐ **1549 der Schaum** 거품

(복수형) die Schäume

Träume sind Schäume. 꿈은 거품이지.

(격언, 언어유희로 꿈의 덧없음을 의미함)

· r. Traum(¨e) 꿈

☐☐ **1550 die Scheibe** (넓게 자른) 조각, 유리창

(복수형) die Scheiben

Er hat sich eine Scheibe Brot abgeschnitten.

그는 빵을 한 조각 잘랐다.

Die Scheibe geht kaputt. 유리창이 깨졌다.

· abschneiden 잘라 내다

명사

❶ 다음에 해당하는 의미를 찾아 연결해 보세요.

01 die Maßnahme – die Maßnahmen •　　　• ❶ 역할, 원통

02 die Methode – die Methoden •　　　• ❷ 수단, 방법, 약품

03 das Mittel – die Mittel •　　　• ❸ 조치

04 die Rolle – die Rollen •　　　• ❹ 방법, 방식

❷ 다음 단어의 의미를 우리말로 써 보세요.

05 die Maschine – die Maschinen　　09 der Rahmen – die Rahmen

------------------------------------　　------------------------------------

06 die Panne – die Pannen　　10 die Scheibe – die Scheiben

------------------------------------　　------------------------------------

07 die Sache – die Sachen　　11 die Ruine – die Ruinen

------------------------------------　　------------------------------------

08 die Stimmung – die Stimmungen　　12 der Schaum – die Schäume

------------------------------------　　------------------------------------

❸ 우리말을 독일어로 써 보세요.

13 용기 ------------------------　　17 문제 ------------------------

14 소식 ------------------------　　18 걸음 ------------------------

15 위기, 궁지 ------------------------　　19 발자국, 흔적 ------------------------

16 질서 ------------------------　　20 자기(파트너 애칭), 보물

정답 01 ③ 02 ④ 03 ② 04 ① 05 기계 06 고장 07 사건, 사물 08 기분, 분위기 09 틀, 프레임 10 (넓게 자른) 조각, 유리창 11 폐허, 잔재(복수) 12 거품 13 der Mut 14 die Nachricht – die Nachrichten 15 die Not – die Nöte 16 die Ordnung – die Ordnungen 17 das Problem – die Probleme 18 der Schritt – die Schritte 19 die Spur – die Spuren 20 der Schatz – die Schätze

06

내 생각은 이래

그 밖의 중요 명사 ❻

☐☐ 1551 **das Schicksal** 운명

(복수형) die Schicksale

Das ist Schicksal! 그건 운명이야! (내가 바꿀 수 없어!)

☐☐ 1552 **der Schimmel** 곰팡이(단수), 백마

(복수형) die Schimmel

An der Wand hat sich Schimmel gebildet.

벽에 곰팡이가 피었어요.

· sich bilden 생기다

☐☐ 1553 **der Spaß** 재미, 농담

(복수형) die Späße

Das macht (richtig) Spaß! (정말) 재미있네!

Viel Spaß! 재미있게 놀아!

Kein Risiko kein Spaß.

(관용어) 리스크가 없으면 재미도 없지.

☐☐ 1554 **die Strafe** 벌, 형벌, 벌금

(복수형) die Strafen

Du hast deine Strafe verdient!

네가 자초한 일이야! (네가 너의 벌을 번 거야!)

☐☐ 1555 **das Stück** 한 부분, 조각

(복수형) die Stücke

Darf ich dir noch ein Stück Kuchen anbieten?

케이크 한 조각 더 먹을래?

Am Stück bitte. 통째로 주세요.

1556 **der Teil** (전체의) 부분

(복수형) die Teile

Der hintere Teil des Gebäudes ist eingestürzt.

건물 뒷부분이 무너졌다.

· einstürzen (건물, 다리 등이) 붕괴하다

TIPP

der Teil vs das Teil
der Teil이 전체의 한 부분을 의미한다면, das Teil은 부품과 같이 독립되어 있는 한 부분을 의미합니다.

1557 **die Tradition** 전통

(복수형) die Traditionen

Wir wollen an unseren Traditionen festhalten.

우리는 우리의 전통을 고수하려고 합니다.

· festhalten 꽉 붙들다

1558 **der Traum** 꿈

(복수형) die Träume

Mein Traum ist wahr geworden. 꿈이 이루어졌어!

1559 **der Unfall** 사고

(복수형) die Unfälle

Ich habe heute einen Unfall gebaut.

제가 오늘 사고를 냈어요.

· einen Unfall bauen (사고를) 일으키다

1560 **die Umgebung** 주변, 주변 환경

(복수형) die Umgebungen

Sie hat sich schnell in ihrer neuen Umgebung zurechtgefunden. 그녀는 새로운 환경에 빠르게 적응했다.

· sich zurechtfinden (상황에) 적응하다, 제자리를 찾다

□□ 1561 **der Umstand** | 사정, 상황, 번거로움(복수)

(복수형) **die Umstände**

Wenn es die Umstände erlauben. 사정이 허락한다면

(Machen Sie sich) Keine Umstände.

(도움을 거절할 때) 괜찮습니다. [직역 : 수고하지 마세요.]

TIPP
상황 관련 단어
Situation 상황 | **Lage** 장소, 상황 | **Verhältnis** 관계, (복수) 상황

TIPP
그 외 접두사 + Stand 명사 (*동사 stehen에서 나온 명사)
1) r. **Stand**(¨e) 서기, (경과로서) 상태, (특정 목적을 위한 장소로서) 서는 곳
2) r. **Abstand**(¨e) 거리
3) r. **Aufstand**(¨e) 봉기, 반란
4) r. **Gegenstand**(¨e) 물건, 물체

명사

□□ 1562 **das Versehen** | 실수, 잘못

(복수형) **die Versehen**

Aus Versehen = versehentlich 실수로

□□ 1563 **die Vielfalt** | 다양함

(복수형) 없음

Die Vielfalt macht uns stark.

다양함은 우리를 강하게 만들지.

□□ 1564 **die Vorsicht** | 주의, 조심

(복수형) 없음

Vorsicht! = Pass auf! 주의해!

Vorsicht ist besser als Nachsicht.

(속담) 조심하는 게 나중에 신경 쓰는 것보다 낫다.

1565 **der Vorteil**

장점, 이익

(복수형) die Vorteile

Alles hat seine Vor - und Nachteile.

모든 것에는 장단이 있지.

• r. Nachteil(e) 단점

1566 **die Weise**

양식, 방법, 형태

(복수형) die Weisen

Die Art und Weise, wie du dich verhältst, macht mich traurig.

네 행동 방식은 나를 슬프게 한다.

• sich verhalten 태도를 취하다

1567 **das Werk**

작업, 업적, 작품

(복수형) die Werke

Die Oper „Die Zauberflöte" ist das bekannteste Werk Mozarts.

오페라 '마술피리'는 모차르트의 작품 중 가장 유명하다.

1568 **das Ziel**

목적

(복수형) die Ziele

Was ist dein Ziel?

네 목적이 뭐야?

🍺 TIPP

das Ziel vs der Zweck
Ziel은 이루거나 도달하려는 목표 지점을 의미합니다. 반면 Zweck은 이루거나 나아가려는 의도와 의미가 강조됩니다.

1569 **der Zwang**

강요

(복수형) die Zwänge

Tu dir keinen Zwang an!

(관용어) 편하게 해!

• antun (나쁜 행동을) 하다

❶ 다음에 해당하는 의미를 찾아 연결해 보세요.

01 das Stück – die Stücke • • ❶ (전체의) 부분

02 der Teil – die Teile • • ❷ 한 부분, 조각

03 der Vorteil – die Vorteile • • ❸ 장점

04 der Nachteil – die Nachteile • • ❹ 단점

❷ 다음 단어의 의미를 우리말로 써 보세요.

05 der Schimmel – die Schimmel

09 das Versehen – die Versehen

06 die Tradition – die Traditionen

10 die Vorsicht

07 die Umgebung – die Umgebungen

11 die Weise – die Weisen

08 der Umstand – die Umstände

12 die Strafe – die Strafen

❸ 우리말을 독일어로 써 보세요.

13 재미, 농담 _____

17 운명 _____

14 꿈 _____

18 목적 _____

15 다양함 _____

19 사고 _____

16 작업, 업적, 작품 _____

20 강요 _____

정답 01 ② 02 ① 03 ③ 04 ④ 05 곰팡이(단수), 백마 06 전통 07 주변, 주변 환경 08 사정, 상황, 번거로움 (복수) 09 실수, 잘못 10 주의, 조심 11 양식, 방법, 형태 12 벌, 형벌, 벌금 13 der Spaß – die Späße 14 der Traum – die Träume 15 die Vielfalt 16 das Werk – die Werke 17 das Schicksal – die Schicksale 18 das Ziel – die Ziele 19 der Unfall – die Unfälle 20 der Zwang – die Zwänge

독일어를 배운다면
꼭 알아야 할
형용사와 부사

01마디
•
형용사 :
감정, 성격, 성향

01

형용사

감정, 성격, 성향

☐☐ 1570 **angenehm**   기분 좋은, 유쾌한

Heute ist es angenehm warm.   오늘은 기분 좋게 따뜻하다.

☐☐ 1571 **ärgerlich**   짜증 난, 화가 난

Wir haben den Zug verpasst. Wie ärgerlich!

기차를 놓쳤어. 짜증 나!

D-Satz Bist du sauer/böse auf mich?   나한테 화났니?

*sauer/böse sein auf + A   A에 화가 난

☐☐ 1572 **aufgeregt**   흥분한(긍정), 긴장된(부정)

Ich bin total aufgeregt.   나 완전히 긴장했어.

🍺 TIPP

흥분한, 긴장한 관련 표현
1) wuschig (구어) 흥분된, 긴장된
2) gespannt (호기심, 긍정) 긴장된 ⑩ Ich bin gespannt auf das Ergebnis. 그 결과가 궁금해!
3) spannend (책 등) 흥미진진한 ⑩ Das Buch ist so spannend. 그 책은 흥미진진하다.

☐☐ 1573 **begeistert sein von + D**   D에 감동받은

Sie ist begeistert von dem Film „Das Leben der Anderen"!

그녀는 "타인의 삶"이라는 영화에 감동을 받았다.

1574 **froh** | 기뻐하는

Ich bin froh, dass ich dir helfen konnte.

널 도와줄 수 있어서 기뻐.

Er ist ein fröhlicher Mensch. 그는 유쾌한 사람이다.

· **helfen** Jm Jm에게 도움을 주다 · **fröhlich** 기뻐하는

1575 **glücklich** | 행복한

Sie scheint sehr glücklich zu sein.

그녀는 매우 행복해 보인다.

· **scheinen zu + inf** inf 처럼 보이다

D-Satz Zum Glück ist alles gut gegangen. 모든 것이 잘돼서 다행이다.
*s. Glück(x) 행운

1576 **langweilig** | 지루한, 심심한

Mir ist langweilig. 심심하다.

1577 **lästig** | 짐이 되는, 귀찮은, 성가신

Alles ist mir lästig. 만사가 귀찮다.

1578 **lustig** | 재미있는, 웃음을 주는

Ich finde ihn nicht lustig, sondern lächerlich.

난 그가 재밌는 게 아니라, 한심하다고 생각한다.

D-Satz (Das ist ja) lustig. Ich habe gerade an dich gedacht.
재미있군! 지금 막 널 생각하고 있었는데.

☐☐ 1579 **peinlich** | 민망한, 부끄러운

Das ist mir sehr peinlich. 그건 나에게 매우 부끄러운 일이다.

☐☐ 1580 **schade** | 유감스러운, 아쉬운

Schade, dass du nicht kommen kannst.

네가 올 수 없다니 아쉽다.

☐☐ 1581 **stolz sein auf + A** | A가 자랑스러운

Ich bin stolz auf dich! 네가 자랑스러웨!

☐☐ 1582 **süchtig sein nach + D** | D에 중독된

Ich bin süchtig nach Süßigkeiten. 난 단것에 중독되었어.

> **D-Satz** Bist du eifersüchtig (auf mich)? 너 (나에게) 질투하니?
>
> *eifersüchtig sein auf + A A에 질투하는

☐☐ 1583 **traurig** | 슬픈

Sei bitte nicht traurig deswegen! 그것 때문에 슬퍼하지 마!

☐☐ 1584 **übel** | 불쾌한, 언짢은

Nimm es mir nicht übel! 언짢게 생각하지 말고!

☐☐ 1585 **verrückt** | 미친

Was sagst du da? Bist du verrückt?

무슨 말이야? 너 미쳤어?

> **D-Satz** Ich bin verrückt nach dir! 난 네가 미치도록 좋아!
>
> *verrückt sein nach + D 미치도록 좋은

1586 **witzig**　　　　　　　　　　　　　　웃긴

Was ist daran so witzig?　　　그게 뭐가 그리 웃기니?

D-Satz Soll das ein Witz sein?　장난하냐? (이게 농담이야?)

1587 **zufrieden sein mit + D**　　　　　D에 만족한

Bist du jetzt zufrieden?　　　이제 만족해?

· jetzt 이제야, 지금 막

1588 **aktiv**　　　　　　　　　　　활동적인, 적극적인

Mein Sohn ist sehr aktiv und lebendig.

내 아들은 매우 활동적이고 활발해요.

· lebendig 살아 있는, 활발한

1589 **anspruchsvoll**　　　　　요구하는 바가 많은, 까다로운

Er ist ein anspruchsvoller Kunde.

그는 매우 까다로운 손님이다.

1590 **arrogant**　　　　　　　　　　　　교만한

Er ist nicht arrogant, sondern selbstbewusst.

그는 교만한 게 아니라 자신감이 넘치는 거야.

· selbstbewusst 자신감이 높은

1591 **bescheiden**　　　　　　　　　　　겸손한

Trotz seiner hohen Position ist er sehr bescheiden.

높은 지위에도 불구하고 그는 정말 겸손하다.

· e. Position(en) 지위, 위치

□□ **1592 ehrlich** | 정직한, 솔직한

Ganz ehrlich (gesagt) 정말 솔직히 (말해서)

□□ **1593 empfindlich** | 예민한

Sei doch nicht so empfindlich! 너무 민감하게 굴지 매

□□ **1594 faul** | 게으른, 썩은

Sei nicht so faul! 그렇게 게으름 피우지 매

Der Apfel ist faul. 그 사과는 썩었어요.

□□ **1595 fleißig** | 부지런한

Die Deutschen sind zuverlässig, fleißig und haben keinen Humor. 독일인은 믿음직스럽고 부지런하고 재미없다.

· zuverlässig 믿을 만한 · r. Humor(e) 유머

□□ **1596 freundlich** | 친절한

Die Bedienung war wirklich sehr freundlich. 그 종업원은 정말로 매우 친절했습니다.

· e. Bedienung(en) 종업원 · wirklich 실제로, 정말로

□□ **1597 gemein** | 비열한

(Du bist) so gemein! (관용어) 너 참 나쁘네.

□□ **1598 höflich** | 공손한

Ich bitte Sie höflich um ihr Verständnis. 정중히 당신의 이해를 구합니다.

· bitten Jn um + A Jn에게 A를 청하다 · s. Verständnis(se) 이해

형용사

□ □ 1599 **passiv** | 소극적인, 수동적인

Sie verhält sich sehr passiv.

그녀는 매우 소극적으로 행동합니다.

· **sich verhalten** 태도를 취하다

□ □ 1600 **spontan** | 즉흥적으로

Sie ist total spontan.

그녀는 완전 즉흥적이다.

□ □ 1601 **streng** | 엄격한

Er war streng gegen sich selbst, mild gegen andere.

그는 스스로에게는 엄격했지만, 다른 사람에게는 관대했다

· **mild** 관대한

❶ 다음에 해당하는 의미를 찾아 연결해 보세요.

01 angenehm •　　　　　　• ❶ 재미있는, 웃음을 주는

02 froh •　　　　　　　　• ❷ 기분 좋은, 유쾌한

03 glücklich •　　　　　　• ❸ 기뻐하는

04 lustig •　　　　　　　　• ❹ 행복한

❷ 다음 단어의 의미를 우리말로 써 보세요.

05 aufgeregt ....　　09 verrückt ....

06 lästig ....　　　　10 anspruchsvoll ....

07 schade ....　　　11 bescheiden ....

08 traurig ....　　　12 ehrlich ....

❸ 우리말을 독일어로 써 보세요.

13 D에 감동받은 ....　　17 게으른, 썩은 ....

14 D에 중독된 ....　　　18 부지런한 ....

15 A가 자랑스러운 ....　19 친절한 ....

16 D에 만족한 ....　　　20 공손한 ....

정답 01 ② 02 ③ 03 ④ 04 ① 05 흥분한(긍정), 긴장된(부정) 06 짐이 되는, 귀찮은, 성가신 07 유감스러운, 아쉬운 08 슬픈 09 미친 10 요구하는 바가 많은, 까다로운 11 겸손한 12 정직한, 솔직한 13 begeistert sein von + D 14 süchtig sein nach + D 15 stolz sein auf + A 16 zufrieden sein mit + D 17 faul 18 fleißig 19 freundlich 20 höflich

02마디

형용사 :
정도, 수치

🎧 3-02-01.mp3

01

형용사

정도, 수치 ❶

☐☐ **1602 alt** | **(나이가) ~살인, 늙은, 오래된**

Wie alt bist du? - Ich bin 23 Jahre alt.

몇 살이에요? - 스물세 살이요.

☐☐ **1603 arm** | **가난한**

In den letzten Jahren gibt es immer mehr arme
Menschen. 지난 몇 년간 가난한 사람이 더 많아졌다.

· immer + (비교급) 점점 ~ 되다 · r. Mensch(en, en) 사람

☐☐ **1604 billig** | **값싼**

Haben Sie nichts Billigeres? 더 싼 거 없나요?

🍺 **TIPP**

가격 관련 표현

günstig 가격이 유리한 | preiswert 가격이 적당한 | kostenlos 무료의 | gratis 무료로 | umsonst
무료로, 헛되이 | teuer 가격이 비싼

☐☐ **1605 böse** | **나쁜, 화난**

Das ist nicht böse gemeint. 나쁜 뜻으로 말한 게 아니야.

☐☐ **1606 breit** | **넓은**

Die Straße ist breit genug. 이 도로는 충분히 넓어요.

· e. Straße(n) 도로 · genug 충분히

형용사

☐☐ 1607 **dick** | 굵은, 뚱뚱한

Ich werde immer dicker! 점점 살이 쪄요!

☐☐ 1608 **dumm** | 어리석은, 멍청한

Ich habe mich dumm angestellt. 난 어리석게 행동했어.

· **sich anstellen** 행동하다

☐☐ 1609 **dunkel** | 어두운

Im Sommer wird es spät dunkel. 여름에는 늦게 어두워진다.

☐☐ 1610 **dünn** | 얇은, 가는

Du bist sehr dünn, du musst mehr essen.

너 너무 말랐어. 더 많이 먹어야 돼!

☐☐ 1611 **echt** | 진짜의, 위조되지 않은

Ist die Unterschrift echt? 이 서명은 진짜인가요?

· **e. Unterschrift(en)** 서명, 사인

☐☐ 1612 **einfach** | 단순한, 하나의

So einfach ist das. 그 정도로 간단한 일이야.

☐☐ 1613 **eng** | 좁은, 꽉 낀

In der Altstadt gibt es sehr enge Gassen.

구시가지에는 폭이 매우 좁은 골목들이 있다.

· **e. Altstadt(¨e)** 구시가지 · **e. Gasse(n)** 골목

☐☐ **1614 entfernt**   **(멀리) 떨어진**

Der Bahnhof ist nur einen Steinwurf entfernt.

기차역은 가까이에 있다. [직역 : 돌을 던질 수 있을 정도의 거리에 있다.]

· r. Stein(e) 돌 · r. Wurf("e) 던짐

☐☐ **1615 falsch**   **틀린, 거짓의**

Der Satz ist falsch übersetzt.   이 문장은 잘못 번역되었어.

· r. Satz("e) 문장 · übersetzen 번역하다

☐☐ **1616 fein**   **가는, 미세한**

Meine Haare sind sehr fein.   내 머리카락은 아주 가늘어요.

☐☐ **1617 fern**   **먼**

Oh nein, das liegt mir fern!

이런, 그건 내가 의도한 게 아냬(관용어, 그건 내게서 멀리 떨어져 있던 거야!)

☐☐ **1618 früh**   **이른**

Ich muss früh aufstehen.   난 일찍 일어나야만 해.

· aufstehen 일어나다, 기상하다

🍺**TIPP**

früher 더 이른 vs 과거의
Früher war alles besser. 과거에는 모든 것이 더 좋았지.

☐☐ **1619 gerade**   **직선의, 곧은, (부사) 바로, 지금 막**

Sitz gerade!   똑바로 앉아라!

Ich habe gerade etwas gegessen.   지금 막 뭔가를 먹었어.

☐ ☐ 1620 **geschlossen** 닫힌

Die Tür ist geschlossen. Kannst du sie bitte öffnen?

문이 닫혀 있네. 열어 줄 수 있어?

☐ ☐ 1621 **gesund** 건강한

Ich hoffe, dass du bald wieder gesund wirst.

곧 다시 건강해지길 빈다.

Gesundheit!

(재채기할 때) 건강하세요!

☐ ☐ 1622 **grob** 굵은, 거친

Der Kaffee ist zu grob gemahlen.

이 커피는 너무 굵게 갈렸다.

• **mahlen** (곡식 등을) 갈다 (*mahlen – mahlte – gemahlen)

☐ ☐ 1623 **groß** 큰

Wie groß bist du? Ich bin 175 cm groß.

키가 몇이에요? – 175센티미터입니다.

☐☐ 1624 **gut** | 좋은, 선한

(비교급) besser
(최상급) am besten

(Es ist) schon gut.   (관용어) 괜찮아요. / 그만하면 됐어요.

☐☐ 1625 **hässlich** | 추한, 못생긴

Ich finde das Bild sehr hässlich.   이 그림 너무 추한데.

☐☐ 1626 **heiß** | 뜨거운

Pass auf, heiß! Geh nicht so nah ran!

조심해, 뜨거워! 이쪽으로 너무 가까이 가지 마!

• aufpassen 주의하다

☐☐ 1627 **hell** | 밝은

Steh auf! Es wird schon hell!

일어나! 이미 날이 밝아 오고 있어!

☐☐ 1628 **hoch** | 높은

(비교급) höher
(최상급) am höchsten

Der Berg ist sehr hoch.   그 산은 매우 높다.

• r. Berg(e) 산

❶ 다음에 해당하는 의미를 찾아 연결해 보세요.

01 dumm •　　　　　　• ❶ 얇은, 가는

02 dünn •　　　　　　• ❷ 어리석은, 멍청한

03 dick •　　　　　　• ❸ 넓은

04 breit •　　　　　　• ❹ 굵은, 뚱뚱한

❷ 다음 단어의 의미를 우리말로 써 보세요.

05 alt _____	09 falsch _____
06 böse _____	10 gerade _____
07 echt _____	11 grob _____
08 eng _____	12 groß _____

❸ 우리말을 독일어로 써 보세요.

13 가난한 _____	17 닫힌 _____
14 값싼 _____	18 좋은, 선한 _____
15 먼 _____	19 뜨거운 _____
16 이른 _____	20 높은 _____

정답 01 ② 02 ① 03 ④ 04 ③ 05 (나이가) ~살인, 늙은, 오래된 06 나쁜, 화난 07 진짜의, 위조되지 않은 08 좁은, 꽉 긴 09 틀린, 거짓의 10 직선의, 곧은, 바로, 지금 막 11 굵은, 거친 12 큰 13 arm 14 billig 15 fern 16 früh 17 geschlossen 18 gut 19 heiß 20 hoch

02
(형용사)

정도, 수치 ❷

☐☐ 1629 **jung**   **젊은**

> Man wird nicht jünger.
>
> 사람은 젊어지진 않지. (관용어, 나이가 들어 젊었을 때처럼 지낼 수 없을 때)

☐☐ 1630 **kalt**   **추운, (성격이) 차가운**

> Mir ist kalt.   추워.
>
> Er ist kalt.   그는 차가운 성격이야.

☐☐ 1631 **klein**   **작은**

> Wir hatten nur eine kleine Auseinandersetzung.
>
> 우리는 작은 말다툼을 벌였어.

· e. Auseinandersetzung(en) 몰두, 언쟁

☐☐ 1632 **klug**   **똑똑한**

> Aus Fehlern wird man klug.   (속담) 실수에서 배우는 법이지.

· r. Fehler(-) 잘못, 오류

🍺 TIPP

똑똑함과 관련된 단어
weise 현명한 | schlau 꾀가 많은 | geschickt 영리한, 숙련된 | intelligent 지적인 | genial 천재적인 |
kompetent 전문 지식이 있는

☐☐ 1633 **krank** | 아픈

Ich war drei Tage lang krank.

사흘 동안 아팠다.

☐☐ 1634 **krumm** | 구부러진

Warum ist die Banane krumm?

바나나는 왜 구부러져 있을까? (관용어, 원인을 알 수 없는 질문에 대한 대답)

☐☐ 1635 **kühl** | 시원한

Es weht ein kühler Wind.

시원한 바람이 분다.

· **wehen** 바람이 불다 · r. **Wind(e)** 바람

☐☐ 1636 **kurz** | 짧은

Im Sommer trägt man kurze Hosen.

여름에는 짧은 바지를 입는다.

· **tragen** 옮기다, 입고있다 · e. **Hose(n)** 바지

☐☐ 1637 **lang** | 긴, 오랫동안

Sie hat lange blonde Haare.

그녀는 긴 금발을 가지고 있다.

· s. **Haar(e)** 머리카락

D-Satz Lange nicht gesehen. 오랜만이야.

☐☐ 1638 **langsam** | 천천히

Ich muss langsam gehen.
= Ich bin dann mal weg.

천천히 일어나 봐야겠어요. (이제 그만 가 봐야겠어요.)

□□ 1639 **laut**   시끄러운

Es ist hier sehr laut.   여기 너무 시끄러워.

□□ 1640 **leer**   비어 있는

Die Batterien sind leer.   배터리가 다 됐다.

□□ 1641 **leicht**   가벼운, 쉬운

So leicht wie eine Feder!   깃털처럼 가볍네!

Deutsch ist nicht leicht.   독일어는 쉽지 않아.

□□ 1642 **leise**   조용한

Kannst du die Musik leiser machen?

음악 소리 좀 줄여 줄래?

· e. Musik(x) 음악

□□ 1643 **letzt**   마지막의, 지난

Was hast du letztes Wochenende gemacht?

지난 주말에 뭐 했어?

□□ 1644 **nächst**   바로 다음의

Was hast du nächstes Wochenende vor?

다음 주말에 뭐 할 계획이야?

· vorhaben 계획하다

형용사

1645 **nah(e)**   가까운

(비교급) **näher**
(최상급) **nächst**

Bitte treten Sie näher!   더 가까이 오세요!

Entschuldigung, gibt es hier in der Nähe einen
Geldautomaten?   실례합니다만, 이 근처에 현금 인출기가 있나요?

· **treten** 발을 내딛다, 밟다 · **in der Nähe** 근처에

TIPP

näher 더 가까운 vs 더 상세한
Erklär mir das bitte näher! 더 상세하게 설명해 주세요!

1646 **nass**   젖은

Mein Handy ist nass geworden.   휴대 전화가 젖었어요.

Wort Plus+

nass가 완전히 젖어있는 상태라면, feucht는 물기가 있는 정도입니다.

1647 **negativ**   부정적인

Sei doch nicht immer so negativ! 늘 그렇게 부정적이지 매!

1648 **neu**   새로운

Ist das neu?   이거 새거야?

TIPP

새로운
aktuell 최신의 | **modern** 최신의, 현대의 | **angesagt** 유행하는

1649 **niedrig** 낮은

Die Kellerdecke ist niedrig. 지하실 천장이 낮다.

· r. Keller(-) 지하실, 지하 창고 · e. Decke(n) 천장

1650 **offen** 열린

Er schläft oft bei offenem Fenster.

그는 종종 창문을 열어 놓고 잔다.

· schlafen 자다

1651 **öffentlich** 공개적인, 공공의

Das ist ein öffentliches Geheimnis.

그건 공공연한 비밀이야.

· s. Geheimnis(se) 비밀

1652 **persönlich** 개인의, 인격적인

Schön, dass wir uns persönlich kennenlernen.

당신을 직접 만나 뵙게 되어 기쁩니다.

1653 **positiv** 긍정적인

Ich hoffe auf eine positive Antwort.

긍정적인 대답을 기다리고 있겠습니다.

· e. Antwort(en) 대답

1654 **privat** 개인의, 사적인

Das ist eine rein private Sache zwischen ihm und mir. 그건 그와 나 사이의 아주 사적인 일이야.

· e. Sache(n) 사물, 사건

❶ 다음에 해당하는 의미를 찾아 연결해 보세요.

01 letzt   •   • ❶ 바로 다음의

02 lang   •   • ❷ 긴, 오랫동안

03 langsam   •   • ❸ 천천히

04 nächst   •   • ❹ 마지막의, 지난

❷ 다음 단어의 의미를 우리말로 써 보세요.

05 jung   09 kühl

06 klein   10 kurz

07 klug   11 kalt

08 krank   12 nass

❸ 우리말을 독일어로 써 보세요.

13 구부러진   17 새로운

14 시끄러운   18 낮은

15 가까운   19 열린

16 부정적인   20 공개적인, 공공의

정답 01 ④   02 ②   03 ③   04 ①   05 젊은   06 작은   07 똑똑한   08 아픈   09 시원한   10 짧은   11 추운, (성격이) 차가운   12 젖은   13 krumm   14 laut   15 nah(e)   16 negativ   17 neu   18 niedrig   19 offen 20 öffentlich

---

☐☐ 1655 **reich** | 부유한

Er ist ein reicher Mann. 그는 부자다.

☐☐ 1656 **richtig** | 올바른, 맞게

Du hast alles richtig gemacht. 넌 모든 것을 맞게 했다.

☐☐ 1657 **ruhig** | 고요한, (부사) 마음껏

Ganz ruhig, ganz ruhig. 진정해, 진정해.

Du kannst dich ruhig setzen! (여기) 앉아도 돼!

☐☐ 1658 **sauber** | 깨끗한

Mach dein Zimmer sauber! 네 방 좀 청소해라!

☐☐ 1659 **sauer** | 신맛의, 화난

Lasst mich in Ruhe! Ich bin sauer.

나 좀 내버려 둬! 나 화났어.

☐☐ 1660 **scharf** | 날카로운, 매운맛의

Pass auf! Das Messer ist sehr scharf!

조심해! 그 칼은 매우 날카로워!

Magst du scharfes Essen? 매운 음식 좋아하니?

형용사

☐☐ 1661 **schief** 기울어진, 그릇된

Alles läuft schief! (관용어) 모든 게 엉망진창이야!

☐☐ 1662 **schlecht** 나쁜, 안 좋은

Es geht mir schlecht. 안 좋아./잘 못 지내.

☐☐ 1663 **schlimm** 심한, 나쁜

Vielleicht ist doch alles nicht so schlimm, wie wir
gedacht haben.

아마도 우리가 생각했던 것처럼 모든 게 그리 나쁘진 않은 듯해.

☐☐ 1664 **schmutzig** 더러운

Deine Hände sind schmutzig. Bitte wasch dir die
Hände! 손이 더럽네. 좀 씻어라!

· e. Hand(¨e) 손   · waschen 씻다

☐☐ 1665 **schnell** 빠른

Das Jahr ist wieder so schnell vergangen.

올해도 이렇게 빨리 지나갔다.

· vergehen 경과하다

☐☐ 1666 **schön** 아름다운, 좋은

Schön, Sie zu sehen. 만나서 반갑습니다.

🍺**TIPP**
hübsch 아름다운
Sie ist außerordentlich hübsch. 그녀는 대단히 아름답다.

☐☐ 1667 **schwach** 약한

Meine Oma ist sehr krank und wird immer
schwächer. 할머니는 병이 들었고, 점점 약해지고 있다.

· e. Oma(s) 할머니

☐☐ 1668 **schwer** 무거운, 어려운

Wie schwer bist du? - Ich bin 70 Kilo schwer.

몸무게가 몇이에요? - 70킬로예요.

(Das ist) Schwer/Schwierig zu sagen. 대답하기 어렵군.

· schwierig 어려운

☐☐ 1669 **spät** 늦은

Besser spät, als nie. 안 하는 것보다는 늦는 게 낫지.

TIPP
später 더 늦은 vs 나중에
Ich komme später noch einmal wieder. 나중에 한 번 더 올게.

형용사

☐☐ 1670 **stark** 강한

Er hat einen starken Willen. 그는 강한 의지를 가지고 있다.

☐☐ 1671 **stumpf** 무딘

Die Schere ist ganz stumpf. 이 가위는 완전히 무딘데요.

· e. Schere(n) 가위

예쁜, 단맛의

Träume süß!   좋은 꿈꿔!

Die Wassermelone ist sehr süß.   이 수박은 정말 달다!

· e. Wassermelone(n) 수박

1673 **teuer**   비싼

Das ist ganz schön teuer!   이 물건은 꽤나 비싸네요!

· ganz schön 매우, 꽤 많이

1674 **tief**   깊은

Ist die Wunde tief?   상처가 깊어?

· e. Wunde(n) 상처

1675 **trocken**   마른, 건조한

Ich habe sehr trockene Haut.   내 피부는 매우 건조하다.

· e. Haut(¨e) 피부

1676 **viel**   많은

(비교급) **mehr**   Ich habe nicht viel Zeit.   내게는 시간이 많지 않아.

(최상급) **am meisten**   Je mehr, desto besser.   많으면 많을 수록 좋지.

TIPP

수 정도

einig 몇몇의 < manch (불특정)여럿의 < viel 많은

In einigen Minuten erreichen wir den Zielort. 몇 분 후 목적지에 도착합니다.

Das habe ich mich schon manches Mal gefragt. 그건 이미 여러 번 생각해 봤다.

Das kostet viel Zeit. 그건 시간이 많이 걸린다.

☐☐ 1677 **voll**   가득 찬

Ich habe volles Vertrauen zu ihm.

난 전적으로 그를 신뢰한다.

· s. Vertrauen(x) 신뢰

☐☐ 1678 **warm**   따뜻한

Die Heizung wird nicht warm.

난방 장치가 따뜻해지지 않아요.

· e. Heizung(en) 난방 장치

☐☐ 1679 **weit**   넓은, 먼, 헐렁한

Wie weit ist es von hier nach Berlin?

여기서 베를린까지 얼마나 멀죠?

☐☐ 1680 **wenig**   적은

Weniger ist manchmal mehr.

더 적은 것이 때때로 더 많은 것이다.

🍺TIPP

wenig (적은, 부정적인 맥락) vs ein weing (어느 정도, 긍정적인 맥락)

⑩ Ich verdiene wenig Geld. 난 돈을 조금밖에 못 번다.

⑩ Ich spare ein wenig Geld. 난 어느 정도 돈을 모으고 있다.

🍺TIPP

wenigstens 적어도, 최소한

⑩ Wenn du mich wenigstens vorher angerufen hättest! 적어도 네가 미리 연락을 했더라면!

형용사

❶ 다음에 해당하는 의미를 찾아 연결해 보세요.

01 reich • • ❶ 올바른, 맞게

02 ruhig • • ❷ 적은

03 richtig • • ❸ 부유한

04 wenig • • ❹ 고요한, 마음껏

❷ 다음 단어의 의미를 우리말로 써 보세요.

05 süß		09 schlecht	
06 sauer		10 schlimm	
07 scharf		11 schön	
08 schief		12 schwer	

❸ 우리말을 독일어로 써 보세요.

13 더러운		17 깨끗한	
14 빠른		18 강한	
15 약한		19 무딘	
16 늦은		20 많은	

정답 01 ③ 02 ④ 03 ① 04 ② 05 예쁜, 단맛의 06 신맛의, 화난 07 날카로운, 매운맛의 08 기울어진, 그릇된
09 나쁜, 안 좋은 10 심한, 나쁜 11 아름다운, 좋은 12 무거운, 어려운 13 schmutzig 14 schnell
15 schwach 16 spät 17 sauber 18 stark 19 stumpf 20 viel

03마디
•
그 밖의
중요 형용사

01

형용사

그 밖의 중요 형용사 ❶

☐☐ 1681 **allein** 혼자, 홀로, (부사) 다만, 오직

Das ist so viel, das schaffe ich nicht allein.

그거 너무 많아서 나 혼자는 못 해.

Sie lebte ganz einsam und allein.

그녀는 너무나도 외롭게 혼자 살았다.

• schaffen 완수하다 • einsam 외로운

☐☐ 1682 **all** 모든

Das ist alles, was ich sagen wollte.

내가 하고 싶었던 말은 이게 전부야.

🐾 TIPP

all vs jeder

의미상 차이는 없지만 문법적 차이가 있습니다. all은 단수, 복수 다 사용되지만, jeder는 단수만 사용됩니다.

◉ 모든 사람 Alle Menschen = Jeder Mensch

☐☐ 1683 **angemessen** 적절한, 적합한

Ich halte es für angemessen. 난 그게 적절하다고 생각해.

• halten A für adj A를 adj라고 간주하다

🐾 TIPP

적절한

entsprechend 적절한, 걸맞는 | geeignet 적합한 | passend 적절한, 꼭 맞는 | zutreffend 적절한, 올바른

1684 **angewiesen sein auf + A** | A가 정말 필요한

Ich bin auf eure Hilfe angewiesen.

너희 도움이 정말 필요해.

1685 **anstrengend** | 힘든

Das ist ja anstrengend!　그건 정말 힘들어!

1686 **aufmerksam** | 주의 깊은

Er sah mich aufmerksam an.　그는 나를 주의 깊게 바라봤다.

1687 **außerordentlich** | 뛰어난

Er war außerordentlich erfolgreich.

그는 뛰어난 성공을 이루었다.

TIPP

뛰어난
ausgezeichnet 뛰어난 | hervorragend 뛰어난, 탁월한

1688 **ausführlich** | 상세한

Er hat es mir ganz ausführlich erklärt.

그는 그것에 대해 매우 상세히 설명했다.

· **erklären** 설명하다

1689 **auswendig** | 암기한

Ich weiß meine Handynummer nicht auswendig,
gib mir deine Nummer und ich rufe dich an.

내 휴대 전화 번호를 못 외워. 네 번호를 주면 내가 전화할게.

형용사

☐☐ 1690 **bedingt**   조건부의, 제한된

Alles ist historisch bedingt.

역사에서 영향을 받았기 때문에 현 상황이 이렇다.

[직역 : 모든 것은 역사적으로 제한된다.]

Ich muss unbedingt (mein Zimmer) aufräumen!

반드시 (방을) 정리 해야겠다!

· **unbedingt** 무조건적으로, 꼭   · **aufräumen** (방) 정리하다

☐☐ 1691 **behindert**   장애가 있는

Auf dem Behindertenparkplatz darf man nur mit einem Ausweis parken.

오직 (장애인) 증명서를 가진 차만이 장애인 주차장에 주차가 허락됩니다.

· **r. Parkplatz(¨e)** 주차장   · **r. Ausweis(e)** (신원) 증명서

☐☐ 1692 **bekannt**   알려진, 유명한

Darf ich Sie miteinander bekannt machen?

제가 서로를 소개해도 될까요?

Kommt dir das bekannt vor?   너 이거 본 적 있어?

· **vorkommen** 있다, 발생하다

□□ 1693 **bequem** | 편안한

Setz dich doch, mach es dir bequem!

앉아서 편안히 계세요!

□□ 1694 **bewusst** | 의식적인, 의도적인

Rufen Sie die 112 an, wenn jemand bewusstlos ist.

누군가 의식이 없다면 112로 전화하세요.

□□ 1695 **deutlich** | 명백한

Er hat klar und deutlich gesagt, dass er keine Lust hat.

그는 분명하고 명백하게 하고 싶은 마음이 없다고 말했다.

□□ 1696 **dicht** | 빽빽한

Sie hat dichtes Haar.

그녀는 머리카락이 촘촘하다.

□□ 1697 **direkt** | 직선의, 즉시, 직접적인

Er kam direkt auf mich zu.

그는 곧장 내게로 왔다.

· zukommen auf + A A에게 접근하다

□□ 1698 **dringend** | 긴급한, 절박한

Es gibt einige Dinge, über die wir dringend sprechen müssen.

우리가 급히 논의해야 할 게 몇 가지 있어.

· s. Ding(e) 물건, 사건, 일

□□ 1699 **egal** | 아무래도 좋은

Das ist mir egal.

뭐든 좋아.

☐☐ 1700 **eigen** | 자신의, 자기 소유의

Das kann ich auf eigene Faust machen.

그건 스스로 (내 자신의 주먹으로) 할 수 있어.

· auf eigene Faust (숙어) 자력으로 · e. Faust(¨e) 주먹

☐☐ 1701 **einzig** | 유일한, 단 하나의, (부사) 오직

Es ist das Einzige, was ich tun kann.

그게 내가 할 수 있는 유일한 것이다.

☐☐ 1702 **ernst** | 진지한

Meinst du das ernst? 너 그거 진심으로 하는 말이니?

· meinen (그러한 뜻으로) 말하다

☐☐ 1703 **ewig** | 영원한

Nichts hält ewig. 영원한 것은 없지.

❶ 다음에 해당하는 의미를 찾아 연결해 보세요.

01 ausführlich · · ❶ 명백한

02 auswendig · · ❷ 상세한

03 angemessen · · ❸ 적절한, 적합한

04 deutlich · · ❹ 암기한

❷ 다음 단어의 의미를 우리말로 써 보세요.

05 allein _____ 09 bewusst _____

06 bedingt _____ 10 direkt _____

07 einzig _____ 11 dringend _____

08 bekannt _____ 12 egal _____

❸ 우리말을 독일어로 써 보세요.

13 A가 정말 필요한 _____ 17 영원한 _____

14 힘든 _____ 18 편안한 _____

15 주의 깊은 _____ 19 진지한 _____

16 뛰어난 _____ 20 빽빽한 _____

정답 **01** ② **02** ④ **03** ③ **04** ① **05** 혼자, 홀로, 다만, 오직 **06** 조건부의, 제한된 **07** 유일한, 단 하나의, 오직
08 알려진, 유명한 **09** 의식적인, 의도적인 **10** 직선의, 즉시, 직접적인 **11** 긴급한, 절박한 **12** 아무래도 좋은
13 angewiesen sein auf + A **14** anstrengend **15** aufmerksam **16** außerordentlich **17** ewig
18 bequem **19** ernst **20** dicht

02 (형용사) 그 밖의 중요 형용사 ❷

☐☐ 1704 **fair** | 공정한, 공평한

Das ist unfair! 그건 불공평해!

☐☐ 1705 **fertig** | 준비가 된, 끝난, 녹초가 된

Achtung, fertig, los! 주의, 준비, 출발!

Ich bin mit der Arbeit fertig. 나 이제 일을 끝냈어.

Ich habe die Arbeit fertig geschrieben.

나는 과제를 다 했어.

· e. Arbeit(en) 일, 과제

D-Satz Ich bin fix und fertig. 완전히 녹초가 되었어.

☐☐ 1706 **fest** | 딱딱한, 고체의, 확고한

Es gibt keinen festen Termin. 확정된 방문 약속은 없습니다.

Das hat er mir fest versprochen. 그는 그것을 굳게 약속했었어.

· versprechen 약속하다

☐☐ 1707 **frei** | 자유로운, 무료의, 비어 있는

Machen Sie sich bitte ihre Arme frei! 소매를 걷으세요!

Eintritt frei 무료 입장

· r. Eintritt(x) 입장

🍺TIPP

freiwillig 자발적인, 자율의
◎ Ich glaube, er hat mir freiwillig geholfen. 그가 나를 자발적으로 도왔다고 생각해.

☐☐ 1708 **fremd** | 낯선, 서먹한

Wir sind einander fremd geworden. 우린 서먹해졌다.

· einander 서로

☐☐ 1709 **frisch** | 신선한

Das Fleisch ist ganz frisch. 고기가 정말 싱싱하네요.

· s. Fleisch(x) 고기

☐☐ 1710 **ganz** | 전부의, (부사) 매우, 완전히

Es hat den ganzen Tag geregnet. 하루 종일 비가 왔다.

Ich will ganz offen mit dir reden.

너랑 완전히 터놓고 이야기하려고.

☐☐ 1711 **gefährlich** | 위험한

Vorsicht! Das ist gefährlich! 조심해! 그거 위험해!

☐☐ 1712 **gemeinsam** | 공통의, 다 함께

Wir sind uns sehr ähnlich und haben viele
gemeinsame Interessen.

우리는 매우 비슷하고, 공통의 관심사가 많아요.

· ähnlich 비슷한 · s. Interesse(n) 관심, 이익

형용사

□ □ 1713 **gemütlich** 아늑한

Mach es dir gemütlich! 편하게 있어!

□ □ 1714 **genau** 정확한, (부사) 바로, 딱

(Das stimmt) Genau! 그래 맞아. 바로 그거야!

Du weißt genau, was ich meine!

내가 말하려고 하는 것을 정확히 아는 구나!

TIPP
정확한
exakt 정확한 | **korrekt** 정확한, 올바른 | **präzise** 정확한, 명백한

□ □ 1715 **genug** 충분한, (부사) 상당히

Jetzt ist es aber genug! 이제 그만! (관용어, 이제 충분해!)

□ □ 1716 **gesamt** 전체의

Die gesamte Familie versammelt sich zum
Geburtstag des Großvaters.

모든 식구가 할아버지 생신에 모였다.

• **sich versammeln** (장소에) 모이다

□ □ 1717 **gleich** 같은, (부사) 곧, 바로, 전혀

Alle Menschen müssen gleich behandelt werden.

모든 사람은 동일하게 대우를 받아야 한다.

Ich bin gleich da. 나는 바로 올 거야.

TIPP
gleichfalls 마찬가지로
🗨 Schönen Tag noch! - Danke, gleichfalls! 좋은 하루 되세요! – 감사합니다. 당신도요!

☐☐ 1718 **gründlich** | 기초의, 철저한

Wir haben alles bereits gründlich besprochen.

우리는 이미 모든 것을 철저히 논의했다.

☐☐ 1719 **gültig** | 유효한

Besitzt du einen gültigen Ausweis?

유효한 증명서를 가지고 있니?

· **besitzen** 소유하다

☐☐ 1720 **häufig** | 빈번한

Sie kommt häufig zu spät. 그녀는 종종 늦게 온다.

TIPP

빈도 관련 표현

nie 한 번도 아닌 < selten 드문 < manchmal 때때로 < oft 자주 < meistens 거의 < immer 항상
Ich will es nie wieder tun! 그건 다시는 안 할 거야.
Ein Unglück kommt selten allein. 불행은 거의 혼자 오지 않는다.(격언)
Das kommt manchmal vor. 그것은 때때로 발생한다.
Das passiert mir leider oft. 아쉽게도 내게는 자주 발생하는 일이지.
Ich bin meistens zu Hause. 난 거의 집에 있어.
Sie ist immer freundlich zu allen Leuten. 그녀는 모든 사람에게 항상 친절하다.

☐☐ 1721 **kaputt** | 망가진, 부서진

Sei vorsichtig, mach das nicht kaputt!

조심해, 그거 망가트리지 매!

Mein Computer ist kaputtgegangen.

내 컴퓨터가 고장 났어.

· **kaputtmachen** 고장 내다 · **kaputtgehen** 고장 나다

1722 **klar** | 분명한, 맑은

Ja nee, ist klar. (반어) 어련하시겠어.

(Ist) alles klar? (내가 한 말) 이해했어? / 문제없어?

Das Wasser in Ihrem Pool ist nicht mehr klar,
sondern trübe. 수영장 안에 있는 물이 더는 맑지 않고 탁해요.

· **trübe** 탁한

1723 **knapp** | 불충분한, 근소한

Das war knapp. 겨우 했다. (관용어, 간발의 차이로 해냈을 때)

Ich bin knapp bei Kasse. (관용어) 돈이 얼마 없네.

1724 **komisch** | 이상한

(Das ist ja) Komisch! (그것참) 이상하군!

1725 **lecker** | 맛있는

Der Kuchen schmeckt mir gut! Er ist sehr lecker.
이 케이크는 내 입맛에 맞아요! 정말 맛있어요.

· **schmecken nach + D** D의 맛이 나다

❶ 다음에 해당하는 의미를 찾아 연결해 보세요.

01 gefährlich · · ❶ 위험한

02 gemütlich · · ❷ 기초의, 철저한

03 gründlich · · ❸ 아늑한

04 gültig · · ❹ 유효한

❷ 다음 단어의 의미를 우리말로 써 보세요.

05 fair .... 09 fremd ....

06 fertig .... 10 ganz ....

07 fest .... 11 gemeinsam ....

08 frei .... 12 genau ....

❸ 우리말을 독일어로 써 보세요.

13 신선한 .... 17 분명한, 맑은 ....

14 전체의 .... 18 불충분한, 근소한 ....

15 빈번한 .... 19 이상한 ....

16 망가진, 부서진 .... 20 맛있는 ....

정답 01 ① 02 ③ 03 ② 04 ④ 05 공정한, 공평한 06 준비가 된, 끝난, 녹초가 된 07 딱딱한, 고체의, 확고한 08 자유로운, 무료의, 비어 있는 09 낯선, 서먹한 10 전부의, 매우, 완전히 11 공통의, 다 함께 12 정확한, 바로, 딱 13 frisch 14 gesamt 15 häufig 16 kaputt 17 klar 18 knapp 19 komisch 20 lecker

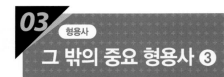

3-03-03.mp3

03 형용사
그 밖의 중요 형용사 ❸

☐☐ 1726 **locker** | 느슨한, 빽빽하지 않은

Ein Zahn ist locker. 이 하나가 흔들거려요.

☐☐ 1727 **möglich** | 가능한

Das ist möglich, aber nicht sehr wahrscheinlich.
가능하긴 한데, 가능성은 거의 없어.

· wahrscheinlich 십중팔구

☐☐ 1728 **müde** | 피곤한

Ich bin immer total müde und schlapp.
항상 피곤하고 축 늘어져요.

· schlapp 축 늘어진

☐☐ 1729 **normal** | 보통의, 정상적인

Das ist ja ganz normal. 그것은 아주 정상적인 거야.

TIPP

normalerweise (부사) 보통, 대개
ⓓ Normalerweise ist der Dezember sehr kalt. 보통 12월은 매우 춥다.

☐☐ 1730 **nötig** | 필요한

Das wäre aber nicht nötig gewesen. 뭘 이런 걸 다.

[직역 : 그건 필요한 것이 아니었는데]

☐☐ 1731 **plötzlich**　　　　　　　　　　　갑작스러운, (부사) 갑자기

Plötzlich wechselte sich die Stimmung.

갑자기 분위기가 바뀌었다.

· wechseln 바뀌다, 바꾸다　· e. Stimmung(en) 기분, 분위기

☐☐ 1732 **pünktlich**　　　　　　　　　　　　정시의

Sei bitte pünktlich!　　　　시간을 지켜라!

☐☐ 1733 **real**　　　　　　　　　　　　현실적인

Das ist ein ganz reales Problem.　그건 완전히 현실적인 문제야.

☐☐ 1734 **sachlich**　　　　　　　　　　객관적인

Er hat das ganz sachlich gesagt.

그는 매우 객관적으로 말했다.

☐☐ 1735 **satt**　　　　　　　　　　　　배부른

Das reicht. Ich bin zu satt.　충분해. 너무 배불러.

☐☐ 1736 **schuld sein an + D**　　　　D에 대해 책임이 있다

Ich bin nicht schuld daran.　난 그것에 아무런 책임이 없어!

Ich bin nicht schuldig.　　난 잘못 없어요.

Es ist meine Schuld.　　제 잘못입니다.

· e. Schuld(en) 책임(단수), 빚(복수)　· schuldig 죄가 있는

☐☐ 1737 **sicher**   안전한, sich³ 확실한

Bist du (dir) sicher?   정말? / 확실해?

☐☐ 1738 **sorgfältig**   꼼꼼한, 주의 깊은

Putze deine Zähne sorgfältig!   이를 꼼꼼히 닦아라!

· putzen (문질러) 닦다, 청소하다   · r. Zahn(¨e) 이, 치아

☐☐ 1739 **toll**   정말 좋은, 훌륭한

Mein Urlaub war toll!   휴가는 정말 좋았어!

☐☐ 1740 **total**   완전히

Das habe ich total vergessen.   그걸 완전히 까먹었어.

☐☐ 1741 **typisch**   전형적인, 대표적인

Was ist typisch deutsch?   가장 독일다운 것이 뭐가 있을까요?

☐☐ 1742 **übrig**   남은

Ich habe keine Zeit übrig.   남은 시간이 없어.

TIPP
übrigens (잠시 주제에서 벗어날 때) 그건 그렇고
ⓒ Was machst du übrigens hier? 그건 그렇고, 여기서 너 뭐 하니?

☐☐ 1743 **umfassend**   포괄적인

Er hat mich umfassend informiert.
                                              그는 내게 포괄적인 정보를 주었다.

☐☐ 1744 **ursprünglich**   기원의, 최초의

Das war ursprünglich ganz anders geplant.
                                       처음엔 그건 아주 다르게 계획되었었어.

☐☐ 1745 **verschieden**   다른

Die Meinungen sind verschieden.   견해가 다르다.

☐☐ 1746 **vorläufig**   당장의, 임시적인

Daran wird sich vorläufig nichts ändern.
                                            당장 달라지진 않을 거예요.

· **sich ändern** 바뀌다, 달라지다

☐☐ 1747 **vernünftig**   합리적인, 이성적인

Er hat sehr vernünftig gehandelt.
                                         그는 매우 이성적으로 행동했다.

□□ **1748 verpflichtet sein zu + D**   D에 대한 의무가 있다

Du bist ihm zu Dank verpflichtet.

넌 그에게 고마워해야 한다.

□□ **1749 wahr**   진실한

Sollte das wirklich wahr sein?   정말 사실이야?

□□ **1750 wert**   가치 있는

Was ist das Auto wert?   이 자동차는 얼마의 가치가 있나요?

Das ist doch nicht der Rede wert.

천만에요. [직역 : (고맙다고) 말할 가치가 있는 게 아니야.]

□□ **1751 wichtig**   중요한

Guter Schlaf ist wichtig für die Gesundheit.

잘 자는 것은 건강에 중요하다.

□□ **1752 wirklich**   실제의

Wirklich?   진짜?

Muss ich das wirklich?   내가 정말 해야 해?

□□ **1753 willkommen**   환영하는

Herzlich willkommen (bei uns / in Deutschland)!

(저희 집에 오신 것을 / 독일에 오신 것을) 진심으로 환영합니다!

□□ **1754 zufällig**   우연히

Wir begegnen uns zufällig auf der Straße.

우리는 길에서 우연히 만났어.

❶ 다음에 해당하는 의미를 찾아 연결해 보세요.

01 nötig   •   • ❶ 남은

02 pünktlich   •   • ❷ 필요한

03 sachlich   •   • ❸ 정시의

04 übrig   •   • ❹ 객관적인

❷ 다음 단어의 의미를 우리말로 써 보세요.

05 locker ....   09 vorläufig ....

06 normal ....   10 vernünftig ....

07 sorgfältig ....   11 wichtig ....

08 ursprünglich .... 12 wahr ....

❸ 우리말을 독일어로 써 보세요.

13 피곤한 ....   17 정말 좋은, 훌륭한

14 현실적인 ....

18 D에 대한 의무가 있다

15 배부른 ....

16 D에 대해 책임이 있다   19 포괄적인 ....

....   20 다른 ....

정답 01 ②   02 ③   03 ④   04 ①   05 느슨한, 빡빡하지 않은   06 보통의, 정상적인   07 꼼꼼한, 주의 깊은   08 기원의, 최초의   09 당장의, 임시적인   10 합리적인, 이성적인   11 중요한   12 진실한   13 müde   14 real   15 satt   16 schuld sein an + D   17 toll   18 verpflichtet sein zu + D   19 umfassend   20 verschieden

04마디

·

부사 :
시간, 장소, 상황

01 부사

시간, 장소, 상황 ❶

☐☐ 1755 **bald** 곧

Er wird bald kommen.

그는 곧 올 거야.

☐☐ 1756 **damals** 당시에

Damals konnte ich nichts sagen.

당시 난 아무것도 말할 수 없었다.

☐☐ 1757 **draußen** 밖에서

Bei schlechtem Wetter findet die Veranstaltung
nicht draußen, sondern drinnen statt.

날씨가 좋지 않을 경우, 행사는 밖이 아닌 내부에서 열린다.

· **stattfinden** 개최되다 · e. **Veranstaltung(en)** 행사 · **drinnen** 안에

☐☐ 1758 **endlich** 드디어, 마침내

Fahren wir jetzt endlich los?

이제 제발 좀 출발할 수 있을까? / 우리 이제 드디어 출발하는 거니?

· **losfahren** 출발하다

🍺 TIPP
endlich vs schließlich
1) **endlich** (오랜 기다림이 강조) 드디어, 마침내
2) **schließlich** (마지막이 강조) 결국에는 마침내, 끝으로

🍺 TIPP
이 단어는 형용사이지만, 부사적 용법으로 더 많이 씁니다.

1759 **gestern** 어제

Gestern hatte ich noch dran gedacht.

어제는 생각하고 있었는데.

1760 **heute** 오늘

Morgen, morgen, nur nicht heute, sagen alle
faulen Leute.

(격언) 내일, 내일, 오늘만 아니면 된다라고 모든 게으른 사람들은 말한다.

1761 **hier** 여기에

Sind wir hier richtig? 여기 맞아?

Hier und dort. 여기저기에.

· **dort** 거기에

1762 **jetzt** 지금

Ja mache ich, aber nicht jetzt. 그래 할게, 그런데 지금은 아니야.

1763 **kürzlich** 최근에

Wir haben kürzlich darüber gesprochen.

우리는 최근에 그것에 대해 이야기했었어.

1764 **mittlerweile** 그동안

Ich habe mittlerweile zwei Kinder.

그동안 아이 두 명을 낳았어.

1765 **morgen** 내일

Morgen ist auch noch ein Tag.

내일도 날이지.(오늘 마칠 필요 없고, 내일도 할 수 있다는 의미)

TIPP

morgen vs Morgen
1) morgen (부사) 내일   2) Morgen (명사) 아침   3) morgen früh 내일 아침

☐☐ 1766 **noch**   아직, 여전히

Hast du schon bestellt? – Nein, noch nicht.

벌써 주문했어? – 아니, 아직 안 했어.

· **bestellen** 주문하다

☐☐ 1767 **schon**   이미, 벌써

Wenn schon, denn schon.   기왕 이렇게 된 거, 제대로 해 보자.
[직역 : 이미 그렇다면 이미 그런 거다.]

☐☐ 1768 **sofort**   즉시, 당장

Komm sofort nach Hause!   당장 집으로 와!

☐☐ 1769 **unterwegs**   도중에, 집 밖에

Wo bist du eigentlich? – (Ich bin) Schon
unterwegs.

도대체 어디야? – 가는 중이야.

· **eigentlich** 도대체, 실제로

☐☐ 1770 **vorbei**   지나서

Das ist schon vorbei.   이미 지나갔어. (안심시키는 말)

부사

vorher | 전에

Das war schon vorher eine abgemachte Sache.

그건 이미 전에 합의된 거야.

· **abmachen** 합의하다

D-Satz **Bis nachher!** 나중에 봐!

*nachher 후에 ↔ vorher 전에

1772 **wieder** | 또다시, 재차

Das ist doch auch schon wieder out, oder?

그거 이미 유행 지난 거지, 아니야?

· **out sein** 관심에서 벗어나다

1773 **zu Hause** | 집에

Lass uns doch heute zu Hause bleiben!

오늘은 집에 있자!

TIPP
nach Hause 집으로
⑩ Ich gehe nach Hause. 나 집으로 간다.

1774 **zunächst** | 처음에, 맨 먼저

Zunächst möchte ich Ihnen Folgendes mitteilen.

가장 먼저 당신에게 다음 내용을 알려 드리고 싶습니다.

· **folgend** 다음과 같은 · **mitteilen** 보고하다, 알리다

1775 **zuletzt** | 최후에, 맨 마지막에

Wer zuletzt lacht, lacht am besten.

최후에 웃는 자가 진짜 승자다.

· **lachen** 웃다

❶ 다음에 해당하는 의미를 찾아 연결해 보세요.

01 gestern · · ❶ 오늘

02 heute · · ❷ 내일

03 morgen · · ❸ 지금

04 jetzt · · ❹ 어제

❷ 다음 단어의 의미를 우리말로 써 보세요.

05 zunächst _____ 09 noch _____

06 kürzlich _____ 10 schon _____

07 wieder _____ 11 sofort _____

08 mittlerweile _____ 12 unterwegs _____

❸ 우리말을 독일어로 써 보세요.

13 곧 _____ 17 마침내 _____

14 당시에 _____ 18 지나서 _____

15 밖에서 _____ 19 전에 _____

16 여기에 _____ 20 집에 _____

정답 01 ④ 02 ① 03 ② 04 ③ 05 처음에, 맨 먼저 06 최근에 07 또다시, 재차 08 그동안 09 아직, 여전히
10 이미, 벌써 11 즉시, 당장 12 도중에, 집 밖에 13 bald 14 damals 15 draußen 16 hier
17 endlich 18 vorbei 19 vorher 20 zu Hause

🎧 3-04-02.mp3

☐☐ 1776 **allerdings**   물론

     Das stimmt allerdings.   물론 그건 사실이다

☐☐ 1777 **anders**   다르게

     Jeder Fall ist anders.   경우마다 달라.

🍺 **TIPP**

anders(다르게) vs anderes(다른)
이 두 단어는 비슷하게 생겼지만 anders는 부사이고, anderes는 형용사 ander에 중성어미 es가 붙은 것
입니다.
🍺 Das ist mal was anderes. 좀 색다른데?

☐☐ 1778 **auch**   ~도, 역시

     Bist du auch dabei?   너도 참석하니?

☐☐ 1779 **besonders**   특히

     Was hat dir besonders gut gefallen?

             뭐가 특히 네 마음에 들었니?

☐☐ 1780 **dann**   그러면, 그다음에

     Also, dann bis morgen.   자, 그럼 내일 봐요.

     Und dann?   그다음은?

☐☐ 1781 **denn**　　　　　　　　　　　　　　　　　그러면, 도대체, 왜냐하면

Warum denn das?　　　　　　　그건 도대체 왜 그런 거야?

Ich kann nicht kommen, denn ich bin krank.

아파서 못 가.

🐑**TIPP**

dann vs denn

둘 다 '그러면'이라는 뜻으로 쓰이지만, 이때는 **dann**이 더 자주 사용됩니다. **denn**은 의문문의 강조나
접속사로 더 자주 사용됩니다.

🐑**TIPP**

원인

1) **denn** + 주문장　　2) **weil** + 부문장　　3) **wegen** + 명사(G)

☐☐ 1782 **eigentlich**　　　　　　　　　　　　　　　本래, 실제로, 도대체

Die eigentliche Arbeit beginnt erst jetzt.

실제 일은 이제야 시작한다.

Wo bist du eigentlich?　　　　　도대체 어디야?

☐☐ 1783 **einmal**　　　　　　　　　　　　　　　　　한 번, 언젠가

Noch einmal, bitte.　　　　　한 번 더 부탁드립니다.

☐☐ 1784 **erst**　　　　　　(시간) 먼저, (공간) 첫 번째에, (상황) 비로소

Erst denken, dann reden.

(격언) 먼저 생각하고 그다음에 말해라.

Ich wohne im ersten Stock.　난 2층(*첫 번째 층)에 살고 있어.

Ich bin erst um neun Uhr aufgestanden.

난 9시에야 비로소 일어났다.

□ □ 1785 **etwa** 　　　　　　　　　　　　　　　　　　　　대략, 아마, 혹시

Es wird etwa eine Woche dauern.

대략 일주일 걸릴 것 같습니다.

Hast du das etwa vergessen?　　　설마 그거 잊어버렸니?

· **dauern** 계속되다. (시간) 걸리다　 · e. **Woche(n)** 주

□ □ 1786 **fast** 　　　　　　　　　　　　　　　　　　　　　　　　거의

Ich habe fast alles verstanden.　　거의 모든 걸 이해했다.

□ □ 1787 **gern(e)** 　　　　　　　　　　　　　　　　　　　　　　기꺼이

(비교급) **lieber**
(최상급) **liebst**

Wollen wir was trinken gehen? - Ja, sehr gerne!

뭐 마시러 갈래? – 좋아!

Ich trinke lieber Kaffee als Tee.

나는 차보다 커피를 더 즐겨 마신다.

🍺 TIPP

lieber는 gern(e)의 비교급으로 '더 기꺼이', '더 좋아하여'라는 의미를 가지고 있습니다.
또한 '차라리'라는 의미로도 자주 쓰입니다.
🎓 Das hättest du lieber nicht sagen sollen. 그것을 차라리 말하지 않았더라면.

□ □ 1788 **hauptsächlich** 　　　　　　　　　　　　　　　　특히, 주로

Es ist hauptsächlich deine Schuld.　그건 특히 네 잘못이다.

□ □ 1789 **nur** 　　　　　　　　　　　　　　　　　　　　　오직, 다만, 단지

Das war doch nur Spaß.　　　　　그건 장난일 뿐이었어.

Nur so.　　　　　　　　　　　　　　그냥.

☐☐ 1790 **quasi** | 말하자면(= sozusagen) , 거의

Ich arbeite hier quasi als Aushilfe.

말하자면, 난 여기서 보조로 일한다.

Das schafft keiner. Das ist quasi unmöglich.

그건 아무도 할 수 없어. 그건 거의 불가능해.

· e. Aushilfe(n) 보조

☐☐ 1791 **sehr** | 매우

Dein Deutsch ist schon sehr gut!

네 독일어는 이미 매우 훌륭해!

TIPP

ganz schön 완전히 아름다운? 매우!
직역하면 '완전히 아름다운'이지만, 그 자체로 '매우'라는 의미의 부사로 쓰입니다. 이 외에도 **ganz**(완전한),
gemein(비열한), **ungewöhnlich**(익숙하지 않은), **verdammt**(비속어, 망할)는 각자의 뜻을 가지고 있지
만, 동사나 형용사를 강조하는 경우 '매우'라는 뜻을 가집니다.

☐☐ 1792 **sonst** | 그 밖에, 그렇지 않으면

Und sonst so? - Naja, muss ja.

그 밖에 다른 일 있어? (별일 없지?) – 뭐, 그래야겠지.

☐☐ 1793 **tatsächlich / in der Tat** | 사실은

Ich bin tatsächlich froh, dass du da warst.

사실 네가 거기 있었어서 기뻐.

☐☐ 1794 **überall** | 도처에

Wo warst du denn? Ich habe dich überall gesucht.

어디에 있었어? 널 찾아서 사방을 헤맸잖아.

☐☐ 1795 **überhaupt**   대체로, 전혀, 도대체

Ich habe überhaupt keine Lust.   하고 싶은 마음이 전혀 없어.

Wozu ist das überhaupt gut?   이건 도대체 뭐에 좋은 거지?

☐☐ 1796 **vielleicht**   아마도, 어쩌면

Vielleicht hilft dir das.   아마 이게 너한테 도움이 될 거야.

☐☐ 1797 **weg**   가 버린, 없어진

Geh weg! = Hau ab!   가 버려! / 꺼져!

Mach die Spinne weg!   거미 좀 없애 줘!

Du warst plötzlich weg.   너 갑자기 사라졌더라.

· **weggehen** 가 버리다   · **wegmachen** 제거하다   · **weg sein** (자리에) 있지 않다

☐☐ 1798 **weiter**   계속해서

Bis hierher und nicht weiter.   여기까지만 하고 그만해.

So kann es nicht weitergehen.   그런 식으로 계속할 수 없다.

· **weitergehen** (중단 후) 계속하여 가다, 앞으로 나아가다

D-Satz Mach nur so weiter!   계속 그렇게 해 봐! (그럼 큰일 날 거야!)

☐☐ 1799 **-wärts**   ~ 쪽으로

Wasser fließt immer abwärts.   물은 항상 아래로 흐르지.

Vorwärts marsch!   앞으로 전진!

· **fließen** 흐르다   · **marsch** (앞으로) 가라!

TIPP
방향을 나타내는 표현
abwärts 아래쪽으로 ↔ aufwärts 위쪽으로
vorwärts 앞쪽으로 ↔ rückwärts 뒤쪽으로

☐ ☐ 1800 **zusammen** 함께

Essen wir zusammen? 함께 식사할까?

❶ 다음에 해당하는 의미를 찾아 연결해 보세요.

01 allerdings •   • ❶ 특히

02 besonders •   • ❷ 특히, 주로

03 hauptsächlich •   • ❸ 물론

04 tatsächlich •   • ❹ 사실은

❷ 다음 단어의 의미를 우리말로 써 보세요.

05 sonst ....   09 eigentlich ....

06 überhaupt ....   10 denn ....

07 dann ....   11 erst ....

08 einmal ....   12 etwa ....

❸ 우리말을 독일어로 써 보세요.

13 거의 ....   17 오직, 다만, 단지 ....

14 다르게 ....   18 말하자면, 거의 ....

15 기꺼이 ....   19 매우 ....

16 도처에 ....   20 아마도, 어쩌면 ....

정답 01 ③ 02 ① 03 ② 04 ④ 05 그 밖에, 그렇지 않으면 06 대체로, 전혀, 도대체 07 그러면, 그다음에 08 한 번, 언젠가 09 본래, 실제로, 도대체 10 그러면, 도대체, 왜냐하면 11 먼저, 첫번째에, 비로소 12 대략, 아마, 혹시 13 fast 14 anders 15 gern(e) 16 überall 17 nur 18 quasi 19 sehr 20 vielleicht

독일어 필수단어
무작정 따라하기
•
부록
찾아보기

* 숫자는 단어 번호입니다.

Fehler 1504

feiern 551

fein 1616

Feind 1159

Feld 1277

Fenster 960

Ferien 1014

fern 1617

Fernsehen 980

fertig 1705

fest 1706

festhalten 90

festlegen 140

festnehmen 163

feststehen 236

feststellen 251

Feuer 1278

Feuerwehr 1047

Fieber 1109

Film 1424

finanzieren 877

finden 29

Finger 1070

Firma 1040

Fisch 1178

Fläche 1505

flackern 552

Flagge 1506

Flasche 1166

Fleisch 1179

fleißig 1595

Fliege 1314

fliegen 553

fliehen vor + D 554

fließen 555

Flügel 1299

Flugzeug 1214

Flur 961

Fluss 944

folgen 371

(auf)fordern 375

fördern 878

formen 556

Formular 1407

forschen nach + D 557

fotografieren 558

fragen Jn nach + D 559

Frau 1130

frei 1707

freihalten 91

fremd 1708

freuen 825

Freund 1160

freundlich 1596

frieren 560

frisch 1709

Friseur 1270

froh 1574

Frosch 1300

Frucht 1324

früh 1618

Frühstück 913

sich fügen 378

sich fühlen 826

führen 381

füllen 385

funktionieren 561

sich fürchten vor + D 827

Fuß 1071

Fußgänger 1230

kämpfen 598

Kanne 995

(Bundes)Kanzler 1461

kaputt 1721

Karriere 1041

Karte 904

Kartoffel 1188

Karton 1358

Käse 1206

Kasse 1167

Kasten 1168

Katastrophe 1519

Katze 1304

kaufen 405

Kaution 1412

(zurück)kehren 599

Keks 1202

Keller 974

Kellner 1049

kennen 408

kennen lernen 629

kennzeichnen 502

Kerze 1359

Kind 1134

Kino 948

kippen 600

Kirche 935

Kissen 981

kitzeln 601

klagen 412

klappen 602

klar 1722

klären 884

klatschen 603

kleben 604

Kleid 1381

klein 1631

klettern 605

Klima 1333

Klimaanlage 982

klingeln 607

klingen 606

klopfen 608

klug 1632

knapp 1723

Knie 1078

Knochen 1059

Knopf 1382

Knoten 1520

Koch 1048

kochen 609

Koffer 905

Kohl 1189

Kohle 1283

Kollege 1042

komisch 1724

kommen 114

Kommode 983

kommunizieren 883

Konflikt 1521

König 1462

Konsequenz 1522

Kontakt 1523

Konto 1420

kontrollieren 886

konzentrieren auf + A 610

Konzept 1524

Konzert 1427

Kopf 1079

Korb 1360

leuchten 631

leugnen 632

Leute 1136

Licht 1284

lieben 836

Lied 1428

liefern 633

liegen 144

Es liegt an/bei + D 145

Es liegt mir an + D 146

Linie 1217

Lippe 1081

Literatur 1439

loben 838

Loch 1255

locker 1726

Löffel 997

sich lohnen 634

los sein 209

löschen 636

lösen 637

losgehen 58

Löwe 1305

Lücke 1256

Luft 1285

lügen 638

Lunge 1061

Lust 1529

lustig 1578

M

machen 148

Mädchen 1135

Magen 1062

mahnen 639

malen 640

mangeln Jm an + D 641

Mann 1137

Mantel 1383

markieren 642

Markt 1170

Marmelade 1207

Maschine 1530

Maßnahme 1531

Matte 1363

Mauer 936

Maus 1306

Medikament 1122

Mehl 1175

meiden 643

meinen 644

melden 645

Mensch 1138

(be)merken 646

sich³ merken 647

messen 648

Messer 998

Methode 1532

Metzgerei 1272

Miete 1413

Milch 1208

Minute 1241

missbrauchen 343

misslingen 567

mitbringen 12

Mitglied 1401

mitmachen 153

mitnehmen 164

mitteilen 265

Mittel 1533

offen 1650
öffentlich 1651
öffnen 656
Ohr 1086
Öl 1209
Onkel 1150
Optiker 1273
ordnen 658
Ordnung 1537
organisieren 659
Ort 1257

P
Paar 1163
packen 660
Paket 1415
Panne 1538
Papier 1346
Park 950
Partei 1468
(Reise)Pass 907
passen + D 428
passen zu + D 429
passieren 661
passiv 1599
Patient 1117
Pause 1018
peinlich 1579
Person 1139
persönlich 1652
Pfanne 999
Pferd 1307
pflanzen 662
Pflaster 1123
pflegen 663

Pflicht 1467
plagen 839
Platz 1258
platzen 664
plötzlich 1731
Politik 1469
Polizist 1050
Po 1087
positiv 1653
Post 1416
Preis 908
privat 1654
probieren 434
Problem 1539
protestieren gegen + A 889
prüfen 665
Prüfung 1019
Punkt 1452
pünktlich 1732
putzen 666

Q
Qualität 1544
quasi 1790
quatschen 667
(über)queren 668

R
Rad 1218
Rahmen 1545
Rand 1259
rasieren 669
raten 437
Rathaus 938
rauben (Jm) A 670

Staub	1010	stumpf	1671
stechen	741	Stunde	1247
stecken	468	Sturm	1337
Stecker	965	stürzen	754
stehen	232	stützen	755
stehlen	743	suchen	256
steigen	744	süchtig sein nach + D	1582
Stein	1291	Suppe	929
stellen	241	süß	1672
sterben an + D	745	Süßigkeit	1204
Stern	1292	System	1476
Steuer	1474		
stimmen	472	**T**	
Stimmung	1543	Tabelle	1442
stinken	746	Tablette	1125
Stock	976	tadeln	846
stolz sein auf + A	1581	Tafel	1022
stören	747	Tag	1248
sich³/⁴ stoßen	477	Tankstelle	1232
stoßen	476	Tante	1153
Strafe	1554	Tanz	1434
strahlen	749	Tasche	1389
Strand	1294	Tasse	1001
Straße	1231	Tastatur	1348
Strauß	1327	tätig sein	295
strecken	750	tatsächlich	1793
streichen	751	Tau	1338
Streik	1475	Taube	1309
sich streiten mit Jm über + A	753	tauchen	757
streng	1601	tauschen	759
Strom	1293	täuschen	760
Stück	1555	Teil	1556
Student	1030	teilen	261
Stuhl	987	teilnehmen	165
Stuhlgang	1102	Teller	1002